洛陽新獲墓誌百品

齊運通◎主編
潘向東　王化昆　吳炯炯◎副主編

傅熹年書　己亥初冬

國家圖書館出版社

圖書在版編目（CIP）數據

洛陽新獲墓誌百品 / 齊運通主編，潘向東、王化昆、吴炯炯副主編 — 北京：國家圖書館出版社，2020.10
ISBN 978-7-5013-7016-0

Ⅰ.①洛… Ⅱ.①齊… ②潘… ③王… ④吴… Ⅲ.①墓誌-彙編-洛陽-古代 Ⅳ.①K877.45

中國版本圖書館 CIP 數據核字（2020）第 117068 號

書　　名　洛陽新獲墓誌百品
著　　者　齊運通　主編　潘向東 王化昆 吴炯炯　副主編
責任編輯　宋志英　潘雲俠
封面設計　程言工作室

出版發行　國家圖書館出版社（北京市西城區文津街7號　100034）
（原書目文獻出版社 北京圖書館出版社）
010-66114536　63802249　nlcpress@nlc.cn（郵購）
網　　址　http://www.nlcpress.com
排　　版　京荷（北京）科技有限公司
印　　裝　河北三河弘翰印務有限公司
版次印次　2020年10月第1版　2020年10月第1次印刷

開　　本　787×1092（毫米）　1/8
印　　張　33.75
書　　號　ISBN 978-7-5013-7016-0
定　　價　1200.00圓

序　言

齊運通先生繼出版《洛陽新獲七朝墓誌》和《洛陽新獲墓誌二〇一五》後，又編輯陸續所得墓誌爲《洛陽新獲墓誌百品》，仍問序於我。我因近年全力在做全部唐詩的重新寫定，心思不在石刻文獻上，拖延了許久，承齊先生體諒與催促，衹能盡所知寫出。

就閲讀之直感，本書之結集應作過認真的挑選，雖非全部首次發表，但均爲本世紀以來洛陽、長安一帶新出土，許多對中古文史研究都具有很重要的價值。本書所收凡一百二十方，其中東漢一方，北魏五方，東魏、西魏、北齊各一方，北周四方，隋八方，五代二方，宋代四方，唐代則多達九十三方，故本書介紹仍以唐代爲主。

一、隋及初唐重要史料的新發現

唐前重要人物墓誌，可以特别提到鄭譯（540 — 591），他是北周至隋代著名政治家和音樂家，郭沫若曾撰文介紹過他的音樂成就。這篇《鄭譯墓誌》（目二二），埋石於武德五年（六二二），時譯子元璹貴爲太常卿，且因出使突厥而被扣，衹能寄窆萬年。墓誌提供了鄭譯的許多新史料。他在北周，最初爲晋公宇文護所用，及武帝親政，仍加信任，讓他輔佐太子。建德二年，曾“奉詔聘齊”，不僅完成使命，還撰“行記及齊地圖”，爲武帝平齊立下功勞。他與周宣帝既是東宫之舊，又曾從伐吐谷渾，宣帝即位後，他得以“遂委政事，參贊機密”。隋文帝在周多懷憂懼，鄭譯多有照拂。待隋文平周内難自立過程中，更得鄭譯“預謀帷幄，叶贊經綸”，故他入隋後仍能長保榮華。墓誌載他“志性知足，常思外出”，避開權力中心而守外，其間更多留心音樂。墓誌載：“公常以樂章殘廢，多歷年所，乃研精覃思，博採經籍，更脩《樂府聲調》八篇，上表陳奏。”此爲音樂史上的重要事件。又載鄭譯妻爲梁簡文帝孫女、當陽王蕭大心之女，也爲梁皇室後人歸北周後行蹟的記録。

有關唐初政治史者，這裏可以舉出以下幾組墓誌。

一爲杜伏威與戴義墓誌。杜伏威，《舊唐書》卷五六有傳，他是隋季最早起兵的梟雄之一，煬帝死後擁有東南之地，唐太宗平劉黑闥後，懼而歸唐，唐廷對他給以隆遇。武德六年（六二三），其部將輔公祏詐以其命反，《舊唐書》説杜“在長安暴卒”，《杜堯墓誌》（目二四）説他“内懷憂懼，降年不永，以三月廿七日，薨於常樂里第”，輔反在八月，知他死在其前。戴義是杜伏威之心腹部將，隨杜歸唐。在杜死輔反後，《戴義墓誌》（目三八）云：“俄而吴王譴重，弗朝責同，引劍眇然，遺嗣没在奚官。生平故人，罕聞忠烈；昔時寮舊，莫顧存亡。公義勵秋霜，誠貫白日，撫此遺孤，備嘗夷險。尋而吴王罪名雪復，其子繼國承家，卒獲保全，實公是賴。”與《舊唐書·杜伏威傳》所載“及公祏平，（李）孝恭收得公祏反辭，不曉其詐，遽以奏聞，乃除伏威名，籍没其妻子”記載對讀，可知杜家所遭清算之嚴重。其平反在太宗即位後，僅有一遺孤得存。

二是薛萬備墓誌之價值。薛萬備是貞觀間名將薛萬徹的季弟，《舊唐書》卷六九有傳極簡：“季弟萬備，有孝行，母終，廬於墓側。太宗降璽書吊慰，仍旌表其門。後官至左衛將軍。並先萬徹卒。”永徽三年（六五二）坐房遺愛案被殺。萬備墓誌題作《唐故鴨渌道行軍副總管薛君墓誌銘并序》（目三七），載其“永徽四年，以兄犯罪，緣坐配交州爲百姓。顯慶五年，恩敕追還，授鴨渌道行軍副總管。行至萊州，忽遘時疾，以龍朔元年五月十一日卒於官第，春秋六十”，知他在萬徹逆案後，緣坐往交州六年，卒於龍朔元年（六六一），在萬徹死後活了十年，足訂《舊唐書》之誤。墓誌中最重要的兩段，一是萬備在貞觀十三年起“本官檢校懷遠鎮”，經營遼東。墓誌説：“高麗據有遼東，不肅王命。懷遠地，居要害，境接寇戎。朝廷方事經營，彌難其選。”“公德禮既敷，權奇閒出，是以革面者獸馴於素旆，遁心者鳥駭於朱旗。”對瞭解太宗伐遼東前唐與高麗之關係很重要。太宗親征，萬備爲馬軍總管，立功尤多。二是貞觀末年，萬備爲崑丘道行軍長史，經營西域。墓誌云：“龜兹王聞官軍過磧，遂拔城西走。大總管使公領輕騎數千，星言追躡。舉懸師以深入，策疲兵而轉戰。途將千里，日逾十合，至撥换城，其王勢蹙道窮，嬰城自守。大軍後至，竟以擒獲。在此行也，功冠諸軍。于闐憑阻荒遐，未嘗朝貢。公遂將左右卌人，便往招慰。其王遂隨公入朝。”這是唐前期的重要戰事，墓誌所載可與史乘互參。

三是高宗另一乳母盧叢璧墓誌。多年前，齊運通先生刊佈高宗乳母姬總持墓誌，引起學界很大關注。本書另收盧叢璧墓誌，題作《大唐故燕國夫人盧氏墓誌銘并序》（目三九），恰可與前誌對讀。盧叢碧出身官宦之家，曾祖盧柔爲周内史，祖盧愷爲隋禮部尚書，父盧法壽爲隋泗州司馬。她十八歲歸杜氏，其夫杜某爲唐滑州總管和宗、貝二州刺史。與姬總持因家人犯罪籍没入宫有所不同，盧氏爲“皇帝載育之辰，夫人允光妙選”，是在貞觀二年（六二八）因高宗出生而選入宫中當乳母的，這一年盧氏二十七歲。其後皆備宫掖，其間有曾救高宗於乘馬落水之際，高宗諒闇即爲太宗守喪期間，盧氏凡“六宫務切，事之進退，皆任委焉”，盧氏晚年更“改授燕國夫人，爲特開廣第”，但她與杜家基本隔絶了。直到她去世，有“子静弘”，纔見到她本生子之出場。

還可以説到顯慶四年（六五九）《獨孤瑛墓誌》（目三六），誌主爲北周名將獨孤信之曾孫，比較特別的是誌中提到“長女，周明帝皇后；第四女，皇祖妣元貞皇后；第七女，隨獻皇后”恰好將這一家决定周、隋、唐三朝的一門三皇后揭出。兩年前我曾撰文《獨孤三姐妹》（《文匯讀書周報》2017 年 5 月 5 日）揭示其間的隱情，可惜當時尚未見到此方墓誌。

永淳元年《蕭沉墓誌》（目四八），誌主蕭沉（603 — 680）爲唐初詩人蕭德言之子，官至渝州長史。他比較特殊的經歷是曾先後任高宗與武后所生前二位太子的東宫之臣。誌云：“顯慶二年，徙授太子右衛率府長史。遷太子典設郎。”這時的太子是武后長子李弘。“龍朔三年，兼周王掾。秩滿，授綿州涪城縣令。”“咸亨五年，詔授朝散大夫、雍王友。”“上元二年，王入春宫，遷授太子洗馬。”“永隆元年，宫廢，出爲渝州長史。”周王指後來的中宗李顯，雍王、太子皆指章懷太子李賢。從此誌可以體會，太子弘死後，宫官并没有追究責任，遭到處分，而太子賢被廢，蕭沉身爲洗馬，負有重大的責任，被貶遠州，當年即去世，其真相當然可以引起許多猜想。

另一篇值得關注的是杜霞舒撰《大周故永樂縣主墓誌銘并序》（目五四），此誌撰成於武后稱帝後的長壽三年（六九四），誌云縣主爲“顯祖文穆皇帝之曾孫，金輪聖神皇帝堂姪之女”，知其祖應爲武士彠某兄弟之孫女，得封永樂縣主。所謂“顯祖文穆皇帝”，應爲武后稱帝後，立祖廟，對自己祖父之追封。誌載縣主“祖楚僖王”，“考淄州刺史、九江郡王”，可增補武氏家族之史料。又載“甫自初笄，適於君子，即唐吴大王之第五息也”。吴大王指太宗子吴王恪，太宗第三子，因有文武才，爲長孫無忌於永徽三年誣殺，諸子流嶺表。縣主於長壽二年（六九三）卒，年四十六，即生於貞觀二十二年（六四八），其初笄當在龍朔以前，是在長孫無忌貶廢後，吴王一家即獲平反，武后且將堂姪女嫁給吴王第五子，其間内幕頗可玩味。

永隆二年《薛玄育墓誌》（目四六），誌主薛玄育因家禍而不仕，退廢在家，但治學勤勉，“緫四徹之靈篇，究六藝之能事。既事寡地閑，居幽志遠。乃馳騁流略，稽合異同，撰《綜要》一部二百卷。區分類聚，事義判於條流；因枝振葉，名目窮於稱謂。温故知新，事逸功倍”。這應是一部篇幅較《藝文類聚》大一倍的大型類書，達到很高水平，可惜没有傳世。

二、盛唐、中唐史事的特殊記録

景雲二年（七一一）《苑大智墓誌并蓋》（目六四），誌主苑大智，出身軍將之家，從秦城府右果毅都尉做起，積軍功至左領軍衛將軍，即禁軍高級將領。墓誌雖也載及他一生從軍之事功，可補史缺者并不太多。特別重要的是其墓中有他告身刻石二，其一分三段，上段爲他乾封三年正月，以游擊將軍、守右戎衛郎將、護軍之職，加上柱國，封武威郡開國公，食邑二千户。其間云："弓月道耶瀆川陣，第一勳，加兩轉。石門陣，第一勳，加一轉。蔥山道怛聲陣，第一勳，加一轉。波斯道□□陣、尉頭城陣，平壤道連□陣、鐵山陣、周留陣，並第一勳，各加三轉，總一十九轉。"是有關策勳、轉功的具體事例，對今人理解古詩所謂"策勳十二轉"之類説法，提供了實證。中段爲他上元二年二月，自前宣威將軍、守左領軍衛翊府中郎將、武威郡開國公，改守左威衛翊府中郎將之告身。下段爲他儀鳳二年四月，守右監門衛將軍之告身。第二石分兩段，上段爲他永淳元年九月自宣威將軍，晉壯武將軍之告身；下段稱他爲"前宣威將軍、守左領軍衛將軍"，是壯武將軍已經被剥奪，而制文稱他"近者命師出討，預參裨將，敗軍失律，屬在元戎。既非其罪，宜從敘用"，即前已因兵敗被貶，此制則爲宥罪起用而頒，新銜爲"守左領軍衛將軍、員外置同正員，散官勳封並如故"，有名譽恢復，但已經没有實際職掌。此處五通告身，均全録三省擬行、封駁、頒行的全部記録，且保存原告身之行款格式，洵爲唐代制度史研究的極其珍貴的文獻。

天寶二年《安建墓誌》（目七六），則涉及玄宗開元十年以東光公主出降奚首李魯蘇的史實。誌主安建，名不見史傳，爲中下層武將。偶然的機緣，他作爲公主的隨行副倅而得從行。東光公主姓韋，母親是中宗第六女成安公主，父親是中宗韋皇后從子韋捷，於玄宗是從外甥女。開元十四年，封東光公主而和親。《資治通鑑》卷二一三載其於開元十八年與夫李魯蘇一起來奔。《安建墓誌》載："去開元十載，皇上以黠虜憑凌，薊垣構亂，與其禦寇，曷若和戎，遂出降東光公主而睦其蕃焉。公以驍捍之勇，韜鈐之術，恩制所知，令其副倅。每讀《李陵書》至'男兒生以不成名，死則葬蠻夷中'、又讀《梁竦傳》至'大丈夫生當封侯，死當廟食'，未嘗不奮臂起怒，誓心作色，恨非同時，結此幽憤。無何有制授游擊將軍，行密雲郡白檀府左果毅都尉，未之好也。洎十八年，外户不扃，異方入款，奉敕先侍衛公主行官，並宜隨府隸上黨郡安置，因官而居焉。"

這裏寫安建讀兩漢書而向望英雄立功異域，是很生動的敘寫。所涉史實則爲他送公主和親後，即留在密雲郡白檀府鎮守，其地即防禦奚之前綫。在公主夫婦逃歸之際，他得以從容應接，侍衛歸唐。公主歸唐後行蹟，史書不載，史家或疑歸居長安。據此誌，則應爲與其同歸之部族於上黨郡安置。

大曆元年（七六六）獨孤及撰《閻用之墓誌》（目八〇），是近年再度發現唐代著名古文家的石刻原文，與《全唐文》卷三九三所收此文對校，可以發現有許多不同。以下用表格揭示前半部分主要的不同，并略作説明。

次序	石刻	《全唐文》卷三九三	考按
一	其裔孫慶，在周爲少司空	其裔孫慶，在隋爲少司空	時代不同
二	慶生立德、立本	慶生毗，毗生立本、立德	石刻少毗一代，疑有脱文
三	唐永徽中，立德爲工部尚書	唐永徽中，立本爲中書令，立德爲工部尚書	石刻省立本任官，疑喪家所改
四	立德生邃	立德生元邃	
五	公射洪第五子也	公射洪第二子也	或計算不同所致
六	神圓行方，氣和而仁	無	
七	會戎師侵我	會戎侵我	有師是
八	犬馬不汗	介馬不汗	石刻是
九	遷右衛郎將，右監門衛中郎將	遷右衛郎將	《全唐文》少一職

以上即有九處不同。後半最大不同，則在敘誌主夫人之卒葬，《全唐文》作"年若干，月日，歿於私第"，"乃歲在丙午十一月日，遷兆合祔焉"，源出當爲作者之原稿，受託撰文時葬日未定。石刻作"年五十一，天寶十二載四月十 / 六日，歿於第"，"迺大曆 / 元年十一月廿日，遷兆合祔"，都非常具體。石刻增"初夫人之歿也，縣官歸夫人之賻千段，以妃之故"一節，疑爲喪家埋銘之際補入。用之幼子，《全唐文》名宣，石刻作實，前者當爲傳誤。《全唐文》所據爲文集，文集所據，最早當爲作者自留稿，喪家在上石前，一般

會有所改動，這是可以理解的。

元和十五年（八二〇）鄭義方撰《楊卓墓誌》（目九四），所述誌主楊卓（754 — 820）是一位有特殊造詣的異稟人士。墓誌說他："早歲好屬文，意在典籍，晚年尤善陰陽懸藝，爲時輩之先。至於辯別山川形勝，相識崗原氣候，時所比量，未之有也。"所述即爲陰陽堪輿之學，且至少參與了順宗、憲宗兩次山陵的勘測與興造。第一次在元和元年（八〇六），他以"順宗皇帝山陵優勞"授官。第二次則在憲宗去世後，"今上御宇，特奉詔命，按幸憲宗皇帝山陵事，勳績轉著，渥澤彌深，特恩錫以紫綬金章，旋又拜吉州長史"。今上即穆宗，在這年初即位，楊卓因爲前次山陵的成就，此次受到特別的委任，但未及竣工即去世，很可能是辛勞過度。唐人極其講究喪葬，帝王尤其認爲擇陵址之山川形勝，會影響其後代子孫之運勢。楊卓兩次參與山陵相度堪輿，確實很難得。

長慶二年（八二二）陳鴻撰《田湋墓誌》（目九六），作者爲著名的《長恨歌傳》作者，其遺文自當重視，而此篇墓誌所載史實之重要，更應表出。誌主田湋（754 — 822），十七歲明經及第，官至濮州刺史，政治上并無特出表現，但他較長時間擔任地方使院的使職官員，墓誌所述中唐時期的地方經濟運作的許多具體事實。他早年擔任知京西鳳翔度支木炭院，先後歷十一年之久，墓誌説"西農利利，西軍飽食。征西大將軍愛其和而集事，故前後度支使因而留之"。用現在的話説，他爲京西的能源保證，起了關鍵作用。到順宗永貞間，"丞相司徒公奏授殿中侍御史、東渭橋給納使。江淮郡國貢糙米實關中，輸於河上，歲終，網吏篙工逋責，繫倉獄數百人，半死渭城。公嚴令誡納吏，均量器平出入，歲終，無一人繫獄，創廥廪二百間樓，倉門觀出入，置河上新亭，以食公賓"。丞相司徒公指杜佑，曾長鎮淮南，深知東南漕運對朝廷生存之重要。東渭橋爲東南漕運到京之重點，最爲重要，以往船工進納，與倉吏劇烈衝突，多陷獄事。田湋接手後，嚴督倉吏，畫一量器，并新修倉廪，置亭招待來往官員，大大改善了漕運質量。田湋的下一職務爲尚書水部郎中兼知水陸院事，即全面主管江淮水陸漕運事宜。再次，則任安邑、解縣兩池榷鹽使。墓誌説："自天寶後，國用不足，管山澤利以佐經費，安邑、解縣兩池榷鹽，當國賦五分之一，朝廷選榷鹽使之難，次於度支使。"兩池在河東，職任如此重大。田湋不負所託，"利入登常數二百五息，鹽十五萬石"。這是重要的經濟史料。憲宗元和間，田湋先後任宿州刺史，轉司農少卿，爲濮州刺史，爲此一時期之經濟建設，多有建樹。正史對此類實業官員，記載較少，故此誌內容極堪注意。如寫田湋在長慶初對鎮州用兵時，爲鎮州東道運糧使，"制下之日，三軍望風而飽"，真是神來之筆。

三、敦煌及晚唐史料的重要發現

咸通九年（八六八）沈雲翔撰《張淮澄墓誌》（目一〇七），是近年中原發現石刻中，罕見的載及敦煌歸義軍張氏家族核心成員的墓誌，謹全録如下：

大唐故朝議郎守鄂王友南陽張府君墓誌銘并序

姚敬□□／吴興沈雲翔撰、朝議郎前守泗州司馬潘玄景書并篆□／

府君諱淮澄，小字佛奴，姓張氏，其先南陽人也。代之賢俊，具載先碑。／高王父尚書公孝嵩，以文學進身，以軍功莅事，自燉煌督護，遷於北／都，留其少兒，撫臨沙郡。至天寶末載，□□陷邊，自是嗣子及孫居於／戎部。曾祖曰珩，皇攝沙州録事參軍、知州事。祖曰謙逸，皇累贈至兵／部尚書。父曰義潭，皇左驍衛將軍、檢校右散騎常侍。母曰索氏，姑臧／縣君，即東晉靖之裔也。兄曰淮深，幼有膽氣材略，代季父司空爲／沙州刺史。宣宗朝，司空南陽公秉神勇之術，英傑之材，以／故地東歸。以同氣宿衛，而府君是得先爲之使。時大中七年，／詔授左威衛丹州通化果毅都尉。九年，轉右領軍衛左中侯。明年，遷／昭武校尉、右金吾衛左司階，始名淮澄。十二年，轉福王府右親事典／軍。旋丁常侍憂，哀毁過禮，將適滅性。上聞之，優詔奪情起／復，改袁王府右親事典軍。咸通二年，轉鄂王府左帳內典軍。三年，遷／朝議郎、右驍衛長史。

始自武部，昇於文行。若驚得大道之規，夕惕有／君子之戒。又明年，轉右衛長史。當去年三月，以司空歸闕，典有及／親，擢列朝班，褒其季父也，拜鄂王友。因娶段氏之子爲夫人，即／相國之孫耳。至戊子年五月三日，寢疾終於京之永嘉里之賜第，時／年廿一。府君端謹温願，爲宗族圭表，未嘗以喜愠形於外。及其終也，／而季父之部皆爲出涕。司空禀冠世之勳，負匡國之略，故京中／名臣賢士，皆萃其門。余亦與府君之族昆弟莬，幼善於姻家，是得請／余紀銘於墓石。以其年七月十八日，葬於京師萬年縣崇義鄉劉村，／祔常侍之域，禮也。銘云：／

南陽公有蓋世之勳，其黨復得以爲華人。賞延之禄，頒於府君。／擇乎名胤，用結婚姻。姻而無嗣，貴而無身。九遷爵秩，／厕爲具臣。雖夭何歎，足以榮親。誌於貞石，當千萬春。／

誌主張淮澄（848 — 868），是宣宗大中二年（八四八）以瓜沙二州爲中心的河湟歸唐的關鍵人物張義潮之兄張義潭之子。這是淮深出生那年的事情。他不到五歲，就隨父義潭入京宿衛，即作爲鎮守瓜沙之張家叔姪的質子，被送往唐京長安。墓誌載及他從五歲開始擔任的一系列職位，雖得享清福，但不自由，遠離親人，這些都是可以想見的。到他二十一歲去世，官至鄂王友。他所娶妻段氏，墓誌稱爲“相國之孫”，相國當指名臣段文昌。墓誌提供了敦煌張氏的許多珍貴記録。張氏先世，墓誌稱爲“高王父尚書公孝嵩”。張孝嵩（671 — 733），字仲山，鄧州南陽（今屬河南）人。河東令張某子。宿衛出身，解褐□章府别將，以邊任自許。歷蔥落門府左果毅，及胡壁城、皋定城、同城四府折衝。玄宗開元初，任監察御史。擢朔州刺史。六年，爲安西都護，代郭虔瓘。在任勸田務農，府庫得以盈饒。十年，任北庭節度使，於小勃律大破吐蕃。十二年，遷太原尹、河東節度使、南陽郡公。二十一年卒，年六十三。其墓誌已經出土，近年曾見拓本，另《舊唐書》卷一〇三和《新唐書》卷一三三《郭虔瓘傳》，以及《舊唐書》卷九八《杜暹傳》，有他零星事蹟，《新唐書·藝文志》著録其集，已佚。孝嵩鎮安西、北庭，爲開元前期事，所謂“留其少兒，撫臨沙郡”，其説尚難在敦煌文獻中得以坐實。張義潭、張義潮兄弟事蹟，今人解讀敦煌文獻，大多已經清楚。此墓誌仍有許多可以補充者，如二張之父祖，張義潭以大中十二年或稍後不久去世，其葬地在萬年縣崇義鄉劉村，張義潮以咸通八年三月赴闕，張氏賜第在京城永嘉里等等，都很重要。

封望卿咸通九年（八六八）《封敖妻崔氏墓誌銘》（目一〇六），是一篇兒子爲母親撰寫的墓誌。誌主爲晚唐名臣封敖的夫人。敖，《舊唐書》卷一六八有傳，元和間登進士第，宣宗末官至户部尚書。誌載崔夫人之家世，更述及封敖在早年喪妻，“文宗皇帝嗣位之八年，先僕射倅吴郡陸公戎幕於宛陵，以望卿等上天殛罰，早丁偏露，顧家牢落，無以主持，遂歸夫人於此時，以奉中匱之職”。陸公爲陸亘，墓誌今藏洛陽師院，他在大和七年爲宣歙節度使，封敖在其幕下，因爲其作介，娶崔氏爲續配。望卿爲封敖前妻所生，故自述“早丁偏露”。望卿述繼母之慈愛及善持家：“夙禀淑媛，復詳詩書，不尚浮華，不好鄭衛。事長以敬順，撫幼以慈和，恭以奉人，儉能刻己，百口愛戴，三紀於兹。”足可相信。誌述：“生男子四人，長曰翰卿，前國子監大學博士，娶故兵部尚書致仕渤海高公少逸之女，舉進士，名挺卿，自大中季歲，即捨官就貢，逮今十年矣，而秉謙履道，不怠進修，朋譽藹然，坐期震趠。次曰茂卿，前京兆府長安縣尉。又次曰緯，前汝州龍興縣主簿。幼曰稱卿，前太子正字。”這裹僅述崔氏所生子言，不包括望卿等前母所生子，這是唐墓誌敘述之慣例。

唐咸通十年（八六九）鄭愚撰《李行素墓誌》（目一〇九），載及晚唐一些重要事件。一是浙東起義首領裘甫之下落。墓誌載行素數舉進士不第，乃杖劍往安南，安南奏其知唐林州軍州事。“後海賊裘甫，寇制東而窺府城。公以偏師殄之，擒甫以獻，恩授富州刺史。”制東即浙東，是裘甫兵敗之後，沿海南竄之交州一帶，最後敗滅。墓誌又載：“未幾，又授瓊州，而招討儋耳、朱崖五郡事。哀牢益暴，又以公官御史丞，副邕州節度。寇果圍朗寧，王師不振。公親擐甲開壘而出，首敢死之士，捐不貲之身，奮而走之，搴斬無數。又上其功，加御史大夫。既罷，來朝，授太府少卿。未逾月，使西涼州，和斷嗢末羌與張議潮，語議潮執笏入覲，奉使稱旨，未及返也，除容州經略招討使。”瓊州即今海南島，他參與了招討地方不靖的事件。哀牢在今雲南西部，這裏似應指爲邕管節度使的副手，平定與南詔交界處之叛亂。再則出使河西，和斷歸義軍張義潮與吐蕃殘部的衝突，并在張義潮咸通八年歸闕事件中，起了關鍵作用。鄭愚是晚唐著名文士，時任嶺南節度使，所言應較可信。

乾寧三年（八九六）李湘撰《郭保嗣墓誌并蓋》（誌題較長，用簡稱）（目一一四），誌主不見於兩《唐書》，誌中有一節很重要，即："至乾寧甲寅歲，皇帝以嫡子五人繼封郡王，皆命有司建府，仍降明敕，委中書門下於班列之中，揀擇賢彦洪儒宼學者，傅道五王。”史稱昭宗精强而欲有作爲，他爲嫡子五人封郡王後，更各爲開府，并爲五王選洪儒爲師傅，郭保嗣在其選中。自玄宗時起，實行諸王不出閣的辦法，杜絶諸王聯通外臣以求進用之通道，但也造成本弱枝强的局面。昭宗此一舉措，在皇權衰微時，未始不是個辦法，衹是一切都已太晚了。墓誌還寫到次年河東李克用軍進逼京師，昭宗被迫再幸山南之情形："至乾寧乙卯歲孟秋之始，近藉不軌，并帥驅兵，旋渡淇河，俄衝近輔。聖上以驚於傳送，奏巡幸石門，以七月五日，大駕出於宫闈，萬姓奔逃山谷，衣冠遍遭掠劫，黎庶半被損傷。方當烈日流光，長河絶溜。黄塵翳野，殺氣横空。渴殆者塞路連衢，乏斃者横蹤繼首。此際隨行，驚竄恐懾，徒行不遠都門，乃至乏憊。未逾須□，遽夭荒郊。是時妻孥相失，僕役生分，直至鑾輅歸還，方還於城南權卜。”這近乎末世之寫真，皇帝奔逃，萬姓竄伏，衣冠受掠，百姓走死不暇，誌主之家也“妻孥相失，僕役生分”，近乎一幅地獄圖。這是唐亡前夕的真實寫照。

四、餘説

本書所收還有許多重要墓誌，如宗室名相李峴（目八一）、大曆詩人耿湋（目八六）、曾整理《木蘭詩》傳世的韋元甫（目八二）的墓誌，前人已經有很充分的論列，這裏就不重複敘述了。如元和十五年（八二〇）《宇文仲达墓誌》（目九五），是唐初設立二王後，繼承北周祭祀的介國公墓誌的首次發現。蘇文玄撰《哥舒洩墓誌》（目九七），誌主爲天寶經營河隴名將哥舒翰之孫，也是這位名將後代的可貴記録。雖也有價值，意義并不那么重大，在此也從略。

洛陽最近二三十年出土墓誌之多，爲舉世所矚目，但收藏和發表則至今未有統一的規劃。一部分藏家或考古單位，僅發表自己收藏或考古發現原石之文本，其文獻爲獨家所有，故最可珍貴。另有以收藏拓本爲主之公私藏家，因一石而拓本可有千百，這些藏家往往也就自己所得刊布，其間内容頗多重複，研究也常跟不上，這是很可遺憾的。

齊運通先生世居洛陽，又曾在京城文物部門工作，最近十來年更將工作重心轉向洛陽墓誌石刻的搜訪和整理，幾年前還專門成立洛陽九朝刻石文字博物館，以私人之力推動石刻文獻的研究與普及，這種精力真使我感佩。

本書所收墓誌，似乎前述兩種情況都有。我也一時没有能力逐一鑒别。以上所作介紹，也僅屬略作翻閱，憑直感將所見寫出。幾年前，我會定期閲讀期刊網新見石刻研究論文，近期則因忙於唐詩文本寫定，於此道荒廢已久，錯誤之處，仍望齊先生與各位方家有以賜教。

陳尚君

二〇一九年五月十七日於滬寓

凡　例

一、本書收録近年來洛陽及周邊地區最新出土的墓誌拓本，凡一百二十種，計東漢一種、北魏（含東魏、西魏）七種、北齊一種、北周四種、隋八種、唐（含武周、燕，五代後梁、後漢）九十五種、北宋四種。其紀年起自東漢永壽三年（一五七），訖北宋宣和元年（一一一九）。

二、所收墓誌拓本均一誌一圖（部分墓誌附有墓誌蓋），异形墓誌亦按誌石拓本原樣影印。

三、排序原則以誌主最後一次入葬日期爲準；無入葬日期者，以誌主卒年爲準。

四、墓誌拓本著録内容包括：

1. 朝代及誌主本名；

2. 墓誌原有題目；

3. 墓誌撰、書、刻者名録；

4. 墓誌原石的實際尺寸、書體、行款；未説明書體者均爲楷書，鐫刻未説明陰刻、陽刻者均爲陰刻；

5. 誌蓋的書體、行款；

6. 誌主卒年、年齡及入葬時間；

7. 墓誌録文。

五、本書的墓誌録文使用通行繁體字，并加以標點。墓誌中的异體字（包括避諱字、武則天新字、别字、俗体字等）徑改爲通行繁體字。誌文中的人名照録不變，通假字原樣照録。對明顯錯訛、漏字及衍文，照録，但出注予以説明。

六、墓誌拓本中凡殘缺或漫漶不清處，無法辨識者，皆加標“□”符號；可判斷爲某字者，則在字外加“□”符號。

目　録

洛陽新獲墓誌百品

一　黄新刑徒磚

誌高三十釐米，寬十七釐米。誌文四行，行三至八字不等。

黄新，東漢永壽三年（一五七）七月十日卒。

無任汝南愼陽 / 元城旦黄新，永 / 壽三年七月十日死。/ 在此下。/

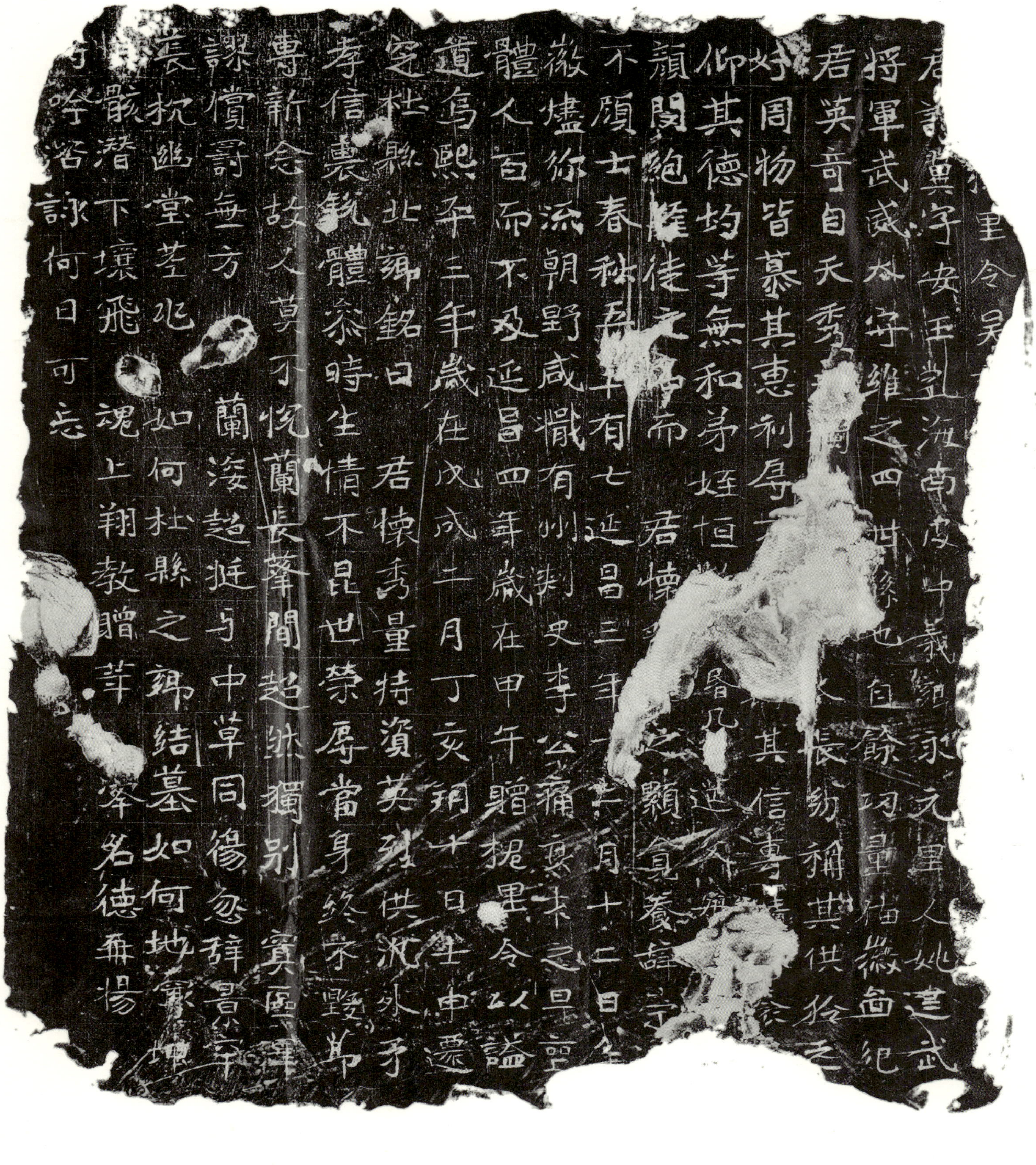

二　吴翼墓誌

□□槐里令吴□□

誌高五十釐米，寬四十五釐米。誌文十八行，滿行二十字。

吴翼，北魏延昌三年（五一四）十二月十二日卒。年五十七歲。熙平三年（五一八）二月十日葬。

□□槐里令吴□□（下闕）/

君諱翼，字安王，勃海南皮中義鄉永元里人。姚建武/將軍、武威太守維之四世孫也。自餘功量，備徽圖紀。/君英奇自天，秀□獨□，□□□□，長幼稱其供矜之/好；周物皆慕其惠利厚才，□□□其信專□□□□/仰其德，均等無和，弟姪恒□□昏几筵父，□□□□/顔閔絶經徒之名。而君懷□□之顯，貪養辭榮，□/不顧士，春秋五十有七，延昌三年十二月十二日□/徽燼彌流，朝野咸擱。有州刺史李公，痛良才之早喪，/體人百而不及。延昌四年歲在甲午，贈槐里令，以謚/道焉。熙平三年歲在戊戌二月丁亥朔十日壬申，遷/窆杜縣北鄉。銘曰：

君懷秀量，特資英烈。供汎外矛，/孝信裏鋭。體参時生，情不昆世。榮辱當身，終不毁節。/專新念故，人莫不悦。蘭長華間，超然獨别。冥區畢/謬，償罰無方。蘭姿超挺，與中草同傷。忽辭景年，/萇枕幽堂。筮兆如何，杜縣之鄉。結墓如何，地聚坤/艮。骸潛下壤，飛魂上翔。教贈華牢，名德再揚。/□吟咨詠，何日可忘。/

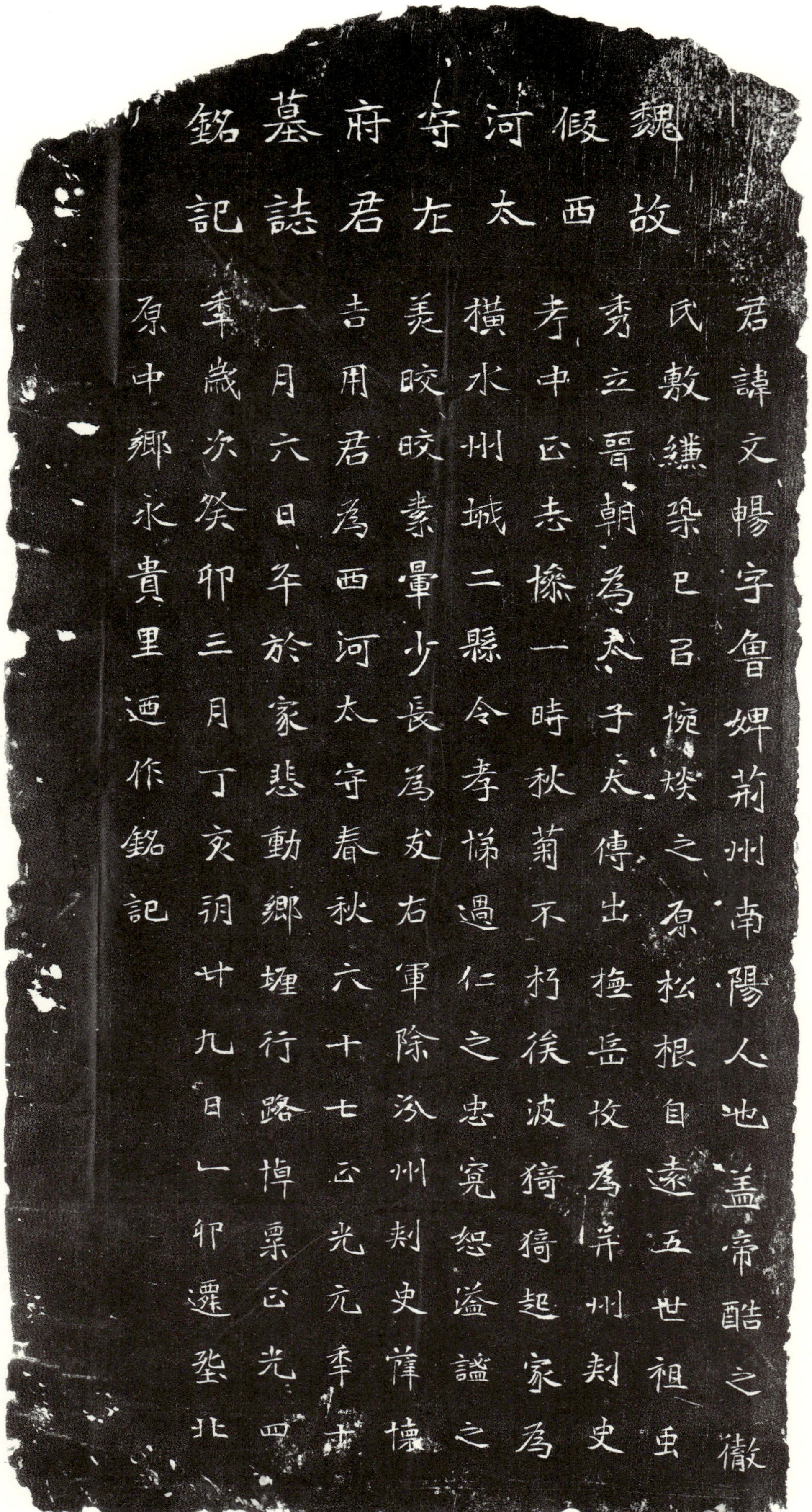
魏故假西河太守左府君墓誌銘記
君諱文暢字魯婢荊州南陽人也蓋帝酷之徵
氏敷纖桑巳吕挺焕之原松根自遠五世祖虫
秀立晉朝為太子太傅出撫岳枚為并州刺史
孝中正志㥲一時秋菊不朽後波猗猗起家為
横水州城二縣令孝悌過仁之忠寬恕溢謚之
美皎皎素暈少長為友右軍除汾州刺史葦懷
吉用君為西河太守春秋六十七正光元年十
一月六日卒於家悲動鄉壟行路悼栗正光四
年歲次癸卯三月丁亥朔廿九日乙卯遷空北
原中鄉永貴里迺作銘記

三　左文暢墓誌

魏故假西河太守左府君（文暢）墓誌銘記

誌高八十六釐米，寬四十三釐米。誌文十行，滿行十八字。

左文暢，北魏正光元年（五二〇）十一月六日卒。年六十七歲。正光四年（五二三）三月二十九日葬。

魏故/假西/河太/守左/府君/墓誌/銘記/

君諱文暢，字魯婢，荆州南陽人也。蓋帝酷之徹/氏，敷縑樂已以。惋燚之原，松根自遠。五世祖虽，/秀立晉朝，爲太子太傅，出撫岳牧，爲并州刺史。/考中正，志操一時，秋菊不朽，俟波猗猗，起家爲/横水州城二縣令，孝悌過仁之忠，寬恕溢謐之/美，皎皎素暈，少長爲友。右軍除，汾州刺史薛懷/吉用君爲西河太守。春秋六十七，正光元年十/一月六日，卒於家。悲動鄉廛，行路悼粟。正光四/年歲次癸卯三月丁亥朔廿九日乙卯，遷葬北/原中鄉永貴里，迺作銘記。/

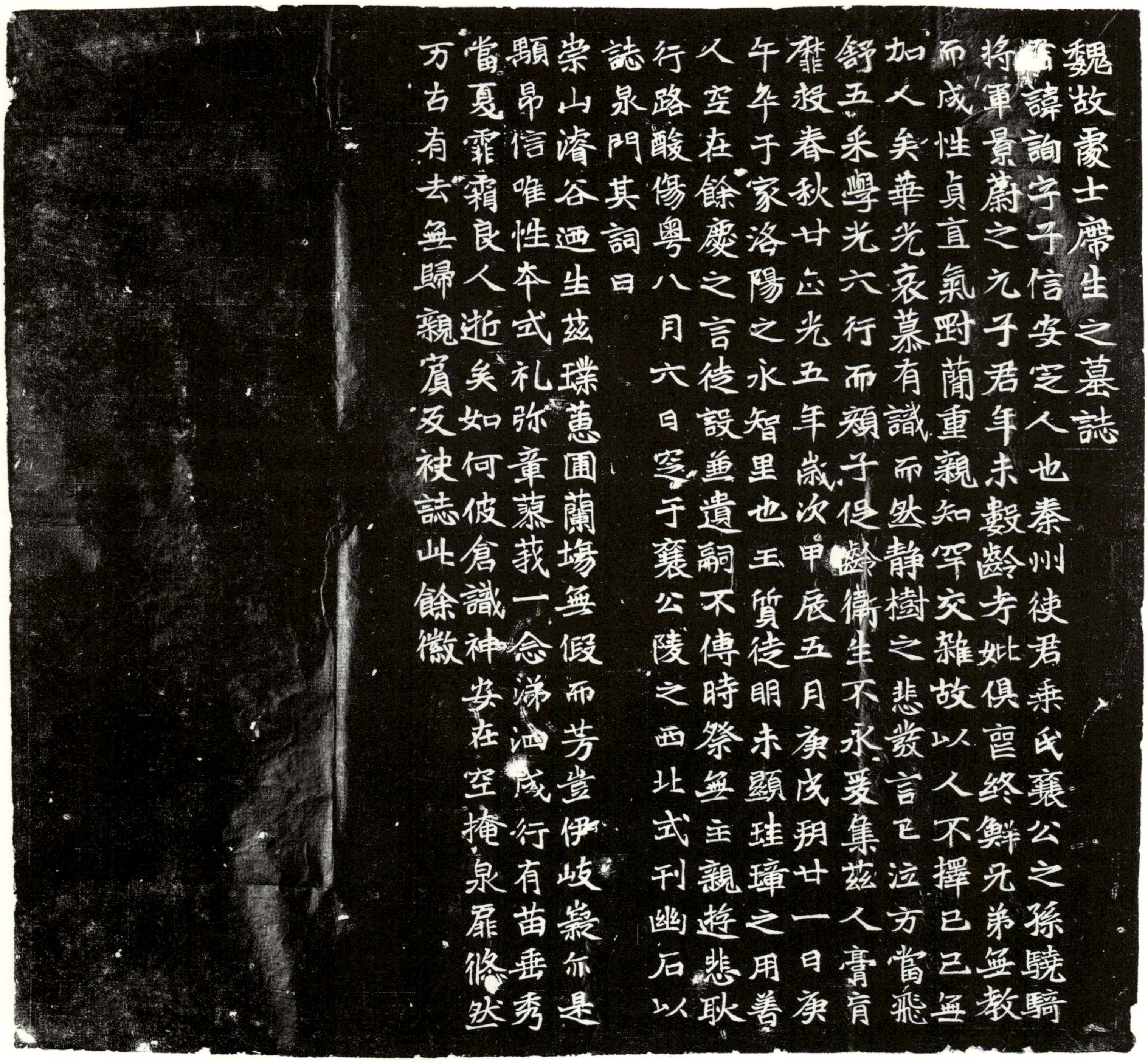
魏故處士席生之墓誌
君諱詢字子信安定人也秦州使君乘氏襄公之孫驍騎
將軍景蔚之元子君年未數齡考妣俱亡終鮮兄弟無教
而成性貞直氣對蘭重親知罕交雜故以人不擇已已無
加之矣華光衰慕有識而然靜樹之悲發言飞泣方當飛
舒五采學光六行而類子促齡備生不永爰集茲人膏肓
靡救春秋廿正光五年歲次甲辰五月庚戌朔廿一日庚
午卒于家洛陽之永智里也玉質徒明未顯珪璋之用善
人空在餘慶之言徒設無遺嗣不傳時祭無主親遊悲耿
行路酸傷粵八月六日窆于襄公陵之西北式刊幽石以
誌泉門其詞曰
崇山濬谷迺生茲璞蕙圃蘭場無假而芳豈伊岐嶷尒是
顯帛信唯性本式礼弥章蒸莪一念涕洫咸行有苗垂秀
當夏霏霜良人逝矣如何彼倉識神安在空掩泉扉倏然
万古有去無歸親賓反袂誌此餘徽

四　席詢墓誌

魏故處士席生（詢）之墓誌

誌高五十一釐米，寬五十三釐米。誌文十五行，滿行二十二字。

席詢，北魏正光五年（五二四）五月二十一日卒。年二十歲。同年八月六日葬。

魏故處士席生之墓誌 /

君諱詢，字子信，安定人也。秦州使君乘氏襄公之孫，驍騎 / 將軍景蔚之元子。君年未數齡，考妣俱喪，終鮮兄弟，無教 / 而成。性貞直，氣剛簡，重親知，罕交雜。故以人不擇己，己無 / 加人矣。華光哀慕，有識而然，静樹之悲，發言已泣。方當飛 / 舒五采，學光六行，而顔子促齡，衞生不永，爰集兹人，膏肓 / 靡救，春秋廿，正光五年歲次甲辰五月庚戌朔廿一日庚 / 午，卒于家，洛陽之永智里也。玉質徒明，未顯珪璋之用；善 / 人空在，餘慶之言徒設。兼遺嗣不傳，時祭無主，親遊悲耿，/ 行路酸傷。粤八月六日，窆于襄公陵之西北。式刊幽石，以 / 誌泉門，其詞曰：/

崇山濬谷，迺生兹璞。蕙圃蘭場，無假而芳。豈伊岐嶷，亦是 / 顒昂。信唯性本，式禮彌章。蓼莪一念，涕泗成行。有苗垂秀，/ 當夏霏霜。良人逝矣，如何彼倉。識神安在，空掩泉扉。悠然 / 萬古，有去無歸。親賓反袂，誌此餘徽。/

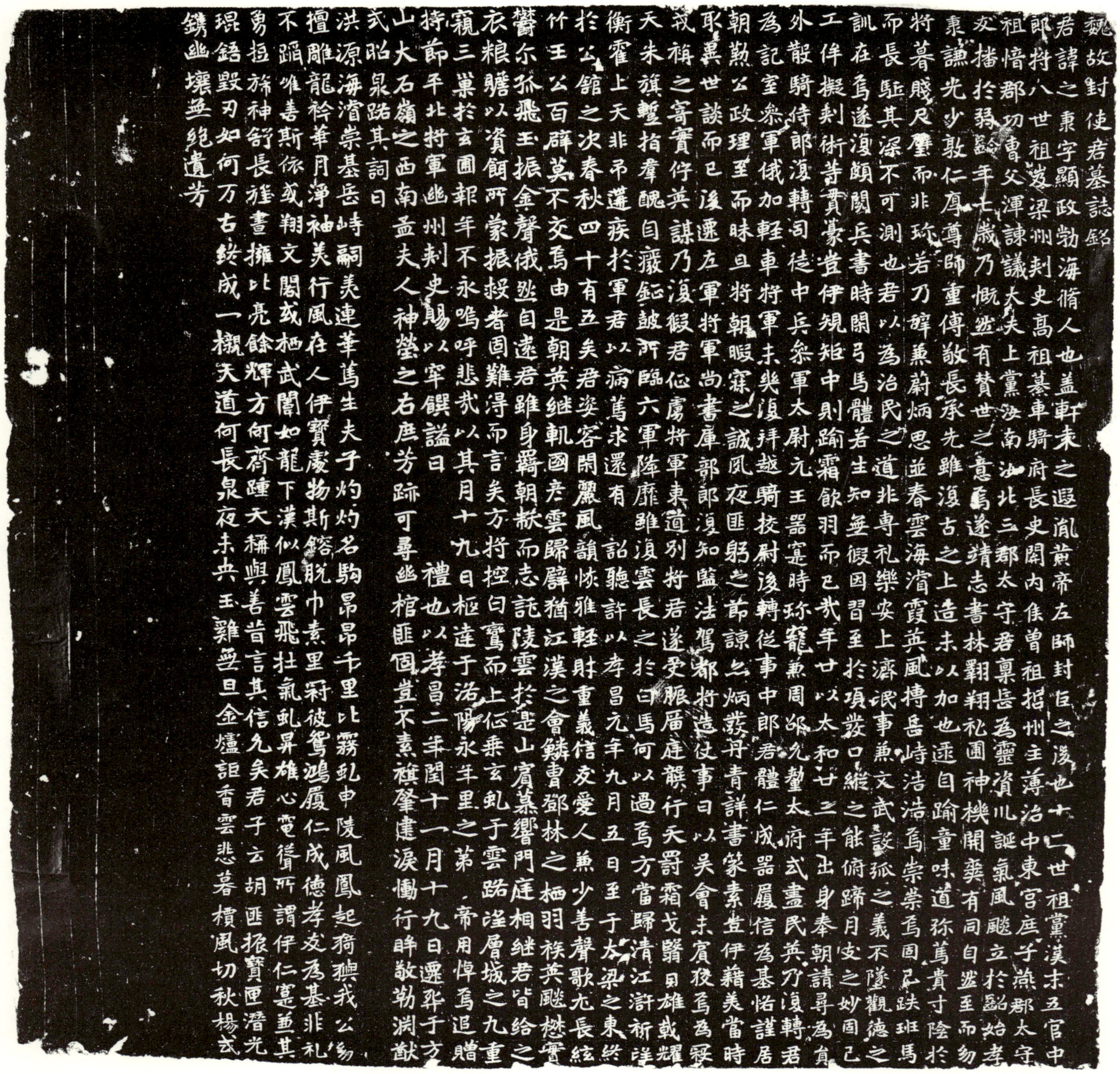

五　封之秉墓誌并蓋

魏故封使君（之秉）墓誌銘

誌高七十二釐米，寬七十二釐米。誌文三十一行，滿行三十七字。

蓋文三行，九字。篆書陽文：魏故幽 / 州刺史 / 封侯銘 /。

封之秉，北魏孝昌元年（五二五）九月五日卒。年四十五歲。孝昌二年（五二六）閏十一月十九日葬。

魏故封使君墓誌銘 /

君諱之秉，字顯政，勃海蓨人也。蓋軒袁之遐胤，黄帝左師封巨之後也。十二世祖黨，漢末五官中 / 郎將。八世祖岌，梁州刺史。高祖纂，車騎府長史、關内侯。曾祖哲，州主簿、治中、東宫庶子、燕郡太守。/ 祖愔，郡功曹。父渾，諫議大夫、上黨汝南汝北三郡太守。君稟岳爲靈，資川誕氣。風飈立於齠始，孝 / 友播於弱齡。年七歲，乃慨然有贊世之意焉，遂靖志書林，翱翔禮圃，神機開爽，有同自然。至而幼 / 秉謙光，少敦仁厚，尊師重傅，敬長承先，雖復古之上造，未以加也。逮自踰童，味道彌篤。貴寸陰於 / 將暮，賤尺璧而非珍。若乃辭兼蔚炳，思並春雲，海濬霞英，風摶岳峙。浩浩焉，崇崇焉，固已跌班馬 / 而長驅，其深不可測也。君以爲治民之道，非專禮樂，安上濟氓，事兼文武。設弧之義不墜，觀德之 / 訓在焉。遂復頗閲兵書，時閑弓馬，體若生知，無假因習。至於項發口縱之能，俯蹄月支之妙，固己 / 工侔擬刺，術等貫籥，豈伊規矩中則，踰霜飲羽而已哉。年廿，以太和廿三年出身奉朝請，尋爲員 / 外散騎侍郎，復轉司徒中兵參軍。太尉元王器寔時珍，寵兼周邵，允釐太府，式盡民英，乃復轉君 / 爲記室參軍，俄加輕車將軍。未幾，復拜越騎校尉，後轉從事中郎。君體仁成器，履信爲基。恪謹居 / 朝，懃公政理。至而昧旦將朝，暇寐之誠，夙夜匪躬之節，諒亦炳發丹青，詳書篆素，豈伊藉美當時，/ 取異世談而已。後遷左軍將軍、尚書庫部郎，復知監法駕、都將造仗事。曰以吴會未賓，狡焉爲寇，/ 戎旃之寄，實佇英謀，乃復假君征虜將軍、東道別將。君遂受脤廟庭，龔行天罰，霜戈翳日，雄戟耀 / 天。朱旗暫指，群醜自廢；鉦鼓所臨，六軍降靡。雖復雲長之於白馬，何以過焉。方當歸清江滸，祈望 / 衡霍，上天非弔，遘疾於軍。君以病篤求還，有詔聽許。以孝昌元年九月五日，至於大梁之東，終 / 於公館之次，春秋四十有五矣。君姿容閑麗，風韻恢雅，輕財重義，信友愛人。兼少善聲歌，尤長絃 / 竹，王公百辟，莫不交焉。由是朝英繼軌，國彦雲歸，譬猶江漢之會鱗曹，鄧林之棲羽族。英飈懋實，/ 鬱爾孤飛；玉振金聲，俄然自遠。君雖身羈朝制，而志託陵雲，於是山賓慕響，門庭相繼，君皆給之 / 衣糧，贍以資餌，所蒙振救者，固難得而言矣。方將控白鸞而上征，乘玄虯於雲路，望層城之九重，/ 窺三巢於玄圃，報年不永，嗚呼悲哉。以其月十九日，柩達于洛陽永年里之第。帝用悼焉，追贈 / 持節、平北將軍、幽州刺史，賜以牢饌，謚曰，禮也。以孝昌二年閏十一月十九日，遷葬于方 / 山大石嶺之西南，孟夫人神塋之右。庶芳迹可尋，幽棺匪固，豈不素旗肇建，淚慟行眸，敬勒淵猷，/ 式昭泉路。其詞曰：/

洪源海濬，崇基岳峙。嗣美連華，篤生夫子。灼灼名駒，昂昂千里。比霧虯申，陵風鳳起。猗歟我公，幼 / 擅雕龍。衿華月浄，袖美行風。在人伊寶，處物斯鎔。脱巾素里，冠彼鴛鴻。履仁成德，孝友爲基。非禮 / 不蹈，唯善斯依。或翔文閣，或棲武闈。如龍下漢，似鳳雲飛。壯氣虯昇，雄心電聳。所謂伊仁，寔兼其 / 勇。短旆神舒，長旌晝擁。比亮餘輝，方何齊踵。天稱與善，昔言其信。允矣君子，云胡匪振。寶匣潛光，/ 琨鋙毁刃。如何萬古，終成一櫬。天道何長，泉夜未央。玉雞無旦，金爐詎香。雲悲暮櫝，風切秋楊。式 / 鐫幽壤，無絶遺芳。/

六　元泰墓誌

魏故使持節侍中太尉公驃騎大將軍定州刺史元公（泰）墓誌銘

誌高六十二點五釐米，寬六十二點五釐米。誌文二十六行，滿行二十六字。

元泰，北魏建義元年（五二八）四月十三日卒。年二十五歲。永安三年（五三〇）二月十四日葬。

魏故使持節侍中太尉公驃騎大將軍定州刺史元公墓誌銘/

公諱泰，字達磨，河南洛陽人也。擢本倉精，開源東震，固以粲奂陸離，/詳於圖緯矣。若其鴻族天基，神雄命世，辟赤鳥之集端門，猶斬蛇之/於西澤。烈祖重眸日角，應符定鼎；世祖乘乾得一，祏清宇宙；祖獻文/皇帝，體聖居宸，纘戎昌業；考丞相、高陽王，風猷藉甚，惟允作輔。/公禀天地之英靈，挺自然之妙質，厥初懷抱，爰及志學，岐嶷韶亮，寬/容都雅，擒文錦爛，談謔泉涌，雖鍾氏英童、曹家才子，語其先後，詎或/前斯。天子以宗戚俊乂，特加欽遇，乃引以內侍，除通直散騎常侍。/雖釋巾居此，而官人之舉未允僉望，轉散騎常侍。其在省闥，文義誥/策，粲然可觀。太妃崔氏薨，寢苫食粥，率由導禮，嬰號孺慕，感切行/人。服闋，太常卿。位居元棘，秩亞三槐，敷讚九旒，兼司律禮。公乃搜求/古文，廣訪儒學，必欲刊定鍾吕，爲一代準的。俄遷使持節、都督光州/諸軍事、鎮東將軍、光州刺史，固辭不受。屬天統絶嗣，中興革命，人欣/更始，候蹕盟津。謂仁者壽，報施之徒語，春秋廿有五，以建義元年歲/次戊申四月乙酉朔十三日己丑[一]，於首陽山之陰奄同大禍。天子/愍悼，策贈使持節、侍中、太尉公、驃騎大將軍、定州刺史，謚曰王，/祀以太牢。粤永安三年歲次庚戌二月丁未朔十四日庚申，遷窆於/北邙之下。泉扃奄隧，脩夜未央，式鐫玄石，傳之不朽。銘曰：/

於鑠有魏，膺兹寶曆。得一云肇，龜書慶積。五老上瑞，越嘗重驛。神基/世濟，鴻源遥夐。鍾美安屬，乃之公子。剪髪觿年，岐嶷通理。爰暨志學，芬/馥蘭芷。擒名擅實，贏金莫擬。登朝愕愕，入室恂恂。恭上順下，取異棄/倫。優遊藝圃，左右琴文。方假梁楝，增構凌雲。旻倉不弔，夭彩上春。嗟/哉一世，遽同過隙。奄襲悠悠，終天長隔。律吕推移，當歸兆宅。窀穸告/期，允吉龜筮。龍輴戒軸，金鐸先驅。飄飄繐帳，丹旐卷舒。一隨冥漠，魂/兮焉居。逢迎永謝，塀霤荒蕪。賓交歔欷，轅馬踟蹰。哲人云逝，流芳有/餘。千齡無絶，勒銘丘墟。/

[一] 此處干支疑誤，建義元年四月戊子朔，十三日庚子。

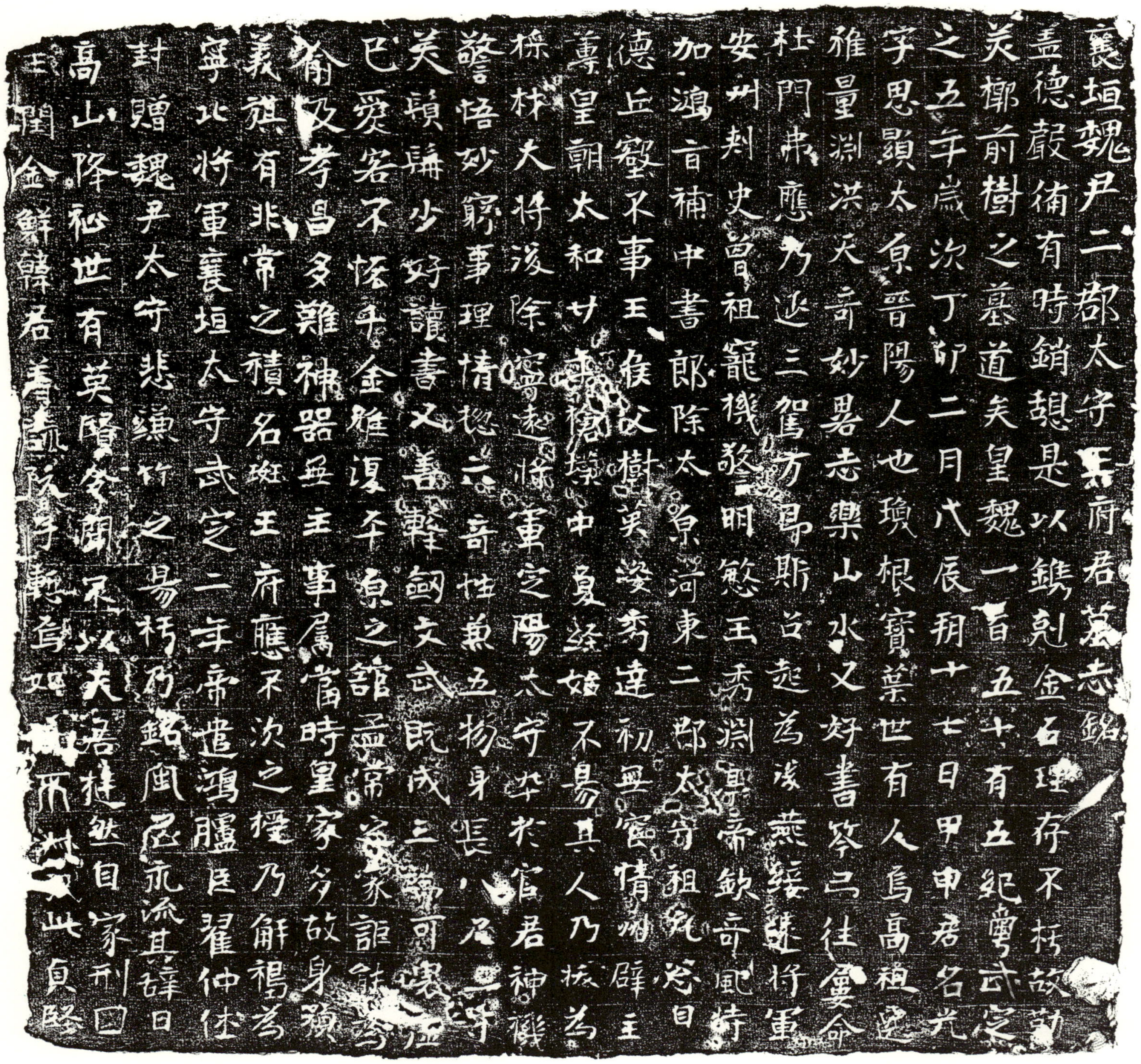

七　王光墓誌并蓋

襄垣魏尹二郡太守王府君（光）墓志銘

誌高四十二釐米，寬四十三釐米。誌文二十一行，滿行二十字。

蓋文三行，八字。篆書陽文：太安王 / 君之志 / 銘文 /。

王光，東魏武定五年（五四七）二月十七日葬。

襄垣魏尹二郡太守王府君墓志銘 /

蓋德聲備，有時銷憩，是以鐫剋金石，理存不朽，故勒 / 美槨前，樹之墓道矣。皇魏一百五十有五紀，粤武定 / 之五年歲次丁卯二月戊辰朔十七日甲申。君名光，/ 字思顯，太原晉陽人也。瓊根寶葉，世有人焉。高祖遷，/ 雅量淵洪，天奇妙略，志樂山水，又好書琴，以往屢命，/ 杜門弗應。乃延三駕，方即斯召。起爲後燕綏遠將軍、/ 安州刺史。曾祖寵，機警明愍，玉秀淵亭，帝欽奇風，特 / 加鴻旨，補中書郎，除太原河東二郡太守。祖□悤，自 / 德丘壑，不事王侯。父樹，英姿秀達，初無宦情，州辟主 / 簿。皇朝太和廿年□堞中夏，經始不易其人，乃拔爲 / 採材大將，後除寧遠將軍、定陽太守，卒於官。君神機 / 警悟，妙窮事理，情總六奇，性兼五物，身長八尺三寸，/ 美鬚髯，少好讀書，又善擊劍，文武既成，三端可表，虚 / 己愛客，不吝千金。雖復平原之館，孟常之家，詎能爲 / 俞。及孝昌多難，神器無主，事屬當時，皇家多故。身豫 / 義旗，有非常之積；名班王府，應不次之授。乃解褐爲 / 寧北將軍、襄垣太守。武定二年，帝遣鴻臚臣翟仲休 / 封贈魏尹太守。悲縑竹之易朽，乃銘貞石，永流其辭。曰：/

高山降祉，世有英賢。令問不以，夫君挺然。自家刑國，/ 玉潤金鮮。韓君著詠，阮子慙焉。如何不淑，及此貞堅。/

八　李權墓誌

魏故使持節衛將軍汾州刺史樂陵縣開國伯李君（權）墓誌

誌高三十釐米，寬四十五釐米。誌文二十行，滿行十五字。

李權，西魏廢帝二年（五五三）卒。年五十七歲。廢帝三年（五五四）葬。

魏故使持節衛將軍汾州刺史樂陵縣 / 開國伯李君墓誌 /

君諱權，字伯衡，勃海蓨人也。出自伯陽，/ 世繼清德。曾祖元明，名州主簿。解褐員外 / 郎、龍驤將軍、諫議大夫、長廣濟南二郡 / 太守。祖念，州主簿、州秀才。父□，郡功曹、/ 鎮遠將軍、步兵校尉、侯城縣令。君少有 / 志略，兼綜文武。永安中，與司空公高乾 / 兄弟舉義信都，中興初，出身衛軍府主 / 簿，尋轉征虜將軍、中散大夫、都督。永熙 / 之季，高歡不慎，孝武皇帝西幸關 / 中，君於時先在河北，遂羈賊網。大統九 / 年，從司徒公高慎舉義，城罣歸朝，時 / 充先使，尋除征東將軍、金紫光禄大夫、/ 樂陵縣開國伯，邑五百户。十年，除司徒 / 府諮議參軍事。十五年，除太尉府長史。/ 十六年，除中部太守。二年，君不幸，春秋 / 五十七，薨於長安。三年，贈持節汾州刺 / 史，封如故，葬於杜縣高陽原。/

妻新昌縣主河南元氏。/

九　拓拔初墓誌

周故拓拔初墓誌

誌高四十五釐米，寬四十五釐米。誌文八行，滿行九字。

拓拔初，北周孝閔帝元年（五五七）二月卒。年三歲。明帝二年（五五八）九月三十日葬。

周故拓拔初墓誌 /

拓拔初，河南洛陽人。魏 / 文皇帝之孫，恭皇帝之 / 長子。元年二月卒，時年 / 三歲。二年九月卅日窆 / 于小陵原。山谷不常，爰立 / 玆誌，令知墓焉。/

周二年九月卅日 /

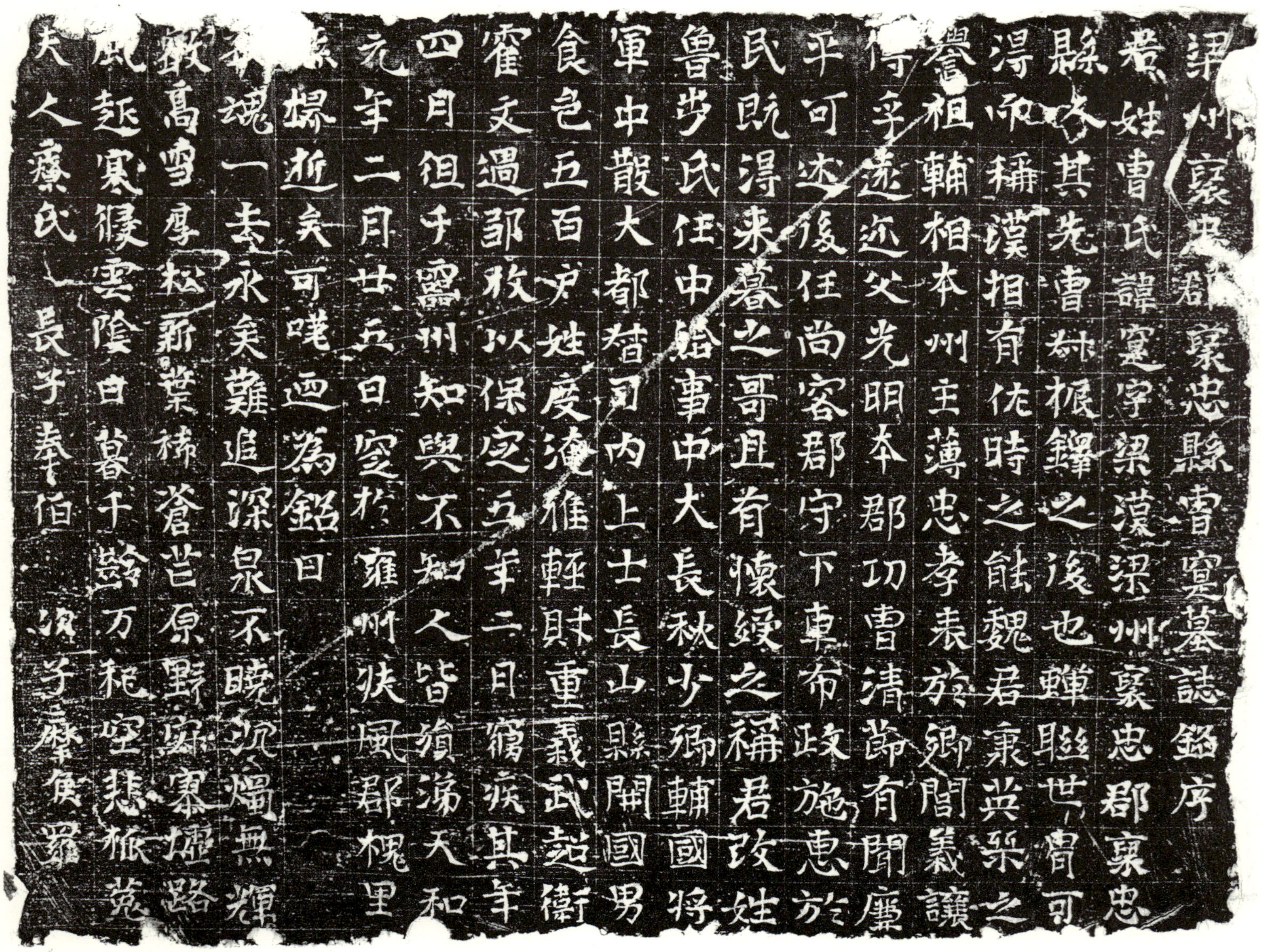

一〇　曹寔墓誌并蓋

梁州褒忠郡褒忠縣曹寔墓誌銘序

誌高三十一釐米，寬四十釐米。誌文十九行，滿行十六字。

蓋文四行，十四字。篆書陽文：梁州褒忠／郡褒忠縣／魯步寔墓／之銘／。

曹寔，北周保定五年（五六五）四月卒。天和元年（五六六）二月二十五日葬。

梁州褒忠郡褒忠縣曹寔墓誌銘序 /

君姓曹氏，諱寔，字梁漢，梁州褒忠郡褒忠 / 縣人。其先曹叔振鐸之後也。蟬聯世冑，可 / 得而稱。漢相有佐時之能，魏君秉英桀之 / 譽。祖輔相，本州主簿，忠孝表於鄉閭，義讓 / 傳乎遠邇。父光明，本郡功曹，清節有聞，廉 / 平可述，後任尚客郡守，下車布政，施惠於 / 民，既得來暮之哥，且有懷綏之稱。君改姓 / 魯步氏，任中給事中、大長秋少卿、輔國將 / 軍、中散、大都督、司内上士、長山縣開國男，/ 食邑五百户。姓度淹雅，輕財重義，武超衛 / 霍，文過鄒枚。以保定五年二月寢疾，其年 / 四月，徂于靈州。知與不知，人皆殞涕。天和 / 元年二月廿五日，窆於雍州扶風郡槐里 / 縣界。逝矣可嗟，迺爲銘曰：/

孤魂一去，永矣難追。深泉不曉，沉燭無輝。/ 巖高雪厚，松新葉稀。蒼芒原野，寂寥墟路。/ 風起寒侵，雲陰日暮。千齡萬祀，空悲狐菟。/

夫人獠氏。長子奉伯。次子摩侯羅。/

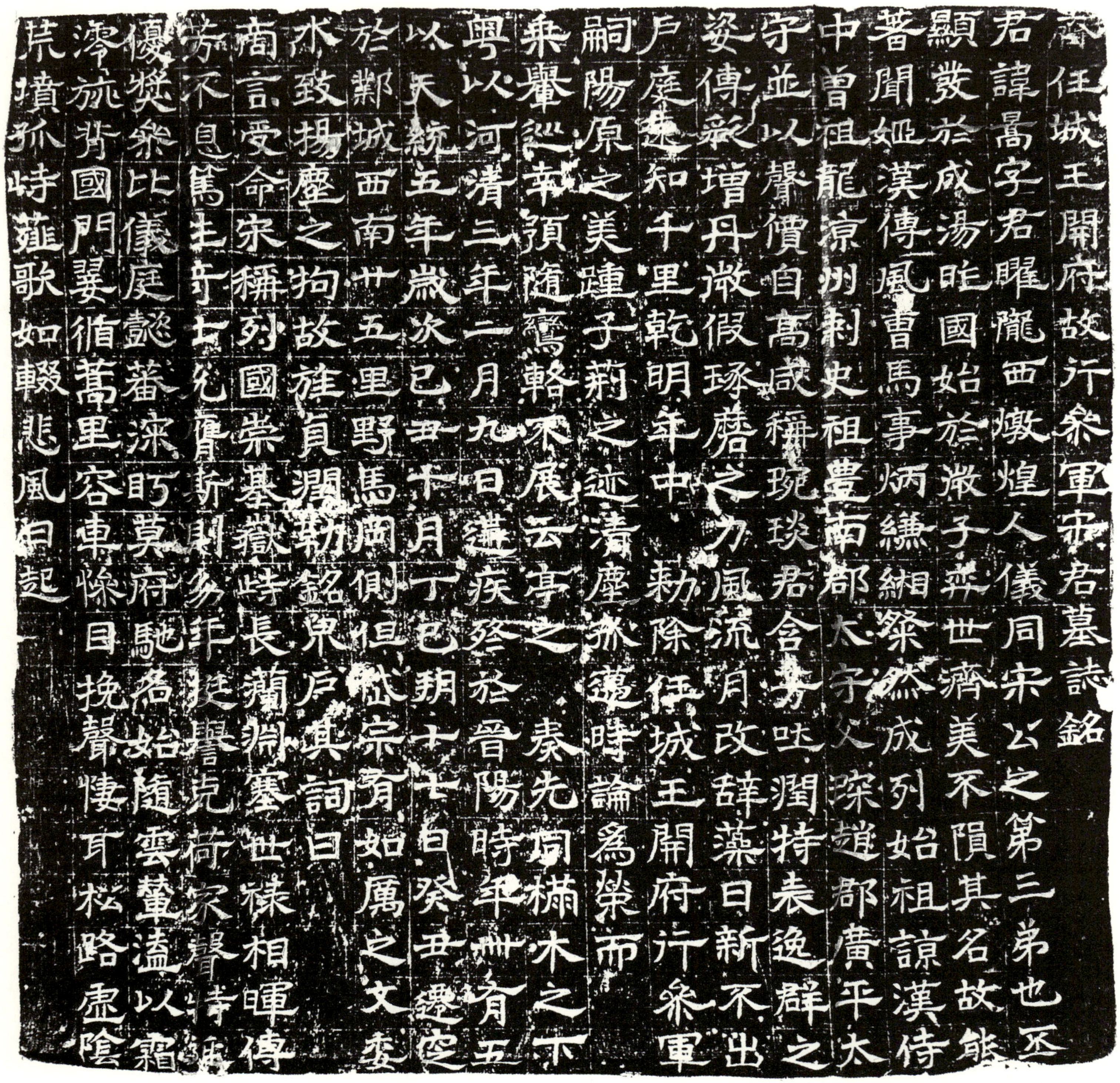

一一　宋畐墓誌

齊任城王開府故行參軍宋君（畐）墓誌銘

誌高四十二釐米，寬四十二釐米。誌文十九行，滿行二十一字。

宋畐，北齊河清三年（五六四）二月九日卒。年四十五歲。天統五年（五六九）十月十七日葬。

齊任城王開府故行參軍宋君墓誌銘 /

君諱暠，字君曜，隴西燉煌人。儀同宋公之第三弟也。丕 / 顯發於成湯，胙國始於微子，弈世濟美，不隕其名，故能 / 著聞姬漢，傳風曹馬，事炳縑緗，粲然成列。始祖諒，漢侍 / 中。曾祖龍，涼州刺史。祖豐，南郡太守。父琛，趙郡廣平太 / 守。並以聲價自高，咸稱琬琰。君含芳吐潤，特表逸群之 / 姿；傅彩增丹，微假琢磨之力。風流月改，辭藻日新，不出 / 户庭，遠知千里。乾明年中，敕除任城王開府行參軍。/ 嗣陽原之美，踵子荆之迹。清塵孤邁，時論爲榮。而 / 乘輿巡幸，預隨鸞輅。不展云亭之奏，先同樠木之下。/ 粤以河清三年二月九日，遘疾終於晉陽，時年卌有五。/ 以天統五年歲次己丑十月丁巳朔十七日癸丑[一]，遷窆 / 於鄴城西南廿五里野馬岡側。但岱宗有如厲之文，委 / 水致揚塵之拘，故旌貞潤，勒銘泉户。其詞曰：/

商言受命，宋稱列國。崇基嶽峙，長瀾淵塞。世禄相暉，傳 / 芳不息。篤生奇士，允膺斯則。幼年挺譽，克荷家聲。特延 / 優奬，參比儀庭。懿蕃深眄，莫府馳名。始隨雲輦，溘以霜 / 滲。旐背國門，翣循蒿里。容車慘目，挽聲悽耳。松路虚陰，/ 荒墳孤峙。薤歌如輟，悲風日起。/

[一] 此處干支有誤。十月丁巳朔，十七日癸酉，此月無癸丑。

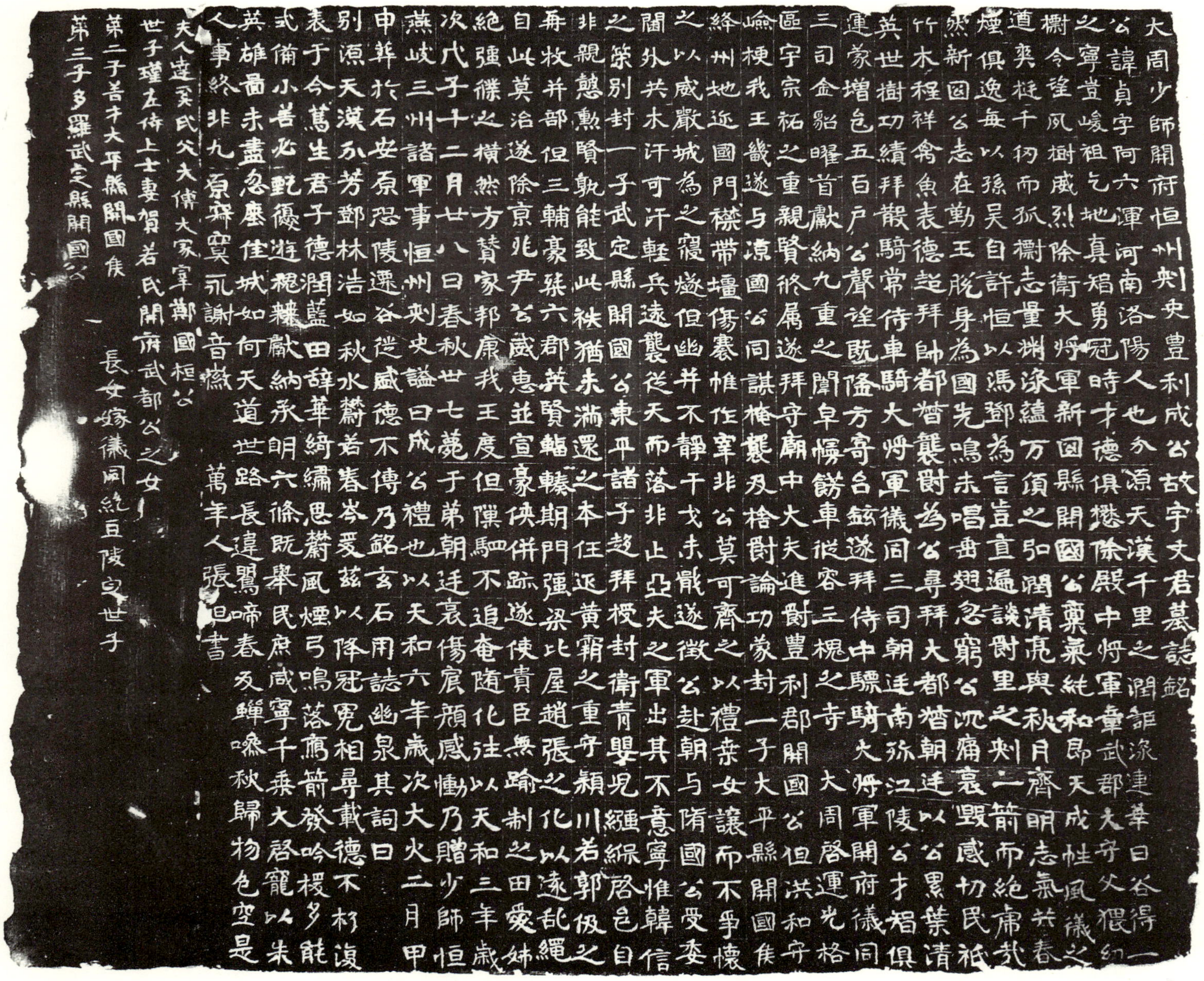

一二　宇文貞墓誌并蓋

大周少師開府恒州刺史豐利成公故宇文君（貞）墓誌銘

萬年人張旭書。

誌高五十釐米，寬五十一釐米。誌文二十九行，滿行二十九字。誌邊文字四行，行十一至二十二字不等。

蓋文四行，十六字。篆書陽文：大周少師/開府豐利/成公故宇/文君墓誌/。

宇文貞，北周天和三年（五六八）十二月二十八日卒。年三十七歲。天和六年（五七一）二月六日葬。

大周少師開府恒州刺史豐利成公故宇文君墓誌銘/

公諱貞，字阿六渾，河南洛陽人也。分源天漢，千里之潤詎深；連華日谷，得一/之寧豈峻。祖乞地真，智勇冠時，才德俱懋，除殿中將軍、章武郡大守。父猥，幼/標令望，夙樹威烈，除衞大將軍、新國縣開國公。稟氣純和，即天成性。風儀之/遒爽，挺千仞而孤標；志量淵深，蘊萬頃之弘潤。清亮與秋月齊明，志氣共春/煙俱逸。每以孫吴自許，恒以馮鄧爲言。豈直遍談爵里之刺，一箭而絶虎哉。/然新國公志在勤王，脱身爲國，先鳴未唱，垂翅忽窮。公沉痛哀毁，感切民祇。/竹木程祥，禽魚表德，超拜帥都督，襲爵爲公，尋拜大都督。朝廷以公累葉清/英，世樹功績，拜散騎常侍、車騎大將軍、儀同三司。朝廷南殄江陵，公才智俱/運，蒙增邑五百户。公聲望既隆，方寄吕鉉，遂拜侍中、驃騎大將軍、開府儀同/三司。金貂曜首，獻納九重之闈；皁幔飾車，從容三槐之寺。大周啓運，光格/區宇，宗祏之重，親賢修屬，遂拜守廟中大夫，進爵豐利郡開國公。但洪和守/嶮，梗我王畿，遂與涼國公同謀掩襲，及捨爵論功，蒙封一子大平縣開國侯。/絳州地邇國門，襟帶疆埸，褰帷作宰，非公莫可。齊之以禮，桑女讓而不争；懷/之以威，嚴城爲之寢燧。但幽并不静，干戈未戢，遂徵公赴朝，與隋國公受委/閫外，共木汗可汗輕兵遠襲。從天而落，非止亞夫之軍；出其不意，寧惟韓信/之策。别封一子武定縣開國公。東平諸子，趍拜授封；衞青嬰兒，繈褓啓邑。自/非親懿勳賢，孰能致此。秩猶未滿，還之本任。延黄霸之重守潁川，若郭伋之/再牧并部。但三輔豪桀，六郡英賢，輻輳期門，强梁比屋。趙張之化以遠，亂繩/自此莫治，遂除京兆尹。公威惠並宣，豪俠併跡，遂使貴臣無踰制之田，愛姊/絶强僕之横。然方贊家邦，康我王度，但隙駟不追，奄隨化往。以天和三年歲/次戊子十二月廿八日，春秋卅七，薨于第。朝廷哀傷，宸顔感慟，乃贈少師、恒/燕岐三州諸軍事、恒州刺史，謚曰成公，禮也。以天和六年歲次大火二月甲/申葬於石安原。恐陵遷谷徙，盛德不傳，乃銘玄石，用誌幽泉。其詞曰：/

别源天漢，分芳鄧林。浩如秋水，鬱若春岑。爰兹以降，冠冕相尋。載德不朽，復/表于今。篤生君子，德潤藍田。辭華綺繡，思鬱風煙。弓鳴落雁，箭發吟猿。多能/式備，小善必甄。優遊槐棘，獻納承明。六條既舉，民庶咸寧。千乘大啓，寵以朱/英。雄圖未盡，忽瘞佳城。如何天道，世路長違。鶯啼春及，蟬噪秋歸。物色空是，/人事終非。九原寂寞，永謝音徽。

萬年人張旭書。/

夫人達奚氏，父大傅、大冢宰、鄭國桓公。/世子瑾，左侍上士；妻賀若氏，開府武都公之女。/第二子善才，大平縣開國侯。長女嫁儀同紇豆陵定世子。/第三子多羅，武定縣開國公。/

一三　普六如徽之墓誌并蓋

周故使持節驃騎大將軍開府儀同三司大都督海莒息三州諸軍事三州刺史昌國敬公普六如公（徽之）墓誌銘

誌高五十四釐米，寬五十四釐米。誌文三十二行，滿行三十三字。

蓋文四行，十六字。篆書陽文：周故開府 / 昌國敬公 / 普六如徽 / 之公墓誌 /。

普六如徽之，北周宣政元年（五七八）八月十四日卒。年六十八歲。大象元年（五七九）十月十五日葬。

周故使持節驃騎大將軍開府儀同三司大都督海莒息三州諸軍事三州刺史昌國/敬公普六如公墓誌銘/

公諱徽之，字慶宵，城皋滎陽人也。帝高辛之苗裔。昔衛武公子封於戚城，因以著姓。其/弈葉重光，肇自金行之始；洪源盛烈，彰乎火德之時。十四世祖鰓，漢臨轅堅侯。九世祖/寄，魏光禄勳。高祖儉，潦西太守。曾祖澄，兖州刺史，學人軌範。祖爽，平原太守，爲世師宗。/父勝明，幼而岐嶷，雅好淵博，寧遠將軍、青州刺史。公即史君第二子也，稟兹茂氣，纂/斯盛德，器量高奇，風飄峻舉，紈綺好學，研精典墳，譽遠六幽，言應千里。弱冠起家，員外/散騎侍郎、襄威將軍别將，轉伍都督、東北道行臺郎中。公知機效節，立義潁川，佐戎之/委，武功寔建。遷御史，入爲主書治舍人，出爲司徒外兵參軍。文皇虎變，公拔難伊/洛，作宰許昌，明同水鏡。賞密縣開國男，遷樂陵公府主簿。毗贊閑平，俄轉長史，固守金/庸。及河橋、芒山，莫不身當矢射，手親桴鼓，封獨洛縣開國男。解玉璧之圍，易如拾芥；破/柏谷之塢，勢似轉丸。加中堅將軍、奉車都尉。職參莫府，寔寄戎機。出爲東秦州長史。將/從其美，匡救其惡，信同白水，清遣夜金。又以大將軍諮議，遷長史。/文皇建立卅六部，公爲望族，賜姓普六如氏。梁人侵境，邊民擾懼。公妙算縱横，笑孫子/之七略；英謨奮發，嗤武侯之八陣。及水運告終，木德伊始，謳謡雖改，獄訟未移。公獨庶/機，密陳禪代。大周啓祚，元功實在，爲天官府上士。贊治典政，轉柱國府長史，加冠軍將/軍。周命之初，歲唯不稔。公憂國如家，勤恤民瘼，上私粟四千，奉錢萬貫。加平南將軍、右/銀青光禄，除帥都督。以公策略深弘，有實王府，授小計部大夫，庫錢貫杇，倉流爨粟。/遷車騎大將軍、儀同三司，封昌國男。詔曰：公職幹詳濟，宜假戎威，職治師旅，以御/寇暴，加使持節、大都督、領軍人。以世宗稱帝，公之謀也，遷驃騎大將軍、開府儀同三司，/進爵爲公，賜帛千匹。恪勤既著，寵寄彌隆。轉計部中大夫，兼大府中大夫，又治民部。出/爲大使，巡訪天下，舉善貶惡，實得其宜。俄授梁州總管府長史。以公識見優長，知今博/古，經未浹旬，徵還修令。曾不憖遺，云亡奄及，春秋六十有八，宣政元年八月乙丑朔十/四日戊寅構疾，薨于雍州長安第。公廉直忠貞，志不阿曲，禮賢進善，握髮吐餐，夙夜在/公，坐而待旦。歲在豕韋，壞此良木。皇上深加悼惜，朝野莫不悲慟。敕使監護喪事，/賻賵之數，又加常等，追贈使持節、開府、儀同大將軍、海莒息三州刺史，昌國公如故，謚/曰敬，禮也。白駒難駐，窀穸有期，粤大象元年十月己未朔十五日癸酉，窆于京兆郡長/安縣高陽之山。懼陵谷有遷，寒暑改變，思勒嘉名，傳其芳迹。其詞曰：/

綺獮盛烈，世樹休貞。揚威火德，播美金行。剋昌厥後，用誕髦英。傳芳七史，馳譽兩京。允/文允武，唯儉唯恭。三墳斯闡，五典剋從。爰規爰矩，爲光爲龍。西戎即敘，東夷息烽。珥金/入侍，珮玉登膚。嘉謀用啓，帝曰汝諧。乂安家社，底平大階。籌兹五土，陟彼三槐。昊天弗/吊，哲人其萎。和璧雖没，佳城弗移。德音嗣德，斯人在斯。勒兹玄石，以述英奇。/

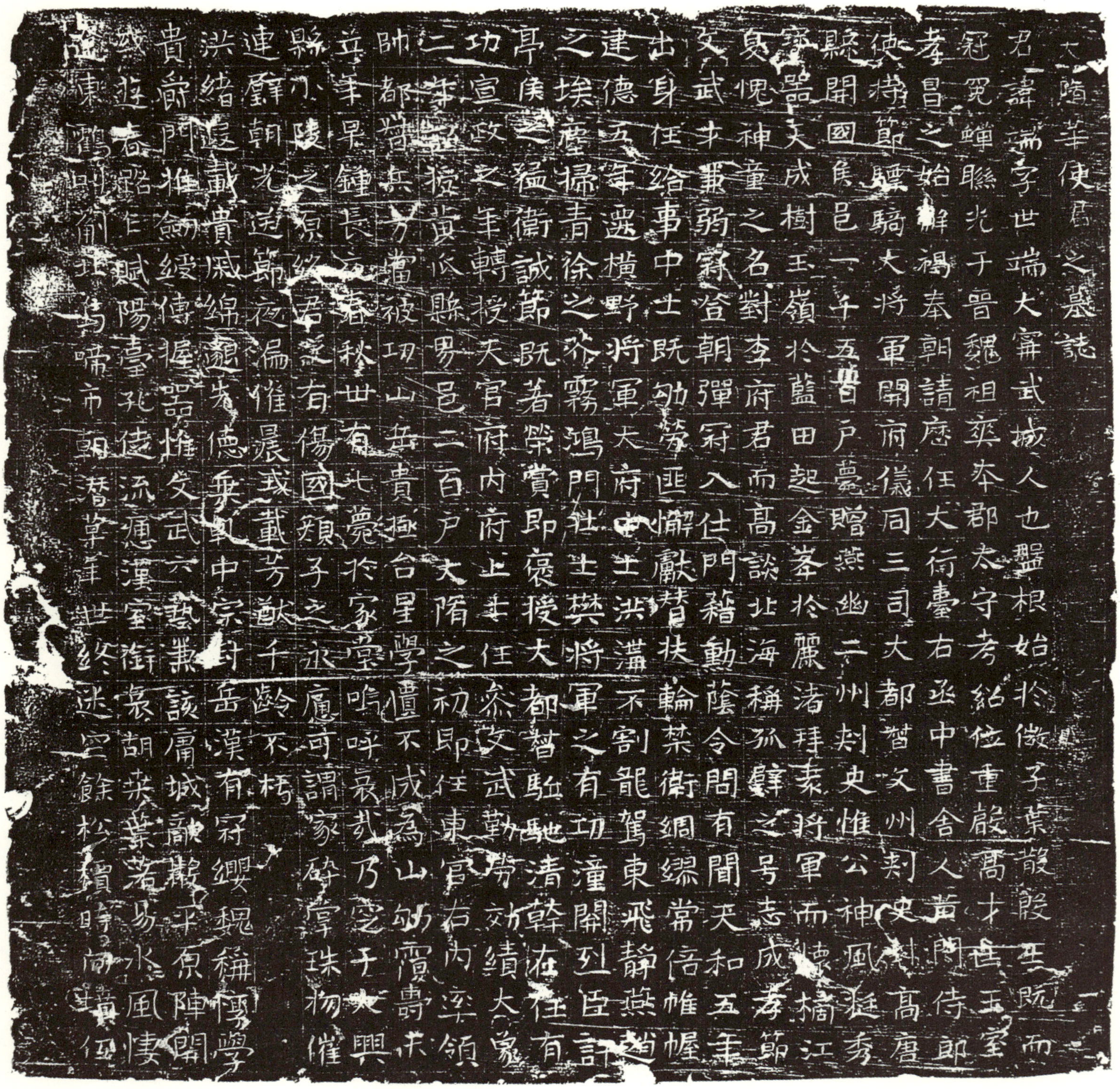

一四　華端墓誌并蓋

大隋華使君（端）之墓誌

誌高四十三釐米，寬四十三釐米。誌文二十三行，滿行二十四字。

蓋文三行，九字。篆書陽文：大隋華 / 使君之 / 墓誌銘 /。

華端，隋開皇元年（五八一）卒。年三十七歲。

大隋華使君之墓誌 /

君諱端，字世端，大寧武城人也。盤根始於微子，葉散殷王；既而 / 冠冕蟬聯，光於晉魏。祖爽，本郡太守。考紹，位重聲高，才匡王室。/ 孝昌之始，解褐奉朝請，歷任大行臺右丞、中書舍人、黄門侍郎、/ 使持節、驃騎大將軍、開府儀同三司、大都督、文州刺史，封高唐 / 縣開國侯，邑一千五百户，薨，贈燕幽二州刺史。惟公神風挺秀，/ 實器天成。樹玉嶺於藍田，起金峯於麗渚。拜袁將軍而懷橘，江 / 夏愧神童之名；對李府君而高談，北海稱孤璧之號。志成孝節，/ 文武才兼。弱冠登朝，彈冠入仕，門藉勳蔭，令問有聞。天和五年，/ 出身任給事中士。既劬勞匪懈，獻替扶輪，禁衛綢繆，常侍帷幄。/ 建德五年，遷横野將軍、大府中士。洪溝不割，龍駕東飛。静燕趙 / 之埃塵，掃青徐之芥霧。鴻門壯士，樊將軍之有功；潼關烈臣，許 / 亭侯之猛衛。誠節既著，榮賞即褒，授大都督。驅馳清幹，在任有 / 功。宣政之年，轉授天官府内府上士，任參文武，勤勞效績。大象 / 二年，詔授黄瓜縣男，邑二百户。大隋之初，即任東宫右内率，領 / 帥都督兵。方當被功山岳，貴極台星，學匱不成，爲山劬覆，壽未 / 立年，早鍾長夜。春秋卅有七[一]，薨於家堂。嗚呼哀哉！乃窆於大興 / 縣小陵之原。終君之有傷國，顔子之永痛，可謂家碎掌珠，物催 / 連璧。朝光送節，夜漏催晨，式載芳猷，千齡不朽。/

洪緒遐載，貴戚綿邈。先德乘乾，中宗封岳。漢有冠纓，魏稱惇學。/ 貴爵門推，劍綬傳握。器惟文武，六藝兼該。庸城敵散，平原陣開。/ 或游春路，乍賦陽臺。孔徒流痛，漢室銜哀。胡桑葉落，易水風悽。/ 遼東鶴叫，薊北烏啼。市朝潛革，年世終迷。空餘松檟，時向墳低。/

[一] 此處未載何年，因上文“大隋之初”，姑認爲開皇元年。

一五　華政墓誌并蓋

大隋都督斌强縣令高唐縣開國侯華君（政）墓誌

誌高四十五釐米，寬四十五釐米。誌文三十二行，滿行三十三字。

蓋文四行，十六字。篆書陽文：大隋斌强/縣令高唐/侯華使君/之墓誌銘/。

華政，隋開皇九年（五八九）正月葬。

大隋都督斌强縣令高唐縣開國侯華君墓誌 /

君諱政，字世直，大寧武城人也。昔玄丘浴水，誕玉筐之聖；白氣貫月，降金鈎之神。感彼 / 空桑，夢兹胥靡，傳業三古，載祀六百。公之始祖，微子之裔，故能播美往策，踵武前脩，歷 / 周漢而彌隆，涉魏晉而逾盛。桓珪錫土，赤紱以朝，布在簡書，故略言也。祖爽，器業弘遠，/ 幹藝優深，魏景明之世，以郡功曹貢爲本邦太守。父紹，履端居正，名蓋當時，資度宏遠，/ 清徽宿著，孝昌之始，解褐奉朝請，歷任大行臺右丞、中書舍人、黄門侍郎、使持節、驃騎 / 大將軍、開府儀同三司、文州刺史，封高唐縣開國侯，邑一千五百户，天和二年七月，薨 / 於京第，詔贈燕、幽二州刺史。公氣禀丹霄，潤資玉海，智啓勞楚之年，業茂羊車之歲，風 / 儀疏朗，志性豪雄。保定之初，盛設庠序，廣洙泗之風，弘昇堂之數，公侯子弟，俊人有聞，/ 乃豫青衿，入爲經學。公西園獨步，東觀稱首，六翮未舉，九罣便澈，周之懿弟，出總蕃維，/ 妙選國華，以爲毗讚，辟公爲譙王府記室參軍事，仍府典籤。既侍帷幄之謀，實允儀形 / 之寄。仍遷外兵參軍。智兼九伐，務總三戎。天和五年，進位都督，轉水曹參軍。俄授閬中 / 縣令。灑春雨之澤，振秋霜之威，既理亂繩，彌製美錦。建德元年，襲爵高唐縣開國侯。承 / 家盡孝，必見無改之容；奉國竭誠，先聞有犯之色。宣政元年，授陰城縣令。有周之季，四 / 海横流，夷敵乘間，諸侯問鼎，烽照甘泉，塵飛河朔，南蠻猾夏，邊鄙叛亡，路有驚荇，野無 / 宿草。公内施惠化，保境寧民；外示威略，連城荷潤。於是徵公南討，星言赴接，彼衆我寡，/ 遂被重圍。箭盡晉陽之城，泉窮疏勒之井，刁斗不擊，偃鼓臥旗，按劍勵士，勢如奔電，遊 / 霧百重，迸散千里。論功幕府，受策司勳。洎皇業光啓，疇庸敘德，州舉省貢，表薦頻繁。/ 開皇三年，除斌强縣令。職員將滿，仍遷經城縣。九功咸事，五教在寬，毒獸浮河，蝗飛他 / 境，導德齊禮，有恥且格。化未踰稔，仍遭母憂，毀瘠以形，水漿不入，號躃思歸，解職言邁。/ 攀轅臥轍，留詠甘棠。遂不勝哀，乃薨於路。嗚呼哀哉。惟公寬仁博愛，履道孝慈，信結友 / 朋，直心奉上，見善如不及，疾惡如去草，武兼七德，文表四義，灑翰若飛，算不旋踵，志高 / 河岳，氣逸風雲，臨難既無苟免，臨財義無苟得。方當調斯鼎實，疇兹問道，昊天弗吊，掩 / 及歎楹。聖后悼傷，群辟哀戀，豈直舂婦綴相，郊廛廢市者哉！龜謀允襲，禮期非遠，粤 / 以大梁之歲，析木之月，日御玄黑[一]，時維闕逢，還窆於雍州大興縣之小陵原。風引薤歌，/ 響入松門之路；塵飛素蓋，迴趣黄泉之道。驤馬徘徊，送賓嗚咽，將恐南湖淹縣，東海主 / 桑，勒此徽猷，乃爲銘曰：/

天命玄鳥，降而生商。運傳金氣，祚始玉筐。神哉厥緒，裔彼殷王。洪源宏遠，盛業遐長。顯 / 考上德，惟後剋昌。家傳長戟，禄重高葙。伊君令哲，命世維良。才逾元顗，謀深子房。澄波萬頃，秀立千刃。矢直筠貞，金聲玉振。錦績增暉，隨和流潤。名溢前脩，德隆後進。昊天弗 / 吊，梁木云催。綴舂巷哭，趍車赴哀。玄堂北掩，白日西迴。墳低舊壟，松列新栽。人疏鳥集，/ 野曠寒來。嗚呼名實，長埋夜臺。/

[一] 大梁之歲即酉年，當爲開皇九年己酉。析木之月即正月建寅。日御玄黑，玄黑對應水，水即癸，正月乙丑朔，九日癸酉、十九日癸未、二十九日癸巳，不知具體何日。

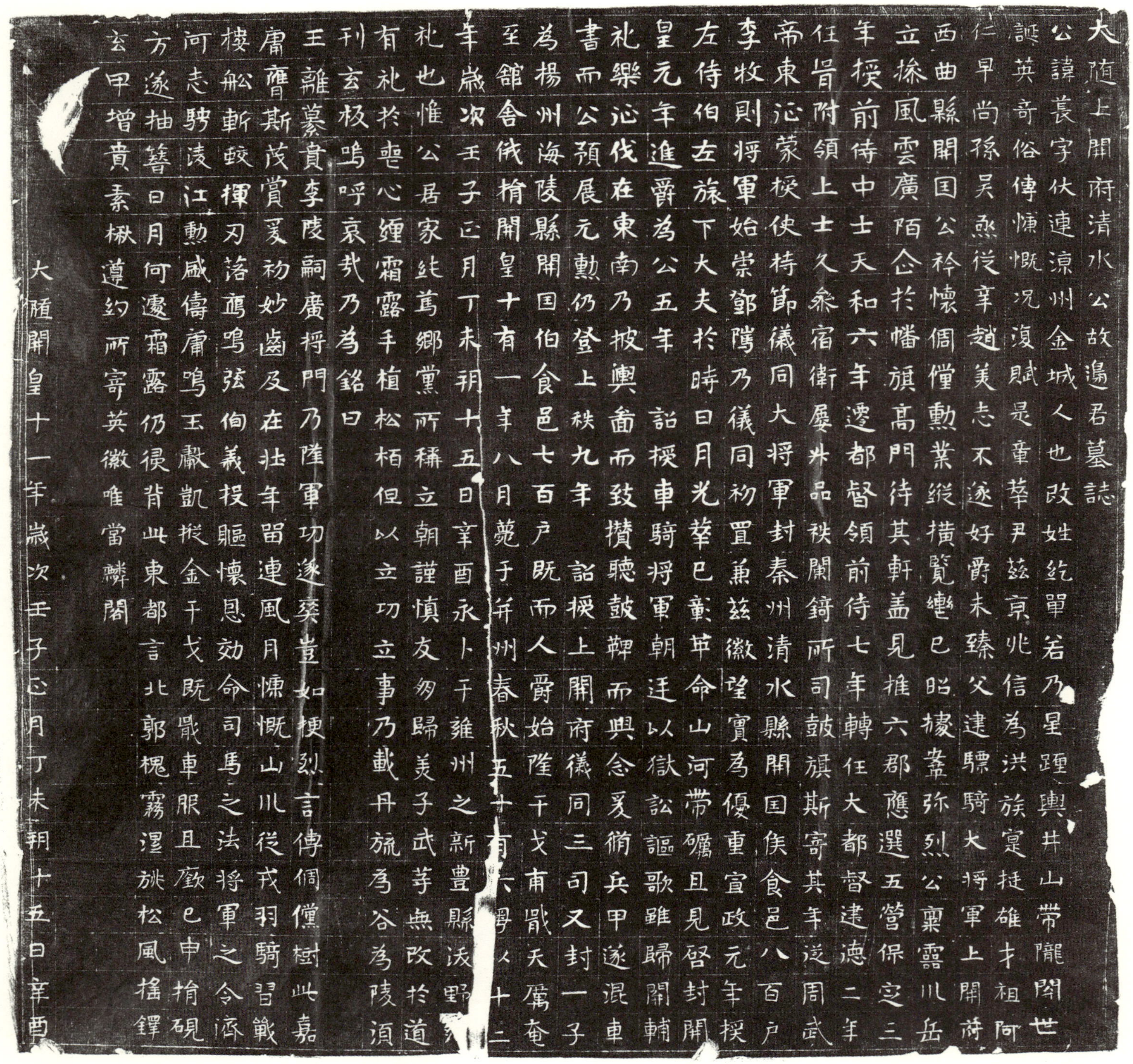

一六　邊萇墓誌并蓋

大隋上開府清水公故邊君（萇）墓誌

誌高五十一釐米，寬五十一釐米。誌文二十七行，滿行二十七字。

蓋文四行，十二字。篆書陽文：隋上開/府清水/公故邊/君墓誌/。

邊萇，隋開皇十一年（五九一）八月卒。年五十六歲。開皇十二年（五九二）正月十五日葬。

大隋上開府清水公故邊君墓誌 /

公諱莨，字伏連，涼州金城人也，改姓紇單。若乃星纏輿井，山帶隴關，世 / 誕英奇，俗傳慷慨，況復賦是章華，尹茲京兆，信爲洪族，寔挺雄才。祖阿 / 仁，早尚孫吴，亟從辛趙，美志不遂，好爵未臻。父建，驃騎大將軍、上開府、/ 西曲縣開國公，衿懷倜儻，勳業縱横，覽譽已昭，據鞍彌烈。公稟靈川岳，/ 立操風雲，廣陌企於幡旗，高門待其軒蓋，見推六郡，應選五營。保定三 / 年，授前侍中士。天和六年，遷都督，領前侍。七年，轉任大都督。建德二年，/ 任胥附，領上士。久參宿衛，屢升品秩，闌錡所司，鼓旗斯寄。其年，從周武 / 帝東征，蒙授使持節、儀同大將軍，封秦州清水縣開國侯，食邑八百户。/ 李牧則將軍始崇，鄧騭乃儀同初置，兼茲徽望，實爲優重。宣政元年，授 / 左侍伯、左旅下大夫。於時日月光華，已彰革命，山河帶礪，且見啓封。開 / 皇元年，進爵爲公。五年，詔授車騎將軍。朝廷以獄訟謳歌，雖歸關輔，/ 禮樂征伐，在東南。乃披輿圖而致攢，聽鼓鞞而興念，爰脩兵甲，遂混車書。而公預展元勳，仍登上秩。九年，詔授上開府儀同三司，又封一子爲揚州海陵縣開國伯，食邑七百户。既而人爵始隆，干戈甫戢，天厲奄 / 至，館舍俄捐，開皇十有一年八月薨於并州，春秋五十有六。粤以十二 / 年歲次壬子正月丁未朔十五日辛酉，永卜於雍州之新豐縣沃野鄉，/ 禮也。惟公居家純篤，鄉黨所稱；立朝謹慎，友朋歸美。子武等無改於道，/ 有禮於喪，心纏霜露，手植松柏。但以立功立事，乃載丹旒；爲谷爲陵，須 / 刊玄板。嗚呼哀哉，乃爲銘曰：/

王離纂賁，李陵嗣廣。將門乃隆，軍功遂爽。豈如梗烈，言傳倜儻。樹此嘉 / 庸，膺斯茂賞。爰初妙齒，及在壯年。留連風月，慷慨山川。從戎羽騎，習戰 / 樓船。斬蛟揮刃，落雁鳴弦。徇義投軀，懷恩效命。司馬之法，將軍之令。濟 / 河志騁，淩江勳盛。儔庸鳴玉，獻凱摐金。干戈既戢，車服且廞。已申捐硯，/ 方遂抽簪。日月何遽，霜露仍侵。背此東都，言北郭。槐霧濕旐，松風摇鐸。/ 玄甲增貴，素楸遵約。所寄英徽，唯當麟閣。/

大隋開皇十一年[一]歲次壬子正月丁未朔十五日辛酉 /

[一] 據干支及上文，當爲開皇十二年，原誌誤刻。

一七　田集墓誌

隋使持節驃騎大將軍開府儀同三司河渭封交四州諸軍事四州刺史故縣開國公田君（集）墓誌銘

誌高五十六釐米，寬五十六釐米。誌文三十七行，滿行三十六字。

田集，北周保定三年（五六三）正月一日卒。年四十八歲。妻吴氏，隋開皇十七年（五九七）十二月二十八日卒。年七十六歲。開皇十八年（五九八）五月十四日合葬。

隋使持節驃騎大將軍開府儀同三司河渭封交四州諸軍事四州刺史故縣開國公田君墓/誌銘/

君諱集，字士會，隴西狄道人也。平陽分其茂緒，潙水派其長源。或建國興齊，顯三都之貴；立筴/遊漢，致百金之寵。服冕乘軒，無絶於世；刊鍾勒鼎，代有人焉。祖恩，散騎常侍、武始太守。奉鑾輿/於宸極，播鴻澤於名蕃。父紹，隴西太守。懷章結駟，彌深庭謁之榮；建節分麾，有邁郊迎之寵。君/禀靈純粹，降神惟岳。亭亭脩幹，負嚴霜而高聳；昂昂逸足，籥浮雲而遠逝。山川妙略，自有百勝/之圖；書劍才雄，方成萬人之敵。既而魏德將謝，歷數無歸。九國連從，三方鼎立。田儋請謁，召狄/吏而爲主；劉濞辭朝，拒漢臣而稱帝。周大祖任隆推轂，職顯分帷，夾撫名邦，經綸帝業，請開/壇而召將，親握發而求賢。公名播山西，氣聞關右，仍參帷帳，寔預謀謨。竇泰妖凶，阻兵畿甸，噬/虎之心方騁，脩蛇之毒已彰。鞠旅陳師，龔行天罰。以公才超拔距，勇冠投車，便預戎行，躬先士/卒，搴高旗而遠邁，視亂轍而長驅。僞黨皆禽，醜徒咸殄。册勳頒賞，詔授都督。既而齊寇渝盟，窺/兵關塞，驅引弓而成旅，導鳴鏑而爲群。公運罇俎之奇謀，陳廟堂之遠略。揚麾直指，挺劍先登。/龍翼纔舒，鯨徒盡殪。册勳信賞，授帥都督。華陰之役，先啓戎行，執燧推鋒，傾其巢穴。楚哥皆滿，/陰陵之道既迷；漢幟已陳，洹水之師無路。仍授輔國將軍、銀青光禄、大都督。及北邙棄甲，南轅/不利，公收兵後殿，具舟先涉。一呼之勇，疲卒争驅；七覆之師，上軍還定。既而嘔歌革響，歷數開/基，茂績庸勳，光膺後命。改授使持節車騎大將軍、儀同三司、顯親縣開國子，食邑六百户。寵邁/式車之禮，恩深賜帳之榮。名藏石室，誓山河而永固；功宣金板，傳世祀而無窮。屬關隴沸騰，幽/并雲擾，太祖武元皇帝率五侯之衆，總七萃之師，騁貔虎於商郊，掃鯨鯢於朔野。公搴旗遠/入，望轍深奔，親御左輪，躬摧右廣。既而檢衆憑淩，退縈高壘。新羈之鋭，掩日浮雲；執鏡之徒，跨/山憑谷。公焚舟偃幟，親執短兵。握節不移，温序之情彌厲；裹尸而反，文淵之志已申。以保定三/年正月一日，薨於戎幕，春秋卌有八。詔贈使持節、驃騎大將軍、開府儀同三司、河渭封交四州/諸軍事、四州刺史、故縣開國公，食邑一千户，禮也。夫人勃海吴氏，柔風宣於閫閾，婦禮被於閨/闈，份悦有儀，蘋蘩靡替，斷髪之誠無感，惟堂之痛已深，徙里垂訓，倚門貽則，謀孫翼子，無墜家/聲。以十七年十二月廿八日，薨於家第，年七十六。粤以開皇十八年歲次戊午五月辛未朔十/四日甲申，合葬於秦州大段原。惟君器宇淵深，風神朗澈。巖巖特聳，鬱奇峯於千刃；滔滔不測，/激長波於萬里。重以家傳鍾鼎，夙擅豪雄，闢弓則碎葉中枝，擊劍則騰猿斷哭。既而王室多難，/神器將墮，地震三川，塵飛五岳，邊亭屢擾，壃埸多虞，烽燧恒警，干戈不息。公執鋭扶傷，備經夷/險，輕生殉義，視死如歸，可謂立節全名，殁而不朽者也。世子康，驃騎大將軍、上開府儀同三司、/武山郡開國公；次子仲，車騎將軍、上儀同三司、儀隴縣開國男，並立功著績，簡帝勤王，各亭茅/社，皆隆人爵。但深冤巨痛，泣血銜哀，祭劍之酷久纏，望石之悲恒感。所覬清徽懿範，與日月而/長存；盛德芳猷，同金石而不朽。乃爲銘曰：/

嶓嶺成形，頃山可仰。迢亭峻極，参差秀上。炳靈地鎮，蔽虧辰象。蘭桂垂芳，球琳含響。顯允夫子，/夙擅羽儀。三珠潤采，萬頃澄陂。昂昂滅没，婉婉長離。聲高拔距，氣習登陴。節概不群，功庸顯著。/慎逾焚稿，謀深請箸。捧日高軒，摶風遠翥。志踰砂幕，方参玉署。蜂蠆不戢，鯨鯢猶梗。兵屯紫塞，/衆繁青領。負劍雲梯，揚麾天井。潛師夜襲，嚴兵旦整。百戰無疲，六師無繼。中馭後伏，左驂前殪。/植發徒憤，銜鬢已斃。良駟寧贖，具舟誰濟。式奠兩楹，永遵蒿里。壯氣無絶，雄名方紀。地迥風悲，/郊寒霧起。式傳遺迹，方流萬祀。/

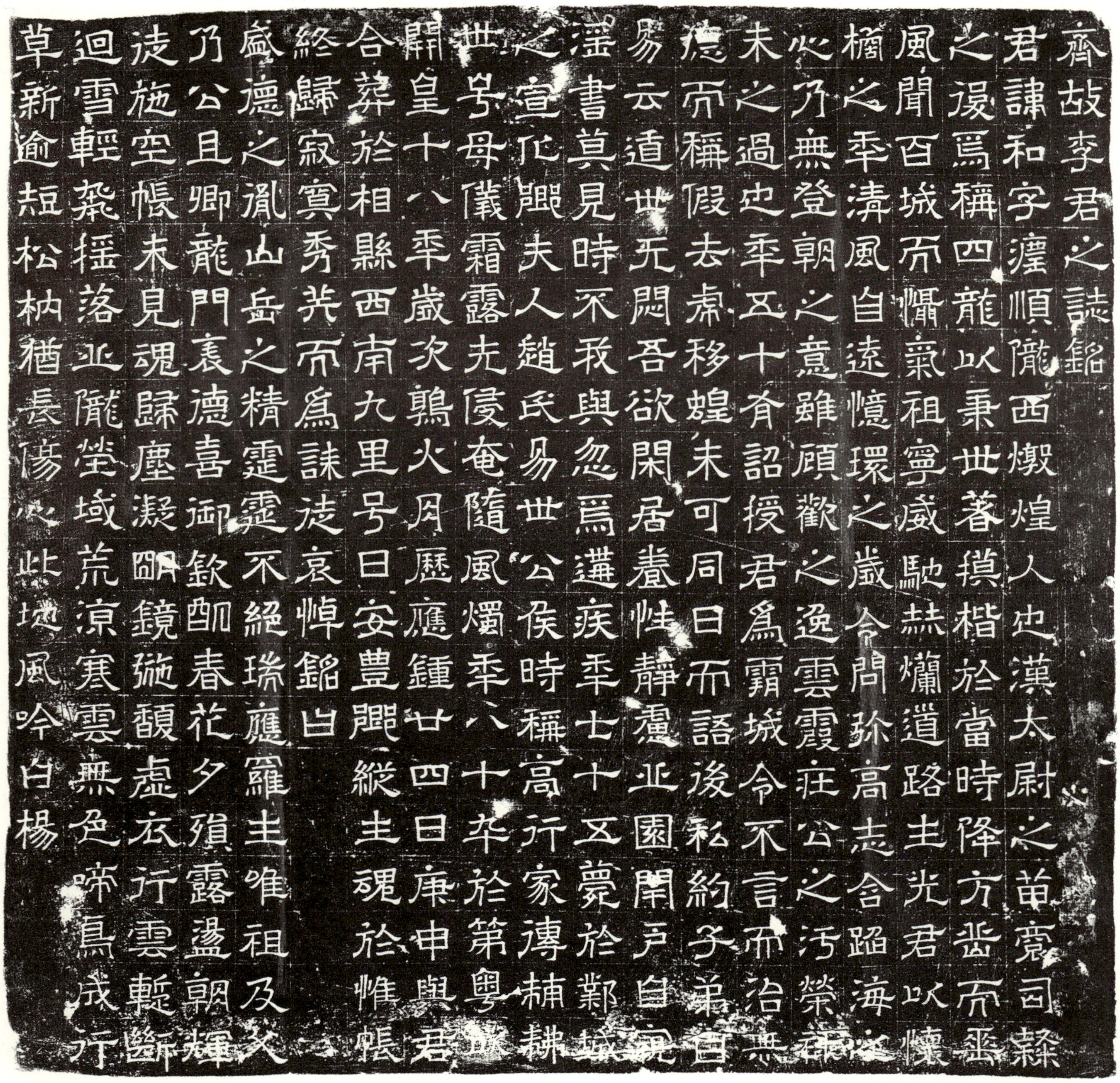

一八　李和墓誌并蓋

齊故李君（和）之誌銘

誌高四十八釐米，寬四十八釐米。誌文二十行，滿行二十字。

蓋文二行，四字。篆書陽文：李君/墓銘/。

李和，卒年七十五歲。妻趙氏，卒年八十歲。隋開皇十八年（五九八）十月二十四日合葬。

齊故李君之誌銘/

君諱和，字法順，隴西燉煌人也。漢太尉之苗裔，司隸/之後焉。稱四龍以秉世，著模楷於當時，降方岳而乘/風，聞百城而懾氣。祖寧威馳赫爛，道路生光。君以懷/橘之年，清風自遠，憶環之歲，令問彌高，志含蹈海之/心，乃無登朝之意，雖顧歡之逸雲霞，莊公之污榮禄，/未之過也。年五十，有詔授君爲霸城令。不言而治，無/德而稱，假去虎移蝗，未可同日而語。後私約子弟曰："易云'遁世無悶'，吾欲閑居養性"，静慮丘園，閉户自窺，/淫書莫見。時不我與，忽焉遘疾，年七十五，薨於鄴城/之宣化鄉。夫人趙氏，易世公侯，時稱高行，家傳黼黻，/世號母儀。霜露先侵，奄隨風燭，年八十，卒於第。粤以/開皇十八年歲次鶉火月歷應鍾廿四日庚申[一]，與君/合葬於相縣西南九里號曰安豐鄉。縱生魂於帷帳，終歸寂寞。秀蕪而爲誄，徒哀悼銘曰：/

盛德之胤，山岳之精。霆霆不絶，瑞應羅生。唯祖及父，/乃公且卿。龍門表德，喜御欽明。春花夕殞，露盪朝輝。/徒施空帳，未見魂歸。塵凝明鏡，虒馥虚衣。行雲暫斷，/迴雪輕飛。摇落丘隴，塋域荒涼。寒雲無色，啼鳥成行。/草新逾短，松栒猶長。傷心此地，風吟白楊。/

[一] 開皇十八年歲次戊午，月歷應鍾即十月，廿三日庚申，廿四日辛酉。

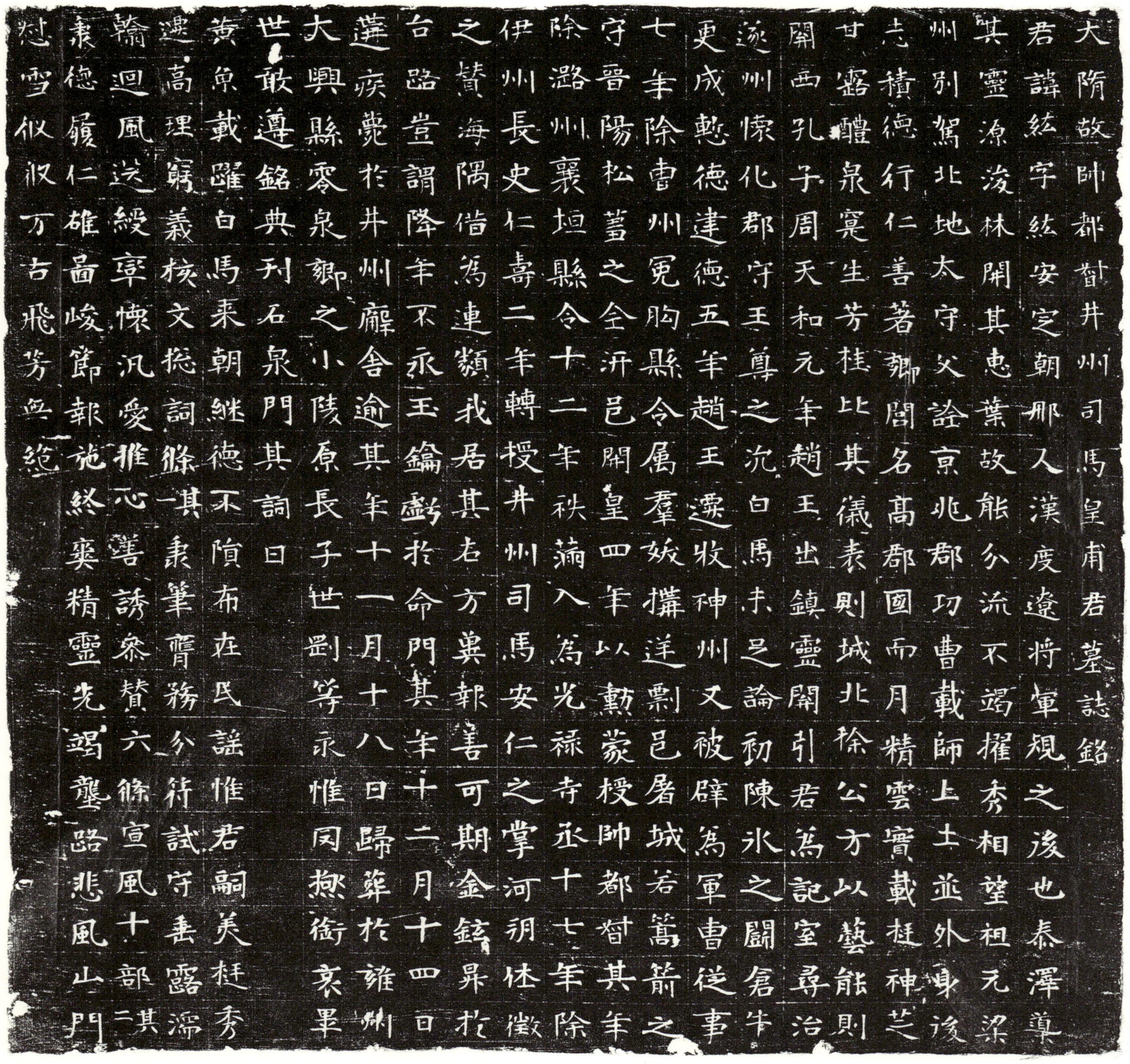

一九　皇甫紘墓誌

大隋故帥都督井州司馬皇甫君（紘）墓誌銘

誌高四十釐米，寬四十釐米。誌文二十三行，滿行二十二字。

皇甫紘，隋仁壽二年（六〇二）十二月十四日卒。仁壽三年（六〇三）十一月十八日葬。

大隋故帥都督井州司馬皇甫君墓誌銘/

君諱紘，字紘，安定朝那人。漢度遼將軍規之後也。泰澤導/其靈源，浚林開其惠葉，故能分流不竭，擢秀相望。祖元，梁/州別駕、北地太守。父詮，京兆郡功曹。載師上土，並外身後，/志積德行仁，善著鄉閭，名高郡國。而月精雲實，載挺神芝，/甘露醴泉，寔生芳桂。比其儀表，則城北徐公；方以藝能，則/關西孔子。周天和元年，趙王出鎮靈關，引君爲記室。尋治/遂州懷化郡守。王尊之沉，白馬未足論初；陳冰之鬬，倉牛/更成慙。建德五年，趙王遷牧神州，又被辟爲軍曹從事。/七年，除曹州冤朐縣令。屬群妖構逆，剽邑屠城，若簥箭之/守晉陽，松芻之全汧邑。開皇四年，以勳蒙授帥都督。其年，/除潞州襄垣縣令。十二年，秩滿，入爲光禄寺丞。十七年，除/伊州長史/。仁壽二年，轉授井州司馬。安仁之掌河朔，休徵/之贊海隅，借爲連類，我居其右。方冀報善可期，金鉉昇於台路；豈謂降年不永，玉鑰虧於命門。其年十二月十四日，/遘疾薨於井州廨舍。逾其年十一月十八日，歸葬於雍州/大興縣零泉鄉之小陵原。長子世剛等，永惟罔極，銜哀畢/世，敢遵銘典，刊石泉門。其詞曰：/

黄魚載躍，白馬來朝。繼德不殞，布在民謡。惟君嗣美，挺秀/遷高。理窮義核，文總詞條。其一。秉筆膺務，分符試守。垂露濡/翰，迴風送綬。率懷汎愛，推心善誘。參贊六條，宣風十部。其二。/秉德履仁，雄圖峻節。報施終爽，精靈先竭。壟路悲風，山門/慰雪。攸攸萬古，飛芳無絶。/

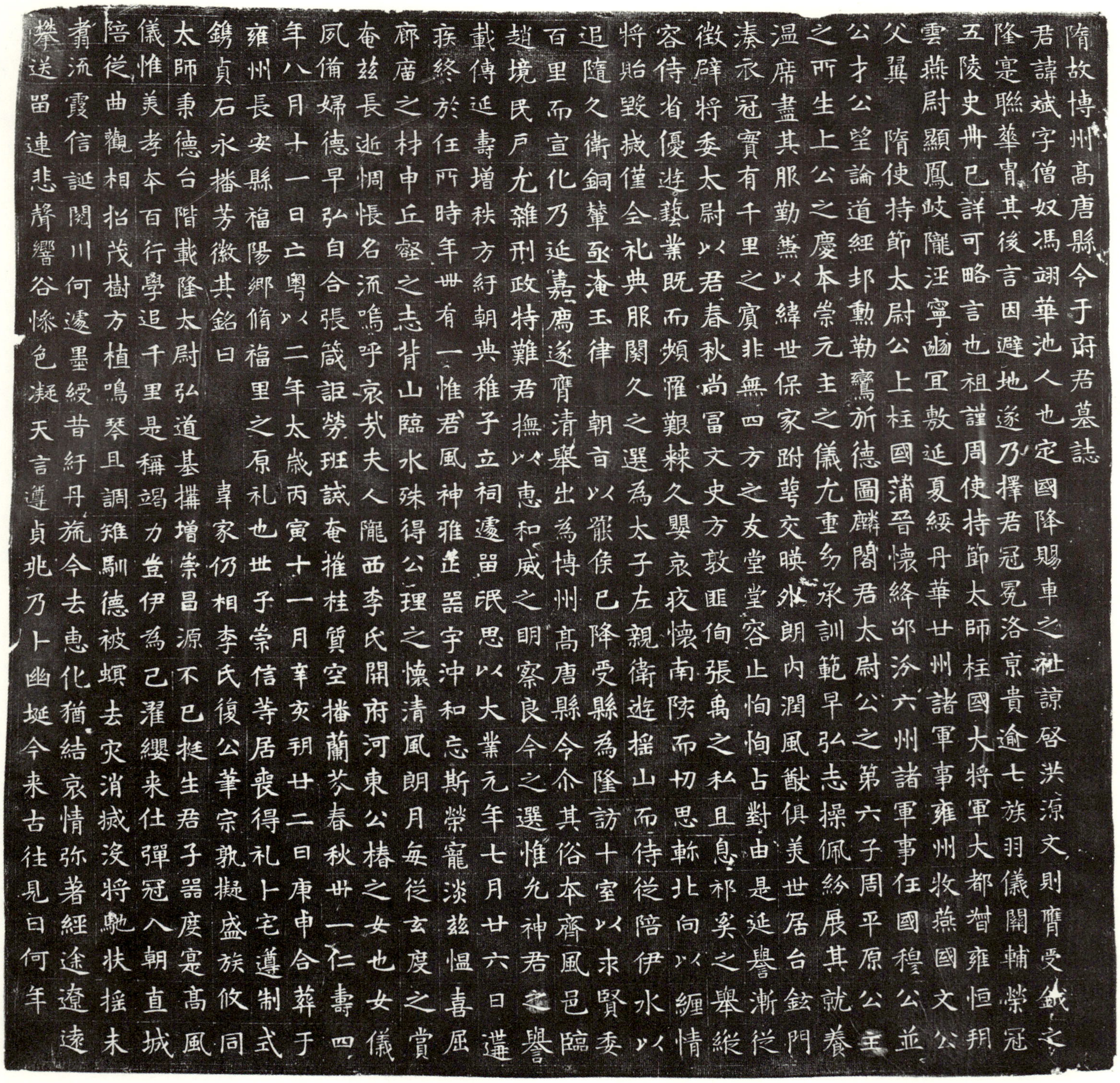

二〇　于斌墓誌并蓋

隋故博州高唐縣令于府君（斌）墓誌

誌高五十二釐米，寬五十二釐米。誌文二十九行，滿行二十九字。

蓋文三行，九字。篆書陽文：隋高唐 / 縣令于 / 君墓誌 /。

于斌，隋大業元年（六〇五）七月二十六日卒。年四十一歲。妻李氏，仁壽四年（六〇四）八月十一日卒。年三十一歲。大業二年（六〇六）十一月二十二日合葬。

隋故博州高唐縣令于府君墓誌/

君諱斌，字僧奴，馮翊華池人也。定國降賜車之祉，諒啓洪源；文則膺受鉞之/隆，寔聯華冑。其後言因避地，遂乃擇君。冠冕洛京，貴逾七族；羽儀關輔，榮冠/五陵。史册已詳，可略言也。祖謹，周使持節、太師、柱國大將軍、大都督、雍恒朔/雲燕尉顯鳳岐隴涇寧豳宜敷延夏綏丹華廿州諸軍事、雍州牧、燕國文公。/父翼，隋使持節、太尉公、上柱國、蒲晉懷絳邵汾六州諸軍事、任國穆公。並/公才公望，論道經邦，勳勒鸞旂，德圖麟閣。君太尉公之第六子，周平原公主/之所生，上公之慶本崇，元主之儀尤重。幼承訓範，早弘志操，佩紛展其就養，/温席盡其服勤。兼以緯世保家，跗蕚交映，外朗内潤，風猷俱美，世居台鉉，門/湊衣冠，實有千里之賓，非無四方之友，堂堂容止，恂恂占對，由是延譽漸從，/徵辟將委。太尉以君春秋尚富，文史方敦，匪徇張禹之私，且息祁奚之舉。縱/容侍省，優遊藝業。既而頻罹艱棘，久嬰哀疢，懷南陔而切思，軫北向以纏情。/將貽毁滅，僅全禮典。服闋，久之，選爲太子左親衛。遊摇山而侍從，陪伊水以/追隨，久衛銅輦，亟淹玉律。朝旨以罷侯已降，受縣爲隆，訪十室以求賢，委/百里而宣化，乃延嘉薦，遂膺清舉，出爲博州高唐縣令。爾其俗本齊風，邑臨/趙境，民户尤雜，刑政特難。君撫以惠和，威之明察，良今之選惟允，神君之譽/載傳。延壽增秩，方紆朝典；稚子立祠，遽留氓思。以大業元年七月廿六日，遘/疾終於任所，時年卌有一。惟君風神雅正，器宇沖和，忘斯榮寵，淡兹愠喜。屈/廊廟之材，申丘壑之志。背山臨水，殊得公理之懷；清風朗月，每從玄度之賞。/奄兹長逝，惆悵名流。嗚呼哀哉。夫人隴西李氏，開府河東公椿之女也。女儀/夙備，婦德早弘，自合張箴，詎勞班誡，奄摧桂質，空播蘭芬。春秋卅一，仁壽四/年八月十一日亡。粤以二年太歲丙寅十一月辛亥朔廿二日庚申[一]，合葬於/雍州長安縣福陽鄉修福里之原，禮也。世子崇信等居喪得禮，卜宅遵制，式/鐫貞石，永播芳徽。其銘曰：

韋家仍相，李氏復公。華宗孰擬，盛族攸同。/太師秉德，臺階載隆。太尉弘道，基構增崇。昌源不已，挺生君子。器度寔高，風/儀惟美。孝本百行，學追千里。是稱竭力，豈伊爲己。濯纓來仕，彈冠入朝。直城/陪從，曲觀相招。茂樹方植，鳴琴且調。雉馴德被，螟去災消。滅没將馳，扶摇未/翥。流霞信誕，閲川何遽。墨綬昔紆，丹旐今去。惠化猶結，哀情彌著。經途遼遠，/攀送留連。悲聲響谷，慘色凝天。言遵貞兆，乃卜幽埏。今來古往，見日何年。/

[一] 大業二年歲次丙寅十一月辛亥朔，廿二日爲壬申。

二一　普六如徽之墓誌并蓋

隋故驃騎大将軍墓誌

誌高五十八釐米，寬五十八釐米。誌文三十五行，滿行三十六字。

蓋文六行，三十六字。篆書陽文：隋故使持節驃/騎大將軍開府/儀同三司海苫/息三州諸軍事/三州刺史昌國/敬公之墓誌銘/。

普六如徽之，隋開皇元年（五八一）八月十四日卒。年六十九歲。妻裴氏。大業六年（六一〇）十月二十一日合葬。

隋故驃騎大將軍開府儀同三司海莒息三州諸軍事三州刺史昌國敬公之墓誌銘 /

公諱徽之，滎陽郡滎澤縣人也。自有熊造物，萬物荷其施生；玄王建功，九功因其攸序。謍丘四 / 履，祚邑天齊之淵；陸海四奥，移居地穴之里。乙丙以後，綿瓞瓜分；岷峨以前，洪源盆涌。騰英芳 / 於昭策，播盛實於采圖。弗賓家風，克揚門搆。十四世祖煚，國子祭酒。十二世祖松，司徒公。祖爽，/ 平原太守、寧朔將軍、倉州刺史。父勝，濟北北海二郡太守、上州諸軍事、上州刺史。西膠東序，開 / 後生之耳目；玉鉉金章，作當時之棟幹。漢宣有説良守，可與共治；魏文所歎名臣，乃爲扞屏。聯 / 華繼德，以至於公。公雅致沖深，高標峻舉。弱不好弄，幼而有成，蹈禮率由，資心冥植，仁義滲灑，/ 藝業脂粉。是稱冠冕，宜其管鑰。魏永安二年，起家授襄威將軍、員外散騎侍郎。普太二年，除行 / 臺李業郎中。發翰自家，揚庭於國。戎徽侍服，佐府参蕃。永熙三年，轉授司徒清河王府外兵。其 / 年，進授都督。清河王親密之重，上宰之貴，焚林而訪孫惠，拂席而禮陳琳，聲穆府朝，鬱爲時譽。/ 大統三年，出爲許昌縣令。四年，除鎮遠將軍、奉車都尉、六蒐頭府主簿，尋轉司馬，俄遷長史。出 / 宰之榮，蒲密慙其政道；外佐之寄，王劉愧其紀綱。十二年，授大都督、平東將軍、左銀青光禄、隴 / 州長史，仍轉別駕。外董戎校，内握兵符。長史六吏之端，別駕一封之首。俯拾青紫，傍腰銀艾。秦 / 服克清，翳公之力。初，太祖武元皇帝，晦迹屈己，俟時藏用，藴興王之志，韜撥亂之心。屬魏氏 / 運移，周同潤位。帝揭日月以臨照，撫權衡而準酌，與公素契冥期，若石投水。遐謀邇論，如魚 / 縱壑，引公爲府長史。文皇帝誕生之夜，瑞氣神光，唯以告公，傍無知者。尋補諮議，帶長史。/ 文皇帝五千養士，早蓄嘉謨。九二在田，方見君德。公備申匡益，私薦腹心。帝加其款誠，特降 / 殊禮。公碑文家傳，具詳録焉。周元年，除征南將軍、右金紫光禄大夫、都上士，長史如故。武成二 / 年，授計部下大夫。三年，授使持節、儀同三司、領兵。保定三年，授驃騎大將軍、開府儀同三司、昌 / 國縣開國公。其年，授計部中大夫，仍帶扶風中正。公陳力勵精，獻可替否，徇公體國，知無不爲。/ 進平梁之謀，屈指制勝；肇尊周之策，功遂道康。故能升降優隆，出内顯重。開皇元年，/ 文皇帝革命受終，膺斯歸運，答三靈之明命，允萬宇之樂推。方降衽席之榮，應存捨講之舊。緭 / 維帷幄，居多於六奇；身歿名彰，遽處遞嗟乎萬古。俟河易待，閲川難駐。悲大夫，以其年八月十四日，遘 / 疾薨於私第，春秋六十有九。皇情惻愴，賻賜加等。詔贈海莒息三州諸軍事、三州刺史，謚 / 曰敬公，禮也。公孝以承親，誠於奉上，神氣和遠，機鑒特達。當官正色，有犯不避，處物平心，無欺 / 幽隱。值龍潛之始，燮贊克諧；逢鳳跱之初，謀猷斯詑。實命世傑出，賢人君子歟。夫人河東裴氏，/ 魏使持節、儀同三司、河東太守、武成二州刺史，魏太常卿、本州大中正、郃陽侯惇之長女。粵以 / 大業六年歲次庚午十月己丑朔廿一日己酉，同遷厝於京兆郡長安縣富陽鄉方善里之山。/ 雖古不合房，而禮云同穴，雙鸞掩鏡，兩劍沉淵。冬景徂光，寒原愁色，松風高而掃葉，薤露下而 / 凝枝。野隧幽迴，深泉鬣寂，式鐫貞礎，敬述遺芳。銘曰：/

軒君鼻祖，伯帝耳孫。侯孟之後，孟明之昆。華黑武位，青齊學門。上庠業顯，次鉉名遵。不墜厥風，/ 無虧祖武。英芳雲鬱，俊乂飆豎。育德誕賢，光車照廡。馬氏最良，賈氏最怒。家以孝治，國以義正。/ 玉潤本質，松寒其性。出類絶群，嚴凝孤勁。既分土宇，且峻徽章。理怨求瘼，玄冕朱裳。登高首唱，/ 坐棘生光。早識預攀，投軀託分。效誠罄力，候機思奮。二后握符，兩君垂訓。未饗榮禄，空傳令 / 問。時來罕遇，命去難留。世道如寄，人生若浮。枯草無色，寒泉不流。黄壚□□，萬歲千秋。/

二二　鄭譯墓誌并蓋

□□□州刺史上柱國沛國達公鄭君（譯）墓誌之銘

誌高五十三釐米，寬五十三釐米。誌文三十六行，滿行三十七字。

蓋文四行，十六字。篆書陽文：隋故岐州/刺史上柱/國沛國達/公鄭君銘/。

鄭譯，隋開皇十一年（五九一）八月一日卒。年五十二歲。唐武德五年（六二二）十二月十四日葬。

□□□州刺史上柱國沛國達公鄭君墓誌之銘/

□□譯，字正議，滎陽開封人。冑緒之興，鴻源斯遠。自郜邑肇基，光配天之業；岐陽留愛，闡仁化之/風。司徒善職，忠規之義斯重；典午勤王，夾輔之功爲大。自玆已降，英靈不絶。祖瓊，魏太常卿、青州/刺史，釐綜五禮，宣奉六條，邁稷嗣之通博，兼陽鄉之明允。父道邕，周少司空、大將軍、金鄉文公，莊/敬表於閨門，政績宣於州部，清風重譽，見美當時。公稟德辰象，降靈川岳。氣調不群，風標特秀。幼/而篤志墳史，遊藝絲桐，備覽百家，旁該六樂。起家奉敕事輔城公，即周高祖武皇帝也。曳裾盛府，/整笏霸朝。武帝深加禮異，用光僚彩。轉帥都、給事中士，任中侍上士、平東將軍、右銀青光禄大夫、/左侍上士，遷左宫伯上士。及居外憂，毁幾滅性，表求終制，優敕不許，仍授使持節車騎大將軍、儀/同三司。天和七年，晉公護伏罪，武帝始覽萬機，仍授御正下大夫。東宫初建，以公爲太子宫尹下/大夫。建德二年，奉詔聘齊。公辭令優敏，文史該洽，拭玉專對，皇華斯在，因撰行記及齊地圖，還以/陳奏。四年，從皇太子伐吐谷渾，以破賊功，賜爵開國子，邑三百户。五年，授相州吏部大夫，兼大使，/慰勞青齊等六州。公駐車理訟，褰帷求瘼，輶軒所至，秋豪無犯。夏六月，武帝崩，宣帝即位，授使持節、/開府儀同三司、大將軍、内史中大夫、歸昌縣開國公，邑一千户。遂委政事，參贊機密。大象元年，進/位内史上大夫，封沛國公，邑五千户。大象二年，隋高祖自以外戚之重，每以安危爲念，常思外任，/以事託公。會帝命公南征，公因奏請隋國公爲元帥，未發之間，主上遘疾，公乃奏留高祖。初，公與/高祖有布衣之款，早懷攀附，披衿解帶，分好甚隆。高祖作相，册公爲柱國、相府長史、内史上大夫。/八月，丞相總百揆，授公天官都府司會，總六府事。時逆臣尉迥、王謙、司馬消難等或稱兵内侮，或/竊地外奔。高祖神謨上略，三方剋殄，以公預謀帷幄，叶贊經綸，詔加上柱國。及火德膺運，寶曆惟/新，以公佐命殊勳，禮數崇重，迴歸昌縣公封第二子善願、第三子元琮城皋郡公、第四子元珣永/安縣男。公雖命屬興王，身名俱泰，每深蓼莪之感，常懷風樹之悲，乃拜表陳誠，請以上柱國、沛國/公，贈父貞公，詔追贈使持節、大將軍、徐兗曹亳陳黎六州刺史，改謚文公。七年，詔公脩聿。公斟酌/簡要，删略煩苛，法古適今，有如畫一。公志性知足，常思外出。四年，遂除使持節、隆州諸軍事、隆州/刺史。六年，入朝。公常以樂章殘廢，多歷年所，乃研精覃思，博採經籍，更脩《樂府聲調》八篇，上表陳/奏。其月，詔以爲岐州諸軍事、岐州刺史。公下車布政，民安吏肅。寬猛相濟，條教有章。方當比迹伊/臯，齊衡稷禹，而鍾箭不留，薤蒿遂遠。十一年八月一日，薨於岐州，春秋五十二。詔謚達公，禮也。惟/公少有英才，長懷奇節，升車攬轡，志清區宇。恥一物之不知，畢天下之能事，莫不窮理盡性，探微/索隱。及時值龍顔，才膺豹變，謀定帷扆，贊成鴻業。早擅辭彩，文義精新，勒成卷軸，凡廿卷。夫人蘭/陵蕭氏，梁太宗簡文皇帝之孫，當陽王大心之女。德行聿脩，言容光備，閨門之訓，芬若椒蘭。長子/□常卿、上柱國、沛國公元璹，肅承家業，剋隆基緒。值隋德云季，海内群飛，言望舊塋，山川遐阻，乃/□武德五年十二月戊申朔十四日，寄窆於雍州萬年縣黄臺鄉小陵原。雖復盛烈高風，與暄寒/而永久，懼山移海變，隨丹壑而湮亡，是用敢勒遺芳，播之金石。乃作銘云：/

赫赫華冑，昭昭世祀。玉鉉高門，朱軒貴仕。比蹤七葉，聯暉十紀。爰挺哲人，克光前構。拂日孤聳，披/雲獨秀。學冠書林，才高文囿。幼懷負鼎，弱冠升朝。以斯民譽，爰應嘉招。曳裾菟苑，曾飛鳳條。版蕩/帝圖，淩夷王室。逆鱗箴諫，正辭匡弼。子雲百上，展禽三黜。運屬夏遷，時逢舜换。伊摯翼商，仲華匡/漢。業冠三傑，功參十亂。天道斯昧，人生何促。千月不留，百齡難續。溘爾朝露，飄然風燭。出宿不歸，/戒行無反。鳥歸林暝，煙生松晚。敬鐫徽烈，銘之沉琬。/

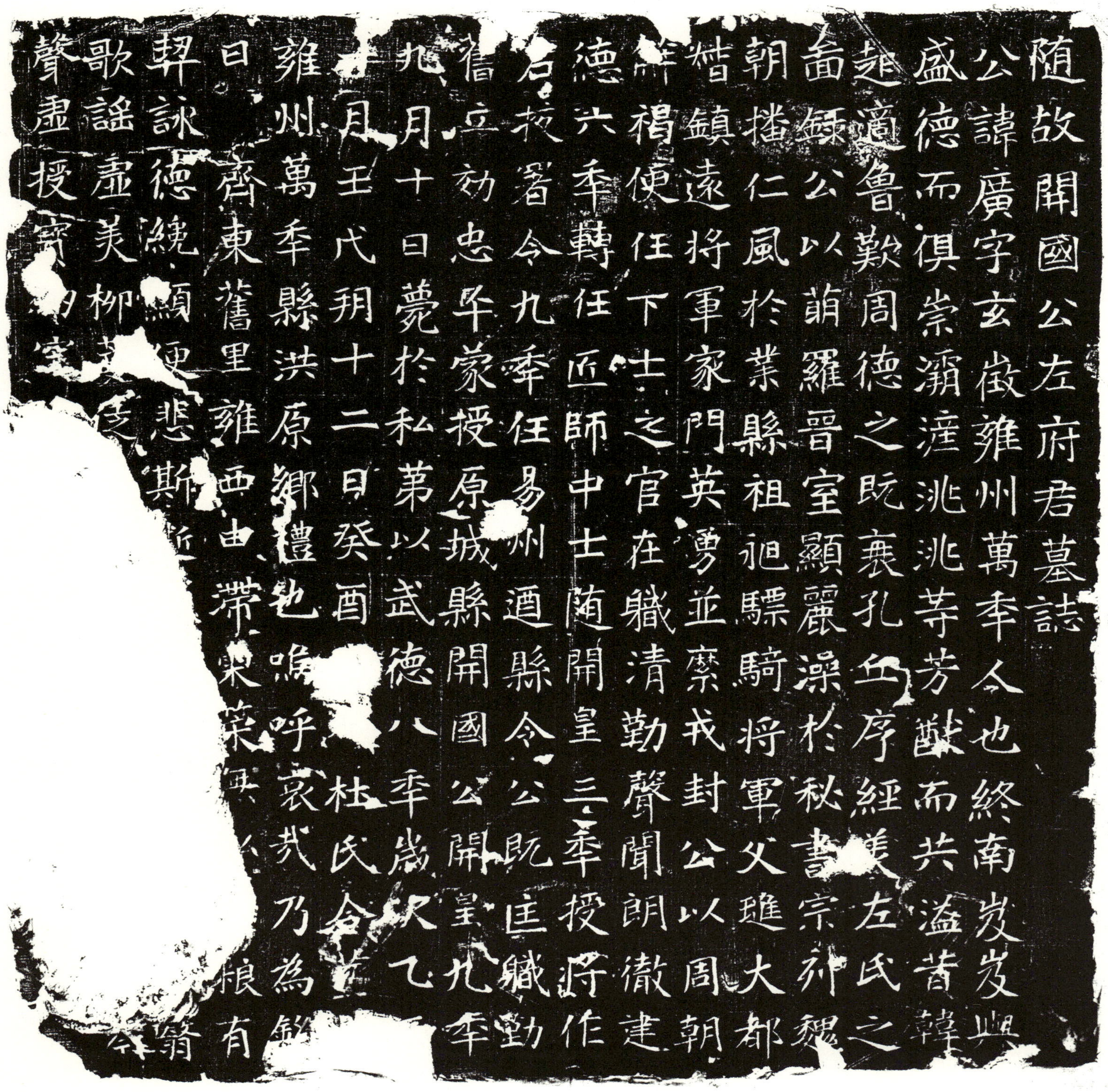

二三　左廣墓誌

随故開國公左府君（廣）墓誌

誌高三十五釐米，寬三十五釐米。誌文十八行，滿行十七字。

左廣，隋開皇九年（五八九）九月十日卒。妻杜氏。唐武德八年（六二五）十月十二日合葬。

隨故開國公左府君墓誌 /

公諱廣，字玄徵，雍州萬年人也。終南岌岌，與 / 盛德而俱崇；灞滻洮洮，等芳猷而共溢。昔韓 / 起適魯，歎周德之既衰；孔丘序經，美左氏之 / 圖録。公以萌羅晉室，顯麗澡於秘書；宗列魏 / 朝，播仁風於業縣。祖昶，驃騎將軍。父璡，大都 / 督、鎮遠將軍。家門英勇，并縻戎封。公以周朝 / 解褐，便任下士之官，在職清勤，聲聞朗徹。建 / 德六年，轉任匠師中士。隨開皇三年，授匠作 / 右掖署令。九年，任易州迺縣令。公既匡職勳 / 舊，立效忠平，蒙授原城縣開國公。開皇九年 / 九月十日，薨於私第。以武德八年歲次乙酉 / 十月壬戌朔十二日癸酉，□□杜氏合葬□ / 雍州萬年縣洪原鄉，禮也。嗚呼哀哉，乃爲銘 / 曰：

齊東舊里，雍西由滯。柬策無私，□糧有 / 契。詠德纔顯，便悲斯□。□□□□，□□□翳。/ 歌謠虚美，柳□徒□。□□□□，□□□□。琴 / 聲虚授，寶劍空（下闕）。/

二四　杜堯墓誌并蓋

大唐故上柱國杜公（堯）墓誌銘

誌高五十六釐米，寬五十六釐米。誌文三十行，滿行三十字。

蓋文三行，九字。篆書陽文：唐故上 / 柱國杜 / 公墓誌 /。

杜堯，唐武德六年（六二三）三月二十七日卒。年四十一歲。貞觀五年（六三一）四月二十日葬。

大唐故上柱國杜公墓誌銘 /

公諱堯，字伏威，齊郡漳丘縣人也。擾龍事夏，世德廣其靈長；豕韋匡殷，門風濟 / 其光大。故得唐虞以降，聲芳無絶，没而不朽，義在兹乎。祖興，父義，並道極時宗，/ 名標稱首，錙銖軒冕，高尚丘園。公性禀生知，才膺命世，沉機内發，英彩外揚。氣 / 震拔山，既表萬人之敵；時方逐鹿，還逢千載之期。於時隨運鼎移，道窮龍戰，满 / 飇振壑，大浸稽天。斯則皇階初授之辰，神衿肇顧之日。雖遏矣西土，已被 / 來蘇之歡；而蠢彼南荆，仍勤後予之望。公屬雲雷之際，傷塗炭之極，奮沖天之 / 翼，成横海之勢，騰跡江淮，電掩揚越。高旗東指，則江左肅清；折簡南馳，則嶺外 / 夷謐。於是總兵車之會，爲江黄之長，長波據天限之津，方城憑地險之要。枕威 / 静難，保境息民，數年之間，實清南服。公寤機變於冥兆，識靈心於人事，雖身在 / 江湖之外，而心馳魏闕之下。屬河洛榛梗，風牛阻絶，彭越之功雖立，竇融之至 / 未申。暨武德之初，皇風南偃，公忠款之到，義感神明，輸竭既從，效彰夷險。/ 太上皇嘉兹誠款，光被寵靈。三年，使大理少卿崔君操持節，授公使持節、總管 / 江淮以南諸州諸軍事、揚州刺史、東南道行臺尚書令、江淮以南安撫大使、上 / 柱國，封吴王，食邑五千户，賜姓李氏。功參十亂，爰膺四履之封；美濟八元，仍居 / 百揆之任。地均磐石，望極宗臣。方江漢而爲紀，擬荆衡而作鎮。五年七月入朝，/ 拜天子少傅。六年，故吏輔公祏留在丹揚，圖爲釁逆。公内懷憂懼，降年不永，以 / 三月廿七日，薨於常樂里第，春秋年卌一。貞觀五年二月廿一日，優 / 詔葬以國公禮，使别將戴士文監護喪事。其年歲次辛卯四月庚寅廿日己酉，/ 葬於雍州萬年縣義善鄉少陵原。蓋大儀亭毒，寒暑運其功；上聖經綸，英傑參 / 其務。故時之至也，契若風雲；道之同也，跡猶魚水。公韞兹韜略，逢造昧之期；奮 / 此奇鋒，濟干戈之業。並驅吴鄧，亞跡韓彭，蹈天爵之高，處人臣之極，自非運膺 / 冥感，道符神縱，其孰能與於此乎。既而孽起貫高，釁彰盧琯，英姿共茂績先委，/ 悖跡與刑書獨存，賴天地玄造，日月貞明，降殊恩於幽壤，奉希會之哀榮，背城 / 闕於昭世，赴窀穸於神庭，畢二儀於巨室，懸兩耀於泉垌。其辭曰：/

赫矣靈命，昭哉聖人。運膺龜鼎，慶集郊禋。爰乘旦暮，肇濟經綸。逮行天討，/ 方資帝臣。矯矯英武，才生篤世。爰以天資，來參神契。奮臂懷憤，横戈拯弊。祕略 / □迴，殊功響濟。榮勳彝器，儔庸賞典。祚土龍川，升階王鉉。瑶華既縟，道風踰闡。/ 謀之不臧，令終俄尠。淄澠未辯，人靈先隔。像闕丹青，芳渝簡策。　皇鑒斯揆，/ 念功惟昔。威弛嚴霜，恩流凱澤。增榮昭被，縟禮葳蕤。靈龜改卜，佳城啓期。繁笳 / 曉愴，野挽晨悲。寂寥終古，遺芳在兹。/

二五　韋長詮墓誌并蓋

大唐故密雲縣令韋君（長詮）墓誌

誌高五十二釐米，寬五十二釐米。誌文二十六行，滿行二十六字。

蓋文四行，十六字。篆書陽文：大唐故密/雲縣令夫/人韋府君/之墓誌銘/。

韋長詮，唐貞觀十三年（六三九）二月二十八日卒。年八十六歲。妻張氏，貞觀元年（六二七）七月二十三日卒。年七十二歲。妻吴氏，武德三年（六二〇）五月二十日卒。貞觀十四年（六四〇）正月二十三日合葬。

大唐故密雲縣令韋君墓誌 /

公諱長詮，字隴，京兆杜陵人也。帝顓頊之苗裔。夏殷祚土，奄有彭韋，/ 因而氏之，承芳累世，於後恭侯，入漢始宅杜陵，七相五公，龜組重襲。/ 涉其源者，如泳朝夕之池；憩其蔭者，似息瓊鉤之桂。曾祖諱文壽，字 / 永，太和中，假思安令、南陽郡太守、平西將軍、左金紫光禄大夫、使持 / 節、成州諸軍事、成州刺史。降靈川岳，感氣風雲，鱗翼素成，煙霞遂舉。/ 祖諱宗慶，字欣，州都、建威將軍，除南陽郡太守、使持節石州諸軍事、/ 石州刺史。下車未久，仁風已扇，政成期月，朝野稱榮。父諱儒，字脩賢，/ 魏郡功曹、都督、撫軍將軍、右光禄大夫，周千金陸渾二郡守、蔡州刺 / 史、臨貞縣開國侯。惟良翼世，明略匡時，基孝爲家，履忠成國。公繈緥 / 之歲，怙恃俱亡，荼蓼備臻，孤負霜雪。青衿早就，十八登朝，容止儼然，/ 聲名藉甚。起家徵周宣皇帝挽郎，周漢王庫真，除利州總管府户曹，/ 唐朝檀州密雲縣令。俄而遘疾，不請秦醫，英譽方流，生平溘盡。嗚呼 / 哀哉！以貞觀十三年二月廿八日，奄捐館宇，春秋八十有六。便殯於 / 寢堂。世子懷德，居喪純孝，無改終身，雖復俯就禮儀，哀毀殆滅。以貞 / 觀十四年歲次庚子正月己亥朔廿三日辛酉，遷葬於杜陵原。大夫 / 人張氏，南陽白水人，父光，周使持節、儀同三司、萬巴二州諸軍事、二 / 州刺史、溧陽縣開國子，以貞觀元年七月廿三日，薨於京第，春秋七 / 十有二。一吴氏，勃海人也，父明，陳朝吏部侍郎，以武德三年五月廿 / 日終於京第。並温恭柔順，容言可範，賢才貞肅，箴訓攸儀。今之合葬 / 杜陵，亦猶武子西寢，同穴之志，一朝永畢。嗚呼哀哉！乃爲銘曰：/

鶉首帝區，九州之上。山林幽坱，川原平曠。乾坤交泰，風雲調暢。人物 / 攸歸，陸海珍藏。嵯峨山隴，爽氣氤氲。英靈是降，載誕如神。鳴笳翼轜，/ 疊鼓迴輪。門承積善，世挺其人。隟駒潛速，運流如矢。賢明殂落，同川 / 閲水。桑海移變，陵谷遷徙。鐫芳金石，永固無已。百身誰惜，殲此良人。/ 歡娱永瘞，何見何聞。人歸路斷，月照松門。惟餘初檟，吟風晦雲。/

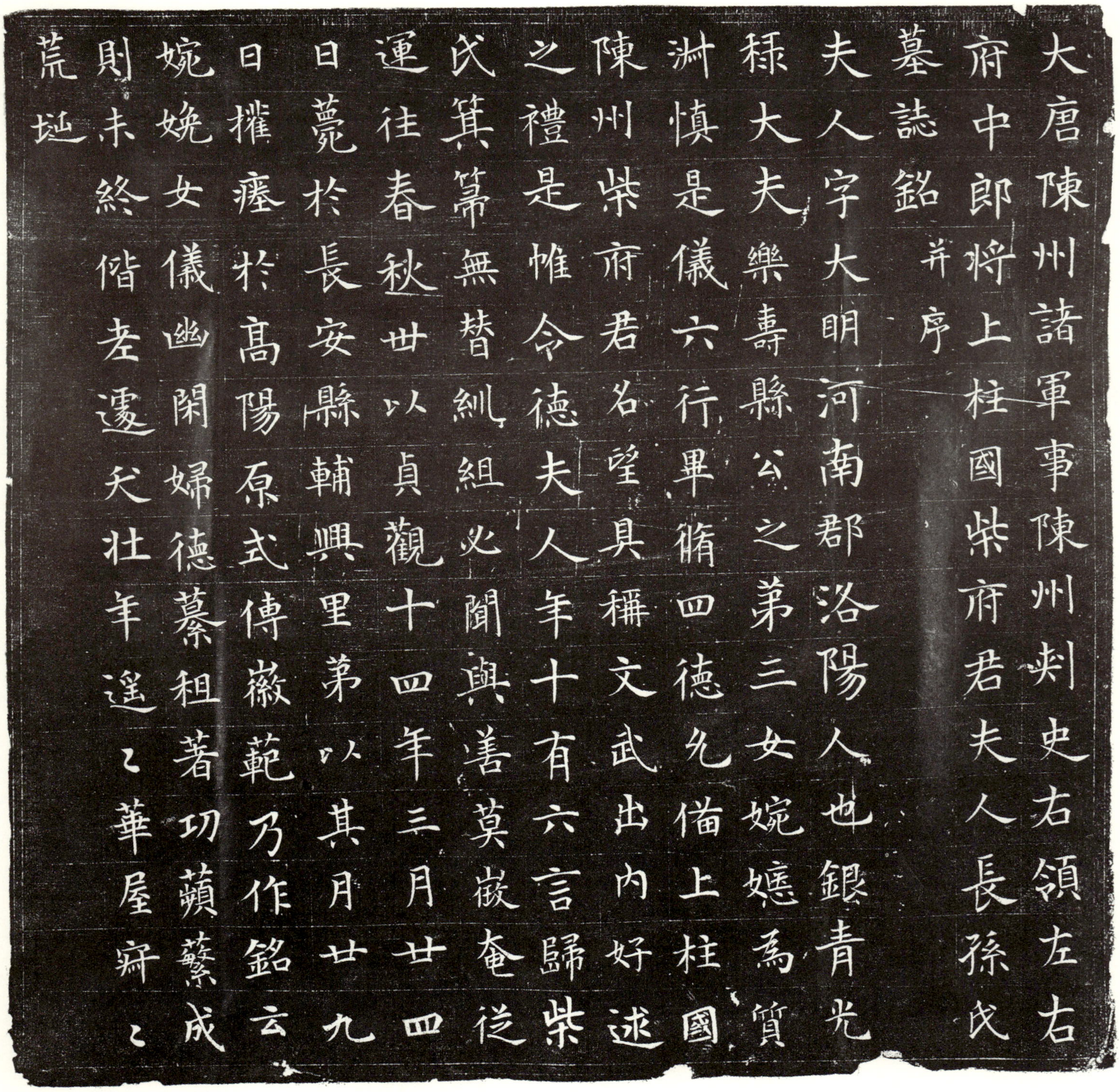
大唐陳州諸軍事陳州刺史右領左右
府中郎將上柱國柴府君夫人長孫氏
墓誌銘并序
夫人字大明河南郡洛陽人也銀青光
祿大夫樂壽縣公之第三女婉嫕爲質
淑慎是儀六行畢脩四德允備上柱國
陳州柴府君名望具稱文武出內好逑
之禮是惟令德夫人年十有六言歸柴
氏箕箒無替紃組必閑與善莫嵌奄從
運往春秋廿以貞觀十四年三月廿四
日薨於長安縣輔興里第以其月廿九
日權瘞於高陽原式傳嶶範乃作銘云
婉娩女儀幽閑婦德纂祖著功蘋蘩成
則未終偕老遽夭壯年逕之華屋窀之
荒埏

大唐柴使
君夫人長
孫氏之銘

二六　柴君妻長孫大明墓誌并蓋

大唐陳州諸軍事陳州刺史右領左右府中郎將上柱國柴府君夫人長孫氏（大明）墓誌銘并序

誌高四十二釐米，寬四十二釐米。誌文十五行，滿行十五字。

蓋文三行，十二字。正書：大唐柴使/君夫人長/孫氏之銘/。

長孫大明，唐貞觀十四年（六四〇）三月二十四日卒。年三十歲。同年三月二十九日葬。

大唐陳州諸軍事陳州刺史右領左右/府中郎將上柱國柴府君夫人長孫氏/墓誌銘并序/

夫人字大明，河南郡洛陽人也。銀青光/禄大夫、樂壽縣公之第三女。婉嫕爲質，/淑慎是儀，六行畢脩，四德允備。上柱國、/陳州柴府君，名望具稱，文武出內，好逑/之禮，是惟令德。夫人年十有六，言歸柴/氏，箕箒無替，紃組必聞。與善莫徵，奄從/運往，春秋卅，以貞觀十四年三月廿四/日，薨於長安縣輔興里第。以其月廿九/日權瘞於高陽原。式傳徽範，乃作銘云：/

婉娩女儀，幽閑婦德。纂租著功，蘋蘩成/則。未終偕老，遽夭壯年。遥遥華屋，寂寂/荒埏。/

二七　柳德□墓誌

隨故大興縣令許昌侯柳府君（德□）墓誌銘并序

誌高五十釐米，寬五十釐米。誌文三十二行，滿行三十二字。

柳德□，隋□□二年四月七日卒。年四十五歲。妻辛氏，大業五年（六〇九）六月卒。唐貞觀十四年（六四〇）十一月合葬。

随故大興縣令許昌侯柳府君墓誌銘并序 /

君諱德□，字禮盛，河東解人也。□部肇慶，克成文武之功；封魯分源，奄有龜蒙之地。/ 因字命氏，胙土承家。展季以直□知名，柳莊爲□□之衛，弈世載德，累葉傳芳，若潁 / 水之恒清，似淮流之不竭。祖虯□開府儀同三司、□□□監、美陽孝公。父蔡年，周上儀 / 同三司、順州刺史、艾陵僖公。並以茂德佐時，□□□俗，稱珍席上，□聲日下。君幼聞 / 詩禮，早習箕裘，識洞幾微，量包山藪。青衿謁蔡，既流賞於伯喈；髫髮過鍾，亦見奇於 / 士季。加以資孝爲忠，二致同極；曰仁與義，三省無違。問望已高，旌弓斯及。周保定之 / 末，起家給事二命士。彈冠應務，結綬登朝，逸足未申，澄清已遠。尋轉御正二命士。既 / 乘驄馬，且服楚冠，省闥憚叔節之威，楚獄賴伯奇之奏。歷掌式二命士，累遷宣納上 / 士、少計部地官府都上士。仍以本官爲行軍總管、郧國公府司録。君仁勇兼資，文武 / 不墜，既有秀才之贈，更開君子之營，捨爵策□，用超恒典，封陸渾縣開國男，邑二百 / 户。大象元年，拜天官府都上士。屢典劇曹，頻□管轄，良能之譽，僉論攸歸。随氏受終，/ 官方創革，禮闈改本，妙簡時髦，君以民望國□，首膺斯舉，乃授膳部郎。尋轉司勳，復 / 爲膳部，又徙比部。丹墀密勿，粉壁嚴凝，自非望重黄季，名高周舉，何以頻居列□，久 / 處中臺。俄而襲爵，仍改封許昌侯，通前八百户。又以本官領漕渠監。商役徒之衆寡，/ 體川陸之汗隆，近兼鄭白之渠，遠通淮海之□。□授職方郎。尋遷萬年令。六隧帝京，/ 五方所聚，人多好利，俗尚兼并，君仁信既孚，□□靡用，威略具舉，桴鼓希聲，雖稚子 / 之不撓權門，少平之威行貴戚，弗之尚也。□□□地，易動難安，接亡陳之餘，負□□ / 之險，命儔嘯侶，蟻結鴟張，既未格於兩階，□□□於九伐，君以本官爲行軍總管、□ / 鄉公府長史。君洞奇正之術，識向背之占，□□□□，勇韜三略，兇渠蕩定，功實□□。/ 俄而遘疾，至于大漸，彌留旬朔，砭石不療，□□□□二年四月七日薨於軍所，□□ / 卌五。武溪險阻，馬新息遂不生還；合浦荒□，□□□於焉長逝。嗚呼哀哉，以□□ / 貞觀十四年歲次庚子十一月甲子朔□□□□□葬於雍州萬年縣高平鄉之小 / 陵原，禮也。夫人辛氏，魏青州刺史季慶之□□□，□田擢秀，蘭畹騰芳，粤以好俅□ / 配君子，絛枚不代，蘋藻聿脩，化偃閨門，仁□□□，□□大業五年六月□□日薨，□ / 遷合葬。但山飛海變，懼八百之沉江；暑往寒來，恐□千之見日。庶憑鎸勒，用垂不朽，/ 其詞曰：/

玉出崐岫，珠潛漢涘。随掌稱珍，秦庭擅美。復有華族，降生才子。價重十城，光照千里。/ 髫年就傅，弱歲趨庭。逍遥百氏，探賾六經。體仁成德，履道居貞。紛綸光價，藉甚風聲。/ 釋褐從政，彈冠莅職。禮閣飛纓，蘭臺矯翼。事君直道，當官正色。俯僂從命，透迤退食。/ 既臨京縣，復贊元戎。化清都邑，威懾閫中。逸足未逞，脩途忽窮。遽捐軍莫，奄即泉宫。/ 宅兆戒期，騑驂啓路。兩奠宵撤，雙旗曉布。蕭琴松風，悽清薤露。百身何贖，□石不□。/

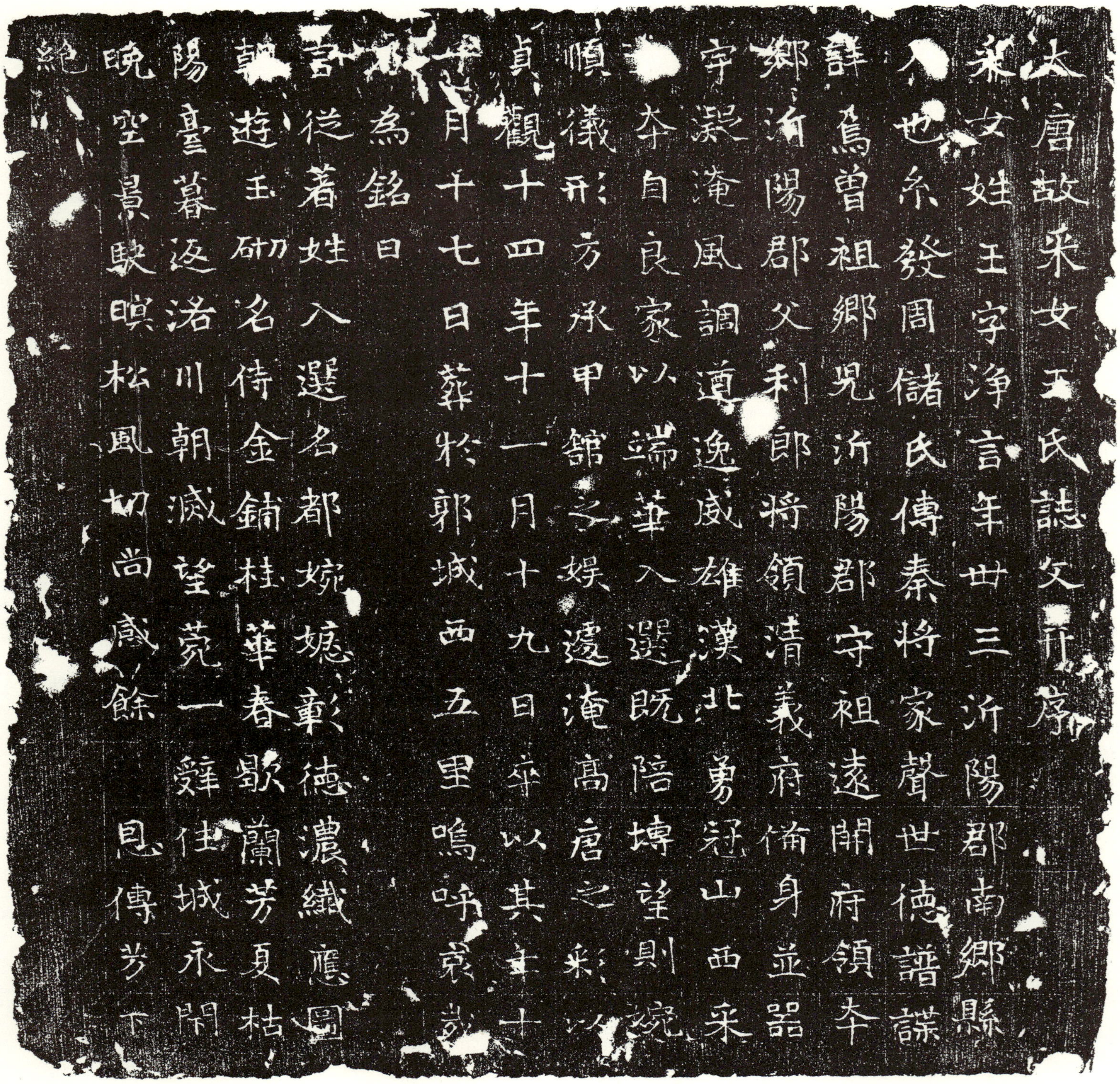

二八　王淨言墓誌

大唐故采女王氏（淨言）誌文并序

誌高四十四釐米，寬四十四釐米。誌文十六行，滿行十六字。

王淨言，唐貞觀十四年（六四〇）十一月十九日卒。年三十三歲。同年十二月十七日葬。

大唐故采女王氏誌文并序 /

采女姓王，字浄言，年卅三，沂陽郡南鄉縣 / 人也。系發周儲，氏傳秦將，家聲世德，譜牒 / 詳焉。曾祖鄉兒，沂陽郡守。祖遠，開府，領本 / 鄉沂陽郡。父利，郎將，領清義府備身。並器 / 宇凝淹，風調遒逸，威雄漢北，勇冠山西。采 / 女本自良家，以端華入選。既陪塼望，則婉 / 順儀形。方承甲館之娱，遽淹高唐之彩，以 / 貞觀十四年十一月十九日卒。以其年十 / 二月十七日，葬於郭城西五里。嗚呼哀哉，乃爲銘曰：/

言從著姓，入選名都。婉嫕彰德，濃纖應圖。/ 朝遊玉砌，名侍金鋪，桂華春歇，蘭芳夏枯。/ 陽臺暮返，洛川朝滅，望苑一辭，佳城永閉。/ 晚空景馺，暝松風切，尚感餘恩，傳芳下 / 絶。/

二九　辛有道墓誌并蓋

大唐故朝散大夫行東睦州桐廬縣令辛君（有道）墓誌銘并序

誌高五十七釐米，寬五十六釐米。誌文三十一行，滿行三十二字。

蓋文四行，十六字。篆書陽文：大唐故朝/散大夫桐/廬縣令辛/君墓誌銘/。

辛有道，唐貞觀十五年（六四一）六月一日卒。年四十一歲。妻盧氏，武德五年（六二二）四月六日卒。貞觀十六年（六四二）十二月九日合葬。

大唐故朝散大夫行東睦州桐廬縣令辛君墓誌銘并序 /

君諱有道，字沙門，隴西成紀人也。昔帝辛御蒼精之運，著鴻猷於五典；大夫適伊川 / 之涘，識戎兆於百年。派長源而不窮，流茂緒而逾遠。執金吾名高漢室，時號鮮明；穎 / 鄉侯譽重魏朝，世稱剛正。自後英賢繼踵，弈葉承華，冠蓋連陰，台衮相望，昭彰簡諜，/ 可略言歟。曾祖生，魏河州四面總管、大都督、大將軍、甘渭康瓜涼五州諸軍事、涼州 / 刺史。祖威，周通直散騎常侍、撫軍將軍、銀青光禄大夫、驃騎大將軍、開府儀同三司、/ 大都督、北華州刺史、少傅、上柱國、宿國公，食邑三千户，賜姓普屯氏，隨贈司徒公、河 / 涼秦瓜甘渭康七州諸軍事、河州刺史。並氣逸風雲之表，才超不世之功，業預經綸，/ 勳参協贊。鷹揚則三河底定，折衝則萬里肅清。父永達，周左侍上士、儀同大將軍，襲 / 封宿國公，食邑如故。搢紳朝望，德譽時高。君禀氣嶽靈，資象辰緯。明珠剖蚌，便擒照 / 夜之輝；芳蕙初萌，乃散流風之馥。孤峰挺秀，卓犖不群，爰在綺紈，早標岐嶷，温恭雅 / 量，藉甚公卿。釋褐東宫左千牛，警衛儲闈，列居五品，陪遊甲觀，侍奉龍樓，恩命雖隆，/ 謹心逾勵。天常有道，擇木攸歸。除秘書郎、永康園令。連鑣子政，方妍篆籀之文；接軫 / 相如，每詠東封之草。既而奄遭家罰，身在茹荼，念切蓼莪，情深陟岵，哀制過毁，殆將 / 滅性。俄而星琯屢移，禮服斯闋。除朝散大夫，行東睦州桐廬縣令。絃歌百里，製錦一 / 同，公直廉平，確勤端潔，風行化洽，務簡政清。雖仲康之宰中牟，子賤之居單父，較治 / 齊美，方此蔑如。豈期天與善人，徒聞有昔，唯德不輔，空歎於今。以大唐貞觀十五年 / 太歲辛丑六月壬子朔[一]，徂州自縣，涉澗踰山，夏潦横流，乃從非命，春秋卌有一。嗚呼 / 哀哉！石折武擔，星沉越野，貞筠落彩，丹桂彫芳。民吏攀號，嗟逝川之不反；朋僚惻愴，/ 傷隟駟之無停。君在幼年，已結高援。夫人盧氏，地望清華，隨觀王之外孫，芮國公之 / 長女。夙閑訓範，素習禮模，識度賢明，風神令淑。瓌姿共月娥争麗，玉顔與星婺分妍。/ 何言秋菊銷黄，春松委緑，去武德五年四月六日遘疾長安，溘同朝露。有子孝立，斯 / 繼鳳毛，切地陷於前，泣天淪於後，戚幼孤之無託，痛營魂之漸違，感情天至，崩摧靡 / 及，遵附葬之禮，具同穴之儀。以貞觀十六年太歲壬寅十二月壬午朔九日庚寅，合 / 窆於雍州長安縣高陽之原，禮也。于時壙埋苦霧，隴晦愁雲，落日蒼芒，寒坰蕭索。霜 / 霏宿草，風悲白楊，薤歌朝思，哀笳夜咽。憶疇昔之笑言，想平生之遊衍，馳素車而引 / 慟，赴裼裘以沾衿。萬古長辭，百身寧贖。含豪揮涕，聊書短銘：/

巘巘曾構，浩浩長流。家傳台鉉，世挺琳球。君子俊乂，寔繼芳猷。處撓必直，在剛能柔。/ 入仕桂宫，策名麟閣。克廉克謹，允恭允恪。武成延譽，茂陵遊託。志潔壺冰，義高然諾。/ 福善徒言，殲我良友。仁士道喪，天長地久。清顔雖隔，德音無朽。逵喧楚薤，郊迴廣柳。/ 雲愁掩日，松暮生煙。夜臺靡曙，隴月孤懸。風吟霜檟，壙咽寒泉。式刊貞石，傷心在旃。/

[一] 此處干支有誤。六月辛卯朔，壬子非朔日，爲二十二日。

三〇　袁異度墓誌并蓋

唐故上柱國正議大夫光禄少卿汝陽公袁君（異度）墓誌銘并序

誌高七十釐米，寬七十釐米。誌文三十行，滿行三十二字。

蓋文三行，九字。篆書陽文：唐故光 / 禄卿袁 / 公墓誌 /。

袁異度，唐貞觀十八年（六四四）九月二十三日卒。年五十五歲。妻魏氏，貞觀十年（六三六）五月十二日卒。貞觀二十年（六四六）十月二十六日合葬。

唐故上柱國正議大夫光禄少卿汝陽公袁君墓誌銘并序 /

君諱異度，字異度，汝南汝陽人。漢司徒安之後也。崇基峻極，姚墟竦其增搆；洪源遥 / 裔，汝海控其清澗。慶軼鋼鉤，道彰金鉉，膺東都之四世五公，冠西京之朱輪華轂。高 / 祖周，齊臨潁郡守、平州刺史。曾祖寧，東北道行臺郎中。上儀星象，傍求民瘼，分竹結 / 去思之情，起草擅當時之譽。祖俊，本郡主簿。父喜，皇朝同州别駕。時鑒人流，/ 毗贊州部。鄉閭以之遷善，邦國於是不空。君玉潤摛章，蘭芳表性。少遊庠序，卓爾不 / 群。長契周行，矯然獨秀。隨大業中，弱冠以明經舉，擢第甲科。朝廷重君風彩，將升之 / 以不次。君以一人喪德，萬方解體，陵陸之舉，且療幽憂之疾。遷陰擇木，相時觀變，思 / 展驥足，果值龍顔，即授正議大夫、丞相府典籖。武德開元，除通事舍人、員 / 外散騎侍郎。四年，授金部郎中。從今上討王世充、竇建德，頻積功勞，累加 / 上柱國，改授職方郎中。九年，除雍州長安縣令。其年，改授華州治中。貞觀元年，除鄜 / 州都督府長史。二年，封汝陽縣開國公，邑三百户。尋遷都水使者。十年，除使持節、隰 / 州諸軍事、隰州刺史。入爲將作少匠。丁祖親憂去職，尋而起復，俄除太府少卿，尋授 / 正議大夫、行光禄少卿。粤以十八年九月廿三日，遘疾終於京第，春秋五十有五。惟 / 君懷抱虚暢，襟期清簡。辭高筆海，理富言泉。升尼甫之堂，入相如之室。六行與三極 / 同歸，五禮將四科俱運。交友之際，義逸金蘭；清慎之方，志淩松竹。急人之急，憂人之 / 憂。懷墨子之兼愛，鄙楊朱之獨善。及運偶會昌，且欣攀附。戮蚩尤於中冀，必豫前驅；/ 剪封豕於洞庭，恒参後殿。屬官材任能之日，騁惟幾成務之功，照愛景於精民，遊銛 / 刃於蟠木。莫不政以禮成，事同德舉。恭慎之操，載表話言；謙敬之塗，見諸深旨。謂公 / 門必復，與善可期。而輔仁多爽，泉坰鎩翮。夫人鉅鹿魏氏，祖德理，任徐州道行臺郎 / 中；父誌仁，隨任左勳侍。並清德繼軌，道風高世。夫人生自華宗，來儀君子。禮彰外閫，/ 德茂中闈。而階老莫從，逝川先閲。以貞觀十年五月十二日終於隰州。粤以廿年歲 / 次景午十月己未朔廿六日甲申，合葬於洛州洛陽縣邙山之陽。世子求己，陟峻岵 / 而興哀，儀凱風而永慕。式旌玄礎，以播芳猷。其詞曰：/

茂緒剋昌，高門垂慶。舄弈繁祉，訏謨景命。祖德有融，家風無競。玉質標彩，珠胎遠映。/ 乾坤將革，風雲未和。唐郊授手，牧野投戈。抑楊奇士，掩頓雲羅。既欣同德，且叶前哥。/ 吐納赤墀，從容丹棘。褰帷晉境，握蘭宸極。縱壑鼓鱗，垂天使翼。俱申令問，並宣風 / 力。吉凶無象，倚伏相依。儵辭昭世，遽掩徂暉。隙駒終謝，泉室同歸。薤哥朝切，桐露晨 / 晞。美哉君子，挺斯義烈。懿矣中饋，懋是貞潔。始哀永逝，終欣同穴。陵谷有遷，芬芳無 / 絶。/

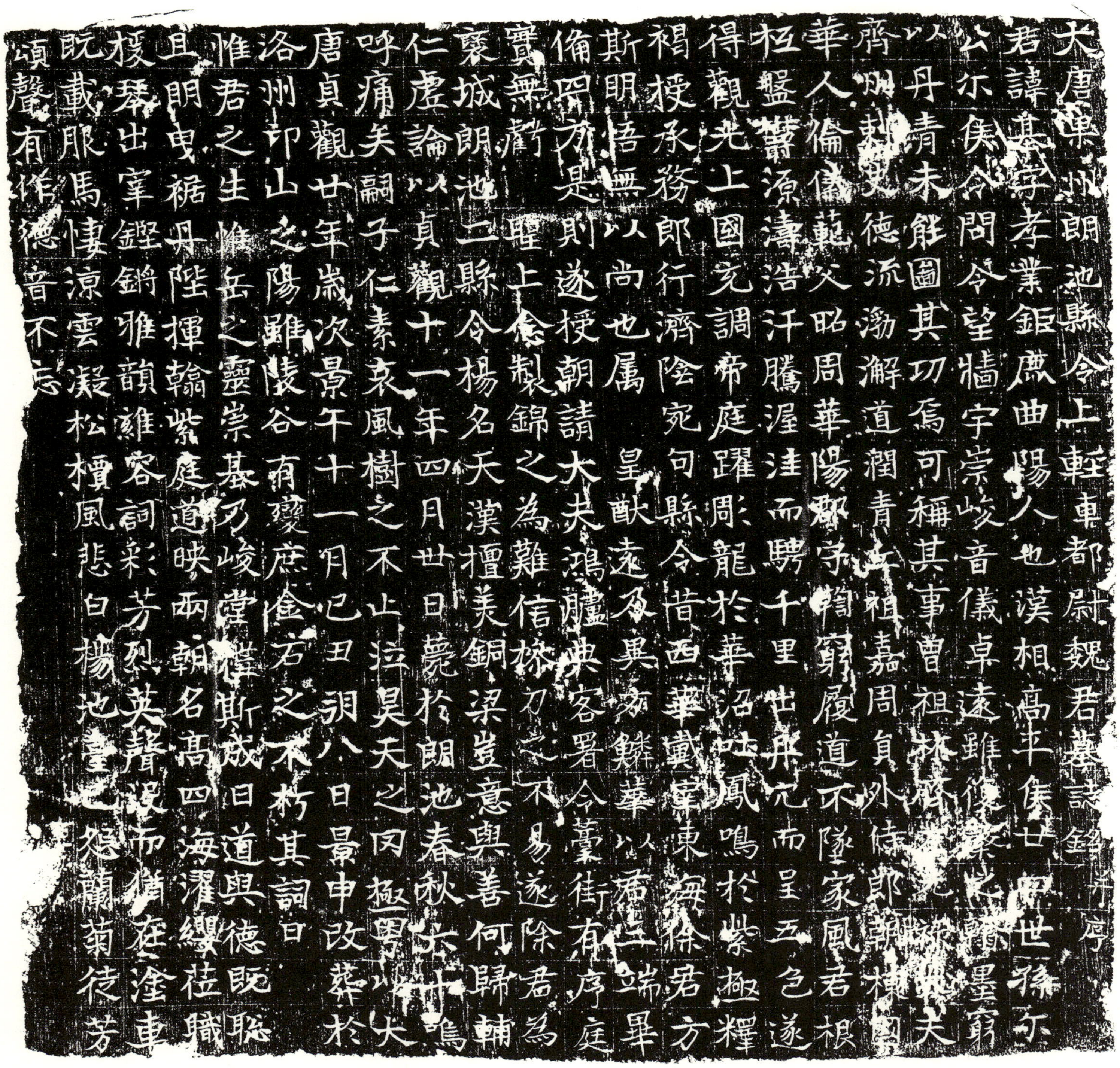

三一　魏基墓誌并蓋

大唐果州朗池縣令上輕車都尉魏君（基）墓誌銘并序

誌高四十三釐米，寬四十四釐米。誌文二十二行，滿行二十二字。

蓋文三行，九字。篆書陽文：唐朗池 / 縣令魏 / 君墓誌 /。

魏基，唐貞觀十一年（六三七）四月三十日卒。年六十歲。貞觀二十年（六四六）十一月八日葬。

大唐果州朗池縣令上輕車都尉魏君墓誌銘并序 /

君諱基，字孝業，鉅鹿曲陽人也。漢相高平侯廿四世孫。爾 / 公爾侯，令問令望。牆宇崇峻，音儀卓遠。雖復繁之翰墨，窮 / 以丹青，未能圖其功，焉可稱其事。曾祖林，齊左光禄大夫、/ 齊州刺史。德流渤澥，道潤青丘。祖嘉，周員外侍郎。朝棟國 / 華，人倫儀範。父昭，周華陽郡守。鞠窮履道，不墜家風。君根 / 柢盤鬱，源濤浩汗，騰渥洼而騁千里，出丹穴而呈五色，遂 / 得觀光上國，充調帝庭，躍彫龍於華沼，吐鳳鳴於紫極。釋 / 褐授承務郎，行濟陰宛句縣令。昔西華戴宰，東海徐君，方 / 斯明悟，無以尚也。屬皇猷遠及，異方鱗華，以君三端畢 / 備，四方是則，遂授朝請大夫、鴻臚典客署令。藁街有序，庭 / 實無虧。聖上念製錦之爲難，信操刀之不易，遂除君爲 / 褒城、朗池二縣令。揚名天漢，擅美銅梁。豈意與善何歸，輔 / 仁虛論，以貞觀十一年四月卅日薨於朗池，春秋六十。嗚 / 呼痛矣。嗣子仁素，哀風樹之不止，泣昊天之罔極，粤以大 / 唐貞觀廿年歲次景午十一月己丑朔八日景申，改葬於 / 洛州邙山之陽。雖陵谷有變，庶金石之不朽。其詞曰：/

惟君之生，惟岳之靈。崇基乃峻，堂構斯成。曰道與德，既聰 / 且明。曳裾丹陛，揮翰紫庭。道映兩朝，名高四海。濯纓莅職，/ 援琴出宰。鏗鏘雅韻，雍容詞彩。芳烈英聲，没而猶在。塗車 / 既載，服馬悽涼。雲凝松檟，風悲白楊。池臺已怨，蘭菊徒芳。/ 頌聲有作，德音不忘。/

三二　武謙墓誌并蓋

大唐故太子通事舍人大廟令騎都尉武府君（謙）墓誌

誌高五十八釐米，寬五十八釐米。誌文三十一行，滿行三十字。

蓋文三行，九字。篆書陽文：大唐故 / 武府君 / 墓誌銘 /。

武謙，卒年七十六歲。唐永徽三年（六五二）正月二十六日葬。

大唐故太子通事舍人大廟令騎都尉武府君墓誌 /

公諱謙，字士讓，并州受陽人也。若夫察微知遠，啓洪胄於高辛；禁暴戢兵，控遥 / 源於周武。至乃花萼分光之際，猶十日之出扶桑；派流競引之初，類九河之導 / 積石。貂璫赫弈，經百代而彌彰；珪組蟬聯，歷千祀而逾盛。曾祖倹，齊鎮遠將軍、/ 離石開化二縣令，岸宇崇峻，風神秀朗，仁以厚下，倹以足用。祖仁，齊龍驤將軍、/ 殷州司馬，識晤淹曠，神韻疏通，學擅含章，任隆司武。父華，隨浚儀縣令、儀同三 / 司，氣鬱雲霞，道潤珪璧，聲敷物聽，惠結萌謡。公吐翹秀於繁林，揚清波於巨壑，/ 既懷方而履順，信居貞而含道。豈直陸雲入洛，獨馳龍鳳之名；郭泰登舟，孤擅 / 神仙之望。而早崩天蔭，孝感冥深。泣血三年，追羔子之遥迹；素腸七日，踵曾氏 / 之遐蹤。既而炎精告厭，天地離阻，銅馬金虎之類，封豕窫窳之儔，攘爪而並據，/ 磨牙而競逐。公韜光閭閈，塞聽丘樵，跼驊騮之足，佇風雲之會。俄屬 / 聖朝，剖神符而叶靈契，順斗極而運天開，清二曜於虹霓，舉四維於氛沴。遂收 / 蘭幽谷，採菊重巖，顯遂忠良，詢求讜正。公於是門羅戔帛，巷引弓旌，爰承嘉惠，/ 騰軌高骋。于時儲宫虚館，妙選僚屬，乃授通事舍人。曜迹華坊，揚暉望菀，接南 / 皮之高宴，陪北閣之佳遊。陵廟之官，古今所重，眷言英妙，僉議攸歸，改授太廟 / 令。公門樹勳庸，家傳杞梓，茂德斯在，延賞爰及。加授騎都尉。朝旨以爲邑宰之 / 任，撫道斯屬，方之割錦，取類享鮮，於是改授博州博平縣令。寬以濟猛，簡以御 / 繁，慈惠以廣其仁，方軌以肅其政。蝝蝗不起，盗竊寢蹤，籠密生於往圖，冠史起 / 於前籙。然而四序流運，萬物推遷，銀箭無停漏之期，玉釜豈延齡之術。春秋七 / 十有六，以疾薨於京城休祥里第。以永徽三年歲次壬子正月己未朔廿六日 / 甲申，窆於長安縣高陽原。惟公懷清英之操，體方雅之質，宏量淹偉，玄識沉通，/ 處涅不渝，在窮彌固，惟仁是宅，非禮不言，騰軌清階，揚華顯列，可謂終始俱美，/ 名行兩全。而隨會云亡，徒傷趙武；展禽既没，空禁蕉蘇。嗣子亮等，堂構丕承，克 / 隆世祀。陟岵之望，没齒無期；彫柏之悲，終天長結。永惟令德，方傳不朽，銜哀見 / 託，乃作銘云：/

紛綸盛緒，赫弈高門。五衢散葉，三首分源。懷黄珮紫，服冕乘軒。川停岳立，英馥 / 華繁。其一。龍驤俊邁，浚儀英朗。丘牆數刃，嵇松千丈。冠蓋連陰，笙鏞合響。軌儀斯 / 屬，縉紳攸仰。其二。寔生令哲，天挺高奇。抗情雅尚，執志沖撝。早飛芬馥，夙振羽儀。/ 心不逾矩，動必尋規。其三。朝陽勵響，春坊矯翼。振此風徽，佩兹銅墨。實邦之彦，惟 / 萌之則。三異表能，十城歸德。其四。冉冉人世，滔滔逝川。一随往化，萬古幽泉。松風 / 曙響，隴月宵懸。唯蘭與菊，千載斯傳。/

隨正議大夫光祿卿新義男田府君墓誌銘
君諱行達字文通平涼平髙人也昔陽成運謀立鴻勳於大漢安平建策
哉臣稱於有燕遂得聲被丹書譽流青史曾祖儁魏涼州刺史秦州漢陽
郡太守祖盎魏金紫光祿大夫散騎常侍開府儀同三司隴州安樂郡太
守父通周大冢宰開府儀同三司治豳二州刺史左金紫光祿大都督輔
國將軍新義縣開國男食邑一千二百戶並材髙棟幹德茂珪璋為一代
之名臣實千年之令哲文華煥爛振藻則愈疾袪憂武略縱横彎弧乃啼
猨落鴈宣政元年起家蒙授都督于時狼山霧靜塞塵飛刀斗夜鳴權
烽書警事資驍勇弥彼渠魁開皇三年乃詔衛王陳師白道公時預往
克翦兇徒恩洽黎元甚文堅公化西蜀威慴蠻貊超武鶉之鎮朔方頻有
戰功策勳居最還師都督四年授勳衛七年還攝本任十七年授大都督
領兵如故獫狁孔熾重擾邊亭楊素銜命出征公占募從役揮戈直進執
馘横行既擢左賢遂空右地十九年以功拜開府儀同三司其年奉
勑事秀仁壽二年嘉陵等州頻有動靜既資式遏方寄英謀以公為陵州
道行軍總管仍与大將軍段文振東西經略還正議大夫蘭河二州總管
右禦衛武賁郎將光祿卿千里之任本屬惟良九棘之榮寔歸有德自[illegible]
包文武識洞古今何以克荷恩私職参中外理應享茲介福保此遐齡豈
期与善無徵壽夭百年之運輔仁斯爽魂埋五尺之墳業十二年正月寢
疾終於私第春秋五十有五嗚呼哀哉夫人隴西李氏實魏司空河西郡
襄公曾孫周太傅七兵尚書河西郡桓公孫隨太僕卿左武候大將軍竒
章郡[illegible]公之長女也夫人髙門華冑懿範清規閨壼仰其母儀娣姒欽其
婦德粤以永徽五年正月合葬於雍州髙陽原禮也義延等恐春秋迭代
日月居諸用紀芳猷式鐫貞石乃為銘曰
綿綿華冑[illegible]髙門疇庸析爵建節開藩武帳寄重文昌位尊道光前列
慶垂後昆偉矣將軍猗歟太守周行表綱之倫領袖剖符任切升壇禮懋
桂苑騰芳芝田挺秀惟嶽降祉誕此英靈六條擅譽九列馳聲魚獵百氏
耕耨七經克勤守儉味道懷貞昊天不弔殲我良人藤文野徑霧晦荒榛
嗟白日[illegible]徒照歎玄宮之不春唯餘金石永播聲塵

三三　田行達墓誌

隋正議大夫光禄卿新義男田府君（行達）墓誌銘

誌高四十七釐米，寬四十八釐米。誌文二十八行，滿行二十八字。

田行達，隋大業十二年（六一六）正月卒。年五十五歲。妻李氏。唐永徽五年（六五四）正月合葬。

隋正議大夫光禄卿新義男田府君墓誌銘 /

君諱行達，字文通，平涼平高人也。昔陽成運謀，立鴻勳於大漢；安平建策，/ 戡巨猾於有燕。遂得聲被丹書，譽流青史。曾祖儒，魏涼州刺史、秦州漢陽 / 郡太守。祖盎，魏金紫光禄大夫、散騎常侍、開府儀同三司、隴州安樂郡太 / 守。父通，周大冢宰、開府儀同三司、洺虢二州刺史、左金紫光禄、大都督、輔 / 國將軍、新義縣開國男，食邑一千二百户。並材高楝幹，德茂珪璋，爲一代 / 之名臣，膺千年之令哲。文華焕爛，振藻則愈疾祛憂；武略縱横，彎弧乃啼 / 猿落雁。宣政元年，起家蒙授都督。於時狼山霧擁，鹿塞塵飛，刁斗夜鳴，權 / 烽晝警，事資驍勇，殄彼渠魁。開皇三年，乃詔衛王陳師白道，公時預往，/ 克剪兇徒，恩洽黎元。甚文堅之化西蜀，威懾薰粥；超武孺之鎮朔方，頻有 / 戰功。策勳居最，遷帥都督。四年，授勳衛。七年，還攝本任。十七年，授大都督，/ 領兵如故。獫狁孔熾，重擾邊亭，楊素銜命出征，公古募從役，揮戈直進，執 / 戟横行，既獲左賢，遂空右地。十九年，以功拜開府儀同三司。其年，奉 / 敕事秀。仁壽二年，嘉陵等州頻有動静，既資式遏，方寄英謀，以公爲陵州 / 道行軍總管，仍與大將軍段文振東西經略，遷正議大夫、蘭河二州總管、/ 右禦衛武賁郎將、光禄卿。千里之任，本屬惟良；九棘之榮，寔歸有德。自藝 / 包文武，識洞古今，何以克荷恩私，職參中外。理應享兹分福，保此遐齡。豈 / 期與善無徵，壽夭百年之運；輔仁斯爽，魂埋五尺之墳。業十二年正月，寢 / 疾終於私第，春秋五十有五。嗚呼哀哉！夫人隴西李氏寶，魏司空、河西郡 / 襄公曾孫，周太傅七兵尚書、河西郡桓公孫，隨太僕卿、左武侯大將軍、奇 / 章郡定公之長女也。夫人高門華胄，懿範清規，閨壼仰其母儀，娣姒欽其 / 婦德。粤以永徽五年正月，合葬於雍州高陽原，禮也。義延等恐春秋迭代，/ 日月居諸，用紀芳猷，式鐫貞石，乃爲銘曰：/

綿綿華胄，赫赫高門。疇庸析爵，建節開藩。武帳寄重，文昌位尊。道光前列，/ 慶垂後昆。偉矣將軍，猗歟太守。周行表綴，人倫領袖。剖符任切，升壇禮懋。/ 桂菀騰芳，芝田挺秀。惟嶽降祉，誕此英靈。六條擅譽，九列馳聲。魚獵百氏，/ 耕耨七經。克勤守儉，味道懷貞。昊天不弔，殲我良人。藤交野徑，霧晦荒榛。/ 嗟白日□徒照，歎玄宫之不春。唯餘金石，永播聲塵。/

三四　戎諒墓誌并蓋

大唐故朝請大夫戎府君（諒）墓誌

誌高四十六釐米，寬四十六釐米。誌文二十三行，滿行二十四字。

蓋文四行，十二字。篆書陽文：大唐故/朝請大/夫戎君/墓誌銘/。

戎諒，唐永徽六年（六五五）六月六日卒。年六十歲。同年六月二十二日葬。

大唐故朝請大夫戎府君墓誌 /

君諱諒，字喜明，恒州靈壽人也。自齊運不昌，鼎歸周室，遷虞事 / 夏，因住長安焉。祖和，父僧伽，並養志丘園，高尚不仕。君稟性聰 / 敏，清雅紹暢，談義典墳，博覽經籍。至於玉諜石渠之史，莫不研 / 精；龍宮香閣之文，盡窮根本。雖負其林而不用，窮其妙而無施，/ 所謂淮海嵩華，不可窺量者也。君內孝外忠，出於天性，四知之 / 慎，特異恒論。父母之喪，殆將殞命，泣血舉音，杖而能起。屬隨季 / 道消，人思逐鹿，君識機知變，早逮鴻勳。/ 太武嘉其至誠，擢以顯職，特授朝請大夫，仍令細從。君性愛山 / 水，不以榮位在懷，遂沉身陋巷，自娛而已。昔綺角四皓，漢祖召 / 而不來；巢許二生，唐帝邀而不就。以今方古，代有人焉。君降山 / 岳之靈，懷萬頃之度，四海之內，每事恂恂，不以富而易交，不以 / 貴而驕俗，惟忠奉國，惟孝奉親，自可用保無疆，享茲餘慶。如何 / 遘疾，淹然長往。以永徽六年六月六日，薨於私第，春秋六十。即 / 以其月廿二日，遷殯瘞於萬年縣少陵之平原，禮也。嗚呼哀哉。孝子師□、師彥等，悲過庭之絶問，貫切心髓；痛陟岵之瞻望，肝 / 腦縻潰。孤煢之慟，永隔於荒隴；罔極之恩，長乖於天地。所以勒 / 銘於泉扃，懼陵谷之遷移，刊石記功，齊日月之終始。嗚呼哀哉，/ 乃爲銘曰：/

立德唯忠，立言唯直。事君盡節，事親竭力。哲人云亡，如何不寔。/ 惸惸孤子，攀號罔極。否泰更昇，陰陽遞易。悲哉墳隴，去留永隔。/ 風卷虛展，塵生扆席。九泉之户，空存銘石。存没俄頃，風光儵分。/ 身歸幽壤，言耳猶聞。悲摧松檟，慟遏愁雲。魂兮何往，千載孤墳。/

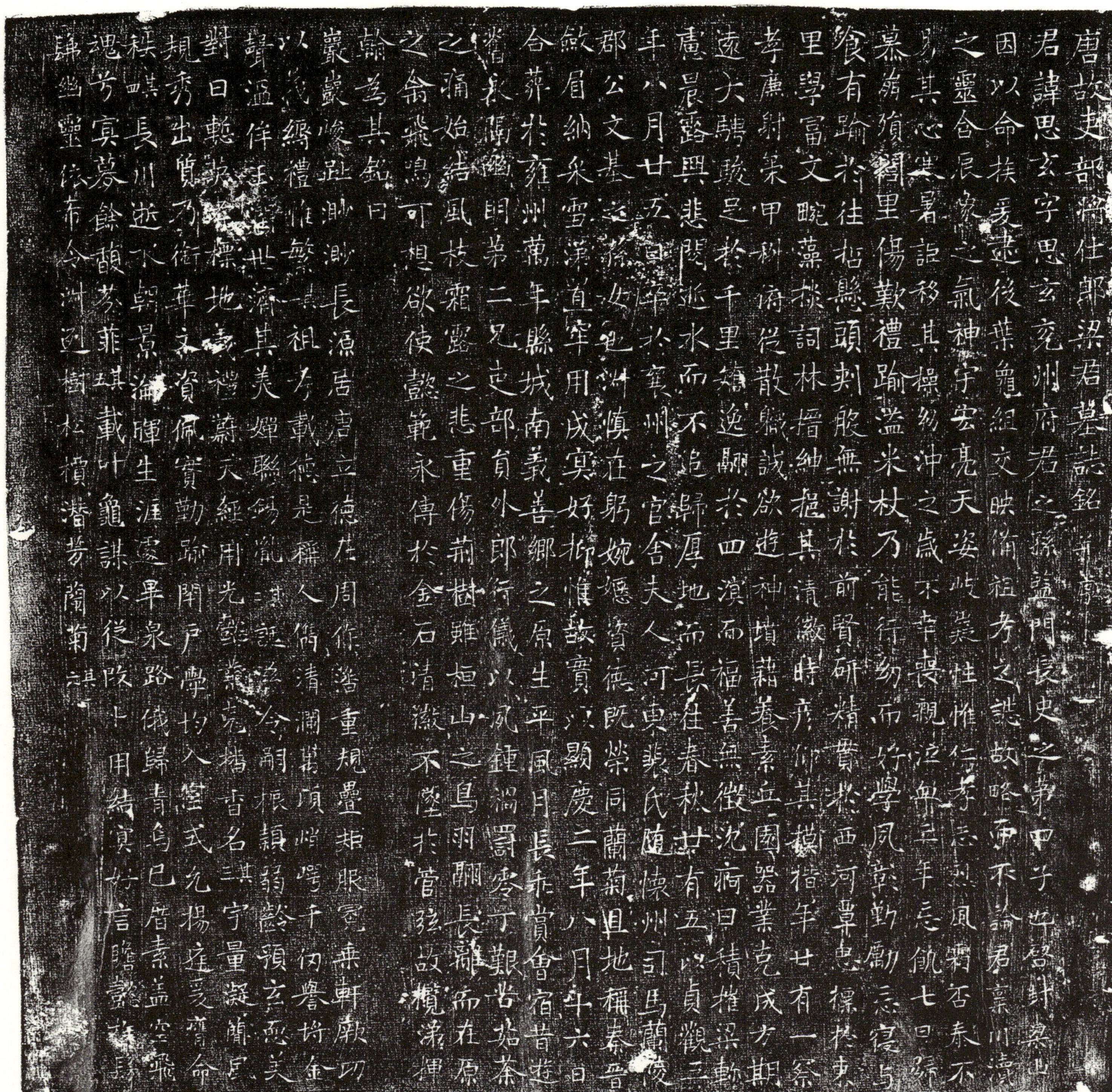

三五　梁思玄墓誌

唐故吏部將侍郎梁君（思玄）墓誌銘并序

誌高四十四點五釐米，寬四十四點五釐米。誌文二十七行，滿行二十六字。

梁思玄，唐貞觀三年（六二九）八月二十五日卒。年二十五歲。妻裴氏。顯慶二年（六五七）八月十六日合葬。

唐故吏部將侍郎梁君墓誌銘并序/

君諱思玄，字思玄，兗州府君之孫，監門長史之第四子也。啓對梁山，/因以命族。爰逮後葉，龜組交映，備祖考之誌，故略而不論。君稟川瀆/之靈，含辰象之氣，神宇宏亮，天姿岐嶷，性惟仁孝，志烈風霜，否泰不/易其心，寒暑詎移其操。幼冲之歲，不幸喪親，泣血三年，忘飢七日。號/慕崩殞，閭里傷歎。禮踰溢米，杖乃能行。幼而好學，夙彰勤勵，忘寢與/食，有踰於往哲；懸頭刺股，無謝於前賢。研精貫於西河，覃思標於東/里，學富文畹，藻掞詞林。搢紳挹其清徽，時彥仰其模楷。年廿有一，察/孝廉，射策甲科，俯從散職，誠欲遊神墳藉，養素丘園，器業克成，方期/遠大。騁駿足於千里，矯逸翮於四溟。而福善無徵，沉痾日積。摧梁軫/慮，晨露興悲，閱逝水而不追，歸厚地而長往。春秋廿有五，以貞觀三/年八月廿五日，卒於襄州之官舍。夫人河東裴氏，隨懷州司馬、蘭陵/郡公文基之孫女也。淑慎在躬，婉嫕資德，既榮同蘭菊，且地稱秦晉。/斂眉納采，雪涕置窀，用成冥好，抑惟故實。以顯慶二年八月十六日，/合葬於雍州萬年縣城南義善鄉之原。生平風月，長乖賞會；宿昔遊/舊，永隔幽明。第二兄吏部員外郎行儀，以夙鍾禍罰，零丁艱苦，茹荼/之痛，始結風枝；霜露之悲，重傷荆樹。雖桓山之鳥，羽翮長離；而在原/之禽，飛鳴可想。欲使懿範永傳於金石，清徽不墜於管弦。故攬涕揮/翰，爲其銘曰：/

巖巖峻趾，渺渺長源。居唐立德，在周作藩。重規疊矩，服冕乘軒。厥功/以茂，縟禮惟繁。其一。祖考載德，是稱人儁。清瀾萬頃，峭崿千仞。譽埒金/聲，温侔玉潤。世濟其美，嬋聯錫胤。其二。誕兹令嗣，振穎弱齡。預玄悳美，/對日懃英。孝標地義，禮蔚天經。用光懿業，克播香名。其三。宇量凝簡，風/規秀出。質乃銜華，文資佩實。勤踰閈户，學均入室。式允揚庭，爰膺命/秩。其四。長川逝水，朝景淪暉。生涯遽畢，泉路俄歸。青烏已厝，素蓋空飛。/魂兮冥暮，餘馥芳菲。其五。載叶龜謀，以從改卜。用結冥好，言瞻懿族。髣/髴幽靈，依希令淑。迥樹松檟，潛芳蘭菊。其六。/

三六　獨孤瑛墓誌

唐故使持節滄州諸軍事滄州刺史上柱國冠軍縣開國男獨孤使君（瑛）墓誌銘并序

誌高六十九釐米，寬六十九釐米。誌文三十六行，滿行三十六字。

獨孤瑛，唐顯慶三年（六五八）七月二十四日卒。年七十一歲。顯慶四年（六五九）二月二十五日葬。

唐故使持節滄州諸軍事滄州刺史上柱國冠軍縣開國男獨孤使君墓誌銘并序/

公諱瑛，字珉，河南洛陽人也。自金衡不競，水運勃興，佐命元勳，允推豪族。背幽陵而鵲起，疏鼎/胤於雲代，跨中壤以鴻騫，鬱台緒於函洛。金穴銅山之盛，龍章鳳彩之奇，固已芬藹緹油，葳蕤/圖籀者矣。曾祖信，後魏員外散騎侍郎、驍騎將軍、安南將軍、武衛將軍、通直散騎侍郎、衛大將/軍、都督荆州諸軍事、兼尚書右僕射、東道行臺、荆州刺史、車騎大將軍、驃騎大將軍、開府儀同/三司、侍中，周除隴右道廿四州大都督、秦州刺史、太子太保、大司馬、柱國大將軍，随追贈太師、/上柱國、冀定相瀛滄趙恒洺貝濟十州諸軍事、冀州刺史、趙國公，謚曰景。長女，周明帝皇后；第/四女，皇祖妣元貞皇后；第七女，随獻皇后。祖善，周柱國、使持節、驃騎大將軍、開府儀同三司、/左武伯、滄魏德齊等一十二州諸軍事、定州刺史、河內郡開國公，随追贈光禄大夫、上柱國、萊/國公。父祥，隨千牛備身、奉車都尉、贈梁州刺史。並識韻通朗，風範凝肅，不矜細行，以累大猷，必/綜宏圖，終能遠致。公稟靈集慶，挺粹居醇。價重南金，邁鎣鋈而摛彩；質標東竹，資括羽而凝勁。/夫其孝悌之方，本由天植；忠厚之德，無俟化成。流謙保性，勵仁行己。踐西華之令躅，侔北宫之/雅操。睹過斯掩，聞善必揚。白珪無以玷其言，黄金不足逾其諾。随大業初，起家爲文帝挽郎。調/補平涼郡西曹掾，轉岐州虢縣令。敦以節儉，訓以禮經。法令爲師，期月成化。頃之，以能官被舉，/遷安定郡丞。俄屬伏鱉呈祆，鬭龜貽孽，四郊多壘，九縣挻灾。公環保郡城，獨固随節，安輯士庶，/境宇無虞。高祖太武皇帝誕膺樂推，援旗拯溺，龍飛晉水，鳳翥參墟，奔關甸以推亡，臨/軹塗而約法。公明踰去亳，義叶歸曹。爰以舊姻，俄登顯秩。拜宗正少卿。武德初，除司勳郎中。貳/棘飛華，踐明□而敷績；握蘭揚馥，應玄象以圖名。頃之，加開府，出爲蒲州總管府長史。明年，拜/鼎州諸軍事、鼎州刺史。弘農近關，是稱畿甸，眷言求瘼，式佇親賢。公望境褰帷，下車露冕，豪渠/革面，耆耋餐仁。未幾，轉并州大都督府司馬，加冠軍縣開國男，食邑三百户。貞觀初，除觀州諸/軍事、觀州刺史。十三年，轉饒州諸軍事、饒州刺史。又改汴州諸軍事、汴州刺史。亟典名藩，累裁/佳政，行春灑憓，班秋罕冤。豈止种暠宣恩，聲馳蜀漢；巴祇剋儉，譽洽江沲而已哉。/帝疇乃庸，爰光璽命。十八年，加護軍，授正議大夫、守定州諸軍事、定州刺史。尋遷洛州諸軍事、/洛州刺史。中山勝域，温洛名圻，推慓相循，輻湊攸委。公問以遺訓，諮乎故實。左伯豪之清約，王/子晉之嚴能，比論儔聲，我有餘地。永徽初，加上護軍。頃之，以公事左遷，授銀青光禄大夫、行杲/州諸軍事、杲州刺史。顯慶元年，加上柱國，進拜滄州諸軍事、滄州刺史。惟公始自佩環，迨乎勝/帶，韶姿卓異，粹彩多奇，體廉讓於推梨，表純至於懷橘。若迺志局恬峻，風軌清遐，仁以接道，敏/以行德，神無滯物，照達精徵。故能踠跡危機，立名昌運。豈謂春山促景，閱水侵年，釁起餐珠，/悲深瘞玉，茫茫天道，胡寧若斯。奄以顯慶三年七月廿四日，遘疾薨於州廨，春秋七十有一。粤/以四年歲次己未二月戊申朔廿五日壬申，歸窆於雍州咸陽縣龍棲鄉善福里之洪瀆原。太/常考謚，曰襄公，禮也。挽鐸宵吟，哀笳曉引。背廣陌而斜轉，指佳城而迴進。桐闇閟兮鯨燈滅，松/悵深而雞壠峻。唯不朽之脩名，庶傳芳於後胤。其銘曰：/

綿綿昌緒，弈弈高門。丹輪鳳吹，緑綬犀軒。趙國名厚，河南道存。赫矣都尉，比質璵璠。其一。猗歟哲/人，寔邦之彦。彩照千里，剛逾百練。識遠器宏，辯飛才絢。似蘭春馥，如松冬蒨。其二。爰初效職，製錦/岐揚。俄登州府，式贊惟良。天臺振譽，啓沃君王。剖符寄重，匡化逾芳。其三。孰云與善，斯言匪/忱。俄馳隙駟，奄歎隟馫。窮埏窅窅，穸帳沉沉。唯餘翠琬，永勒徽音。其四。/

三七　薛萬備墓誌并蓋

唐故鴨渌道行軍副總管薛君（萬備）墓誌銘并序

誌高六十釐米，寬六十釐米。誌文三十九行，滿行四十字。

蓋文三行，九字。篆書陽文：唐故汾 / 陰公薛 / 君墓誌 /。

薛萬備，唐龍朔元年（六六一）五月十一日卒。年六十歲。妻楊氏，顯慶元年（六五六）十一月十五日卒。年四十三歲。龍朔二年(六六二）六月二日合葬。

唐故鴨渌道行軍副總管薛君墓誌銘并序／

公諱萬備，字百周，河東汾陰人也。昔奚以車正事夏，虺以左相翼商，遠系高門，詳諸史諜，在於博約，可得／略之。曾祖寧，隱居不仕，魏明帝特徵爲國子祭酒。學總丘墳，智周舒卷。始則丹山鳳戢，棲光景於瑶林；終／乃碣石鴻騫，振羽儀於璧沼。祖迴，周驃騎大將軍、開府儀同三司、涇州扶州總管、舞陰郡公。志略高奇，儀／表魁岸。任居上將，儀比中台，功烈盛於一時，聲猷播于千載。父雄，隋左禦衛大將軍、涿郡留守、長江公。材／稱柱石，威著折衝。屬隨綱不綱，四溟鯨駭，方欲盡臣節於昏主，延天禄於衰期，而運促道長，有志不遂。豈／直事光乎史録，固亦聲溢乎氓謡。公即長江公之第七子也。流祥二合，騰秀五行，挺磊落之材，苞深沉之／量。棱棱嚴氣，與霜冰而等烈；肅肅高情，共風飆而俱上。襟神俊徹，理識淹通。馳騁百家，優遊六義。瓊敷玉／藻，既紛靄於辭條；馬笛蔡琴，亦鏗鏘於文律。揺筆則鸞驚燕峙，彎弓則雁落猿吟。固以魏帳晉臺，推工惡／妙；楚尹漢將，埒美參名。炎行運否，群凶競逐，塵飛五嶽，霧塞三精。太祖武皇帝爰創霸圖，言謀王／室，建旗晉野，誓衆秦郊。隨武賁羅藝，保據燕垂，未識真主。公兄弟深達天命，勸藝歸款。于時厄運初遘，盜／賊方殷。黄龍白騎之徒，彌山跨谷；略地侵邊之寇，倏來忽往。公年始弱冠，即預驅馳，擐甲推鋒，所向無敵。／積勳至大將軍。及謳歌異適，曆數有歸。息隱太子，登貳春坊，旁求時彦，徵爲千牛備身。既而儲后虧良，自／貽伊戮，凡在僚寀，咸從左降，授匡道府校尉。貞觀八年，敕授通事舍人。尋丁太夫人憂，水漿不入於口，／有過禮制。并剪髪以爲母髢。及葬，廬于墓側，負土成墳，孺墓嬰號，柴毁骨立。皇帝屢遣中使存問，／并令旌表門閭。昔高柴泣血三年，未嘗見齒；曾参絶漿七日，殆至滅性。方斯二賢，猶加一等。貞觀十三年，／授朝散大夫，守尚輦奉御。高麗據有遼東，不肅王命。懷遠地，居要害，境接寇戎。朝廷方事經營，彌難其／選。以公文不犯順，武不違敵，敕以本官檢校懷遠鎮。公德禮既敷，權奇間出，是以革面者獸馴於素旆，／遁心者鳥駭於朱旗。十八年，文帝親御戎軒，問罪遼左，公爲馬軍總管。宏謨上略，屢簡帝心，斬馘搴旗，／獨高諸將。軍還，蒙授上柱國、汾陰縣公。廿二年，以公爲崑丘道行軍長史。龜兹王聞官軍過磧，遂拔城西／走。大總管使公領輕騎數千，星言追躡。舉懸師以深入，策疲兵而轉戰。途將千里，日逾十合，至撥换城，其／王勢蹙道窮，嬰城自守。大軍後至，竟以擒獲。在此行也，功冠諸軍。于闐憑阻荒遐，未嘗朝貢。公遂將左右／卌人，便往招慰。其王遂隨公入朝。蒙賞物五百段，轉左衛翊二府中郎將。頃之，遷左驍衛將軍。其年，授弓／月道行軍副總管。永徽四年，以兄犯罪，緣坐配交州爲百姓。顯慶五年，恩敕追還，授鴨渌道行軍副總／管。行至萊州，忽遘時疾，以龍朔元年五月十一日卒于官第，春秋六十。惟君行爲人則，孝極天經，學靡不／窺，道無不洽。加以狎池菀樂，文酒每至，朝花夜月，春麗秋明，湛文舉之罇，置當時之驛。東閤賓遊，躡珠綦／而總萃；北堂絲竹，迾綺席而長羅。巫嶺行雲，拂舞衣而容與；洛濱明月，映歌扇而徘徊。申之以章詠，間之以談謔。諒／以宗黨光輝，遠近傾慕。既而兄弟相緣，垂翼遠逝，戀主之情彌切，憂國之志逾深。屢進封表，／多蒙採納。及恩敕追還，授以偏帥。方欲立奇功於希世，以答朝恩；享榮位於餘年，重隆家祚。所懷未／遂，遽與時違，人之云亡，邦國殄瘁。是以冕旒悼惜，士友傷嗟。夫人楊氏，吏部尚書、觀國公恭仁之孫女／也。天情婉順，率性幽閑。六行聿脩，異言告於師氏；四德斯備，非受教於公宫。洎有行他族，克恭内政。逮下／無妒嫉之心，事上盡曲從之道。螽斯之祜，既被於諸姬；鳲鳩之仁，無偏於衆子。以顯慶元年十一月十五／日，薨於交州之交阯縣，春秋卌有三。粤以龍朔二年六月二日，合葬于雍州長安縣福陽鄉之高陽原。將／恐川竭谷虚，山飛海變，勒貞石於泉户，庶英風之永扇。其辭曰：／

靈源起夏，盛業開殷。銀黄照曜，纓冕紛綸。舞陰瓌傑，是曰偉人。長江忠毅，爲國虎臣。惟公載德，夙標英美。／志識弘深，牆宇高峙。事親竭力，徇義忘己。雅善六文，彌工四始。駿足高騁，逸羽曾逝。陪奉輦輿，典司禁衛。／龍庭效績，馬韓參計。爵賞綢繆，聲徽照晰。屬兹家禍，遠播閩方。沉淪壯志，悽恨他鄉。絆騏既釋，籠鳥還翔。／庶期遐舉，奄歎朝霜。猗歟淑令，蘭芬玉映。顧史爲箴，陳圖作鏡。瑟琴相合，松蘿俱盛。靈劍兩沉，神龍並泳。／卜其宅兆，言歸泉室。丹旐並引，素輀雙出。松愴秋風，雲沉落日。空餘芳篆，飛聲騰實。／

三八　戴義墓誌并蓋

唐故左屯衛將軍上柱國戴公（義）墓誌銘并序

誌高五十五釐米，寬五十五釐米。誌文二十九行，滿行三十四字。

蓋文三行，十二字。篆書陽文：大唐左屯 / 衛將軍戴 / 君墓誌銘 /。

戴義，唐龍朔元年（六六一）七月二十三日卒。年七十歲。妻孫氏，永徽三年（六五二）五月三日卒。年五十三歲。龍朔二年（六六二）六月八日合葬。

唐故左屯衛將軍上柱國戴公墓誌銘并序 /

公諱義，字士文，密州高密郡人也。其先殷湯之苗裔，微仲之後，逮於戴公，故因謚以命氏 / 焉。戴德傳經，弘曲臺之奧典；戴馮重席，闡闕里之清規。子融高視於晉朝，公休鷹揚於江 / 左。人物簪纓，丕顯弈葉。曾虔，周任鷹揚郎將。祖儻，齊任蘭州刺史。並人倫挺秀，縉紳推美。/ 或名高刺舉，或任重爪牙。公夙稟岐嶷之姿，早邁縱横之術。兵稱萬敵，弓號六鈞。百戰百 / 勝之奇，固惟懸解；七縱七擒之略，得自生知。涯岸孤竦，風儀迥照。昔隨季版蕩，天下分崩。/ 九鼎將五禮俱亡，四海與百川同沸。吴王伏威，爰自天齊，載清荆楚，跨有一方，剋成霸業。/ 公遂居心腹，爲其爪牙。戰必先登，計無遺算。以勳授車騎將軍。既而黄神啓運，/ 聖武膺期。吴王奉謁天朝，歸功王會。燕吴之勳已劭，而韓彭之錫用隆。公既隨從入 / 朝，允膺嘉命，即授茂德府别將。俄而吴王譴重，弗朝責同，引劍眇然，遺嗣没在奚官。生平 / 故人，罕聞忠烈；昔時僚舊，莫顧存亡。公義勵秋霜，誠貫白日，撫此遺孤，備嘗夷險。尋而吴 / 王罪名雪復，其子繼國承家，卒獲保全，實公是賴。於是一人重其高節，群議稱爲長 / 者。貞觀九年，除右屯衛郎將，俄遷右監門中郎。折衝軒禁，則九重式靖；禦侮端闈，則千廬 / 以肅。廿一年，除左屯衛將軍。侍椒塗而聳劍，翼欄錡而飛纓。文昌之位載輝，鈎陳之堦增 / 峻。屬三韓放命，六軍問罪。公警衛中權，屢摧兇孽。顯慶二年，以公事出除長利府折衝都 / 尉。龍朔元年，天子命玆上將，重申吊伐。公則副彼元戎，靖斯妖寇。而少海之功未 / 勒，小年之歎遽終。即以其年七月廿三日，薨於遼東軍所，春秋七十。夫人孫氏，荆州刺史 / 實之第二女也。出居孝悌之門，長自仁義之室。質含貞順，性表温柔。四德與婉嫕俱芳，六 / 行將組紃齊美。偕老之期先爽，同穴之義攸歸。春秋五十有三，以永徽三年五月三日，終 / 於私。粤以龍朔二年歲次壬戌六月己未朔八日丙寅，合葬於雍州萬年縣洪原鄉少陵 / 之原。惟公倜儻不群，英武傑立。猋勇沉毅之節，龍韜豹略之規。傳劍則千夫之長，麾戈則萬 / 人莫向。宜其播鴻勳於鍾鼎，陪告成於岱宗。此志未申，掩遺朝露。嗚呼！遼東玄菟，先凋大 / 樹之榮；關右黄壚，遂啓騰公之室。式旌幽壤，乃述銘云：/

藹藹昌緒，彌彌遥源。德符華胄，慶襲高門。鬱矣時英，挺斯貞節。生鍾道喪，早逢運缺。以此 / 奇材，輔斯人傑。載撫遺孤，成玆義烈。桓桓託迹，矯矯英圖。出整戎旅，入贊謀謨。功申禦侮，/ 威振英吴。氣淩霄漢，調逸雲衢。書勳策府，歸功象魏。榮亞通侯，名參列貴。肅肅軒陛，/ 稜稜武毅。如松之貞，如日可畏。式降天旨，問罪東夷。爰總七萃，副彼六師。扛鼎 / 拔柜，斬將搴旗。鴻勳未立，大夜遄悲。河海遼敻，鄉關超忽。詎有遊魂，空餘歸骨。蘭菊逾遠，/ 功名靡歇。泉路無春，神庭有月。/

三九　杜静弘母盧叢璧墓誌并蓋

大唐故燕國夫人盧氏（叢璧）墓誌銘并序

誌高八十七釐米，寬八十七釐米。誌文三十六行，滿行三十七字。

蓋文四行，十二字。篆書陽文：大唐故/燕國夫/人盧氏/墓誌銘/。

盧叢璧，唐麟德元年（六六四）九月八日卒。年六十三歲。麟德二年（六六五）二月一日葬。

大唐故燕國夫人盧氏墓誌銘并序/

夫人諱　，字叢璧，涿郡范陽人也。華陽啓聖，姜滏開源。懿矣太師，道光四履；偉哉霸德，功濟一匡。/克昌之烈不窮，貽慶之方靡絶。曾祖柔，魏中書監、開府儀同三司、容城伯，周内史。望實之華，風流/兩代。祖愷，隨禮部尚書、攝吏部尚書、開府儀同三司、容城侯。名器之重，標映一時。父法壽，隨博州/堂邑令、泗州司馬。高才盛德，邁古超倫。夫人資靈素魄，挺質瓊華。容止幽閑，風操恂美。祇教師氏，/率禮家風。三德之美既弘，四行之規無爽。仁順因心而至，孝友不肅而成。德冠閫闈，聲滿親族。年/十有八，歸於杜氏，即大唐滑州總管、宗貝二州刺史、上柱國、平輿郡開國公杜使君其人也。/移愛敬於舅姑，盡劬勞於夙夜。武德初元，伊洛尚梗。僞城僭號，猶多阻絶。夫人與姑各在非所，每/有珍羞，必令間道供送，自非使返，則終日忘餐。每夜未知安不，亦達旦不寐。積行累仁，皆此類也。/既而八表乂安，兩儀交泰，摛祥華渚，誕聖猗蘭。皇帝載育之辰，夫人/允光妙選，保佑之重，德範金閨；恭侍之勤，功敷椒掖。貞觀十七年，下詔曰：質性和婉，志行/明淑，早在宫掖，保養儲貳，勤勞著於夙夜，忠順彰於歲寒。宜超恒典，錫以徽命。可范陽郡三品夫/人。夫人嘗從游禁菀，方期利涉。上所御之馬忽卧水中，夫人情切於心，便透馬扶侍。/文皇嘉歎久之，謂從臣曰：乳養之恩，殆鄰顧復，盧遂透馬入水，不顧性命。是日還宫，進加品秩，賜/絹五十匹，仍别加慰喻。皇帝養德春宫，業隆三善，問安内豎，致察壽街。/文皇口敕云：我兒長在宫闈，每恒近侍卧内，未曾目睹一人，豈非用心盡節，使得然也。即賜黄金/百斤，前後賞賚優洽，不可勝紀。及皇帝涼闇在辰，六宫務切，事之進退，/皆任委焉。以供奉之勤，進位一品，餘如故。累陳寡薄，辭不敢當，上抑而不許。夫人寬以流/裕，慎而寡言，忠以事上，惠以御下。芳聲流於青史，美譽浹於彤闈。尋改授燕國夫人，爲特開廣第。/夫人悲涕固請，乞踰期月。上甚嘉重，深識忠孝之誠，臨當拜辭，賜以在儲之笏。/聖慈褒寵，今古莫儔。惟夫人恭儉自天，和柔表性，貴不在己，卑以自牧。淑質恬厚，神情婉慧。言作/女師，動爲嬪則。聲宣在室，德映言歸。及擇傅紫宫，名飛丹掖。罄師保之節，盡推導之誠。禮/高彌降，事泰逾貶。宜天享明德，膺此永年，窮臣妾之榮，盡家國之貺。楷模列闈，准的庶姬。而與善/愆期，遐年爽效。遘疾彌留，至於大漸。中使相望，名醫繼及。仍賜優敕曰：昨得書聞患，未知/今來何似。宜善將息，以解憂懸。故遣使問，坐望來報。恩旨稠疊，禮若家人。粤以麟德元年九/月八日，薨於萬年縣興寧里之第，春秋六十有三。皇情九悼，弭擇宫之盛典；/罷政三朝，洽椒庭而永慕。傷母師之長逝，歎女宗之遂往。哀榮之典，獨高時望。爰有/恩詔，留葬京師，喪事所須，並令官給。仍賜物二百段，米粟二百石，五品一人監護。即以麟德二年/歲次乙丑二月癸酉朔一日癸酉，葬於雍州萬年縣洪原鄉少陵原。子静弘，至性自天，孝思不匱。/雖清徽懿範，騰光篆册，而嫛彩蘭菉，有闕言象，敬雕貞琬，乃述銘云：/

神龍降祉，非熊兆慶。百代克昌，千古無競。鐘鼎繼美，旗常迭映。積德不窮，誕兹淑令。其一。爰伊令淑，/有馥家聲。優遊詩史，肅穆笄纓。情田婉蕙，性府温瓊。仁不假物，孝實惟誠。其二。六行無違，四德孔備。/移天作合，言主中饋。肅承君子，朝夕無墜。閫閾傳規，衿褵昭懿。其三。充選宸極，阿保/聖躬。傅導惟禮，師教盡忠。寵章已被，嘉命逾隆。在勤無斁，處貴斯沖。其四。宜其永錫，享兹多祚。清儀/忽遠，玄房奄厝。禮極哀榮，痛纏疑慕。履霜徒感，號天靡訴。其五。山開封樹，路盡車徒。郊風鎮冷，隴月/長孤。晨游瑞鹿，暮宿祥凫。青編有蠹，睟範無渝。其六。/

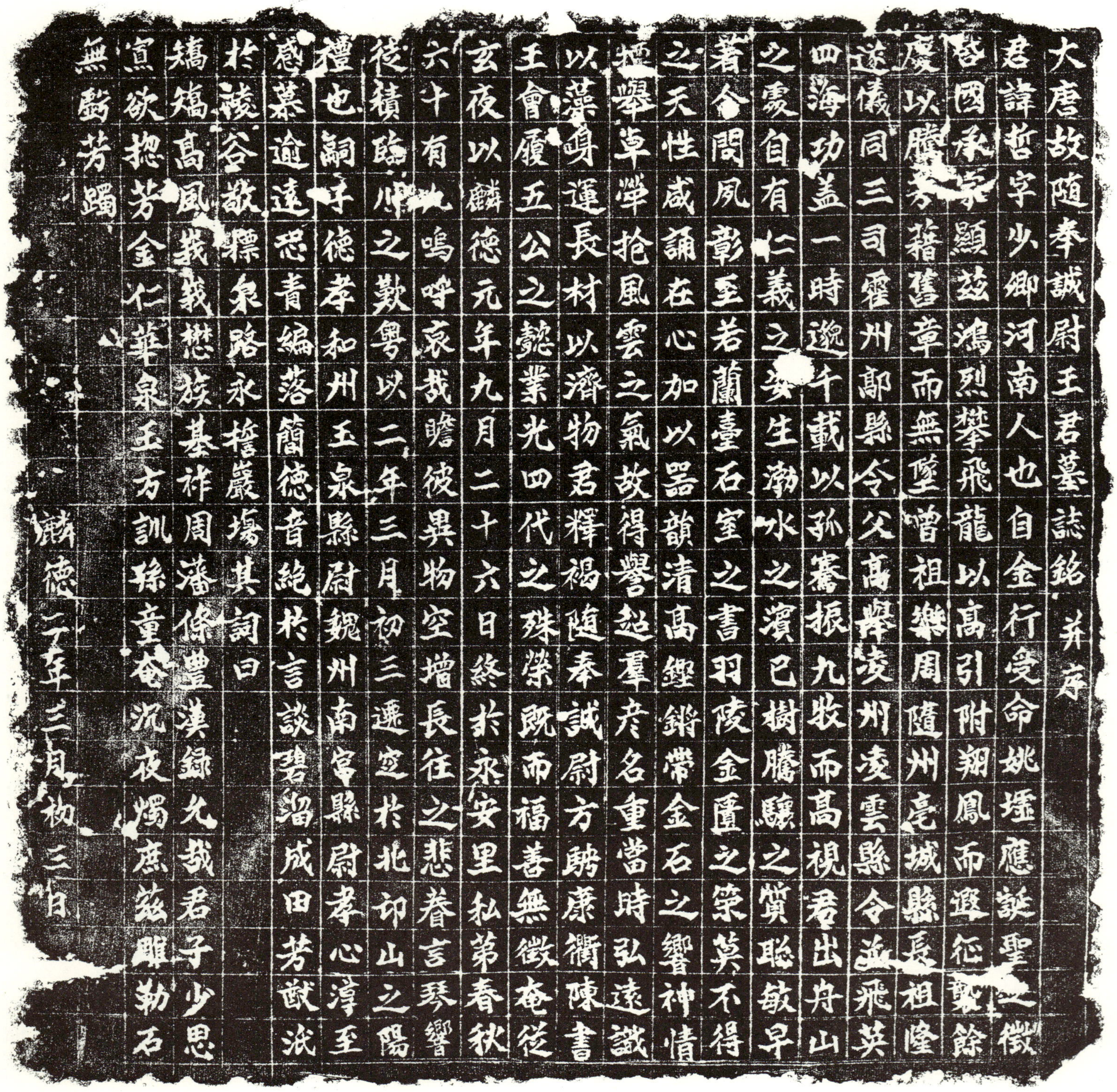

大唐故隨奉誠尉王君墓誌銘并序
君諱哲字少卿河南人也自金行受命姚墟應誕聖之徵
啓國承家顯茲鴻烈攀飛龍以高引附翔鳳而遐征載餘
慶以騰芳藉舊章而無墜曾祖樂周隨州亳城縣長祖隆
遂儀同三司霍州鄗縣令父高舉交州交雲縣令並飛英
四海功蓋一時逸千載以孫騫振九牧而高視君出舟山
之處自有仁義之安生渤水之濱已樹騰驤之質聰敏早
著令問夙彰至若蘭臺石室之書羽陵金匱之策莫不得
之天性咸誦在心加以器韻清高鏗鏘帶金石之響神情
標舉卓犖挹風雲之氣故得譽超羣彥名重當時弘遠識
以藻身運長材以濟物君釋褐隨奉誠尉方騁康衢陳書
王會履五公之懿業光四代之殊榮既而福善無徵奄從
玄夜以麟德元年九月二十六日終於永安里私第春秋
六十有九嗚呼哀哉瞻彼異物空增長往之悲眷言琴響
徒積臨川之歎粵以二年三月初三遷窆於北邙山之陽
禮也嗣子德孝和州玉泉縣尉魏州南宮縣尉孝心淳至
感慕逾遠恐青編落簡德音絕於言談碧溜成田芳猷泯
於陵谷敬標泉路永旌巖壙其詞曰
矯矯高風峩峩懋族基祚周藩條豊漢録允哉君子少思
寡欲揔芳金仁華泉玉方訓孫童奄沉夜燭庶茲雕勒石
無黯芳躅
麟德二年三月初三日

四〇　王哲墓誌

大唐故隨奉誠尉王君（哲）墓誌銘并序

誌高四十三釐米，寬四十三釐米。誌文二十二行，滿行二十二字。

王哲，唐麟德元年（六六四）九月二十六日卒。年六十九歲。麟德二年（六六五）三月三日葬。

大唐故隨奉誠尉王君墓誌銘并序 /

君諱哲，字少卿，河南人也。自金行受命，姚墟應誕聖之徵，/ 啓國承家，顯兹鴻烈。攀飛龍以高引，附翔鳳而遐征，襲餘 / 慶以騰芳，藉舊章而無墜。曾祖樂，周隨州亳城縣長。祖隆，/ 遂儀同三司、霍州鄗縣令。父高舉，凌州凌雲縣令。並飛英 / 四海，功蓋一時，邈千載以孤騫，振九牧而高視。君出舟山 / 之處，自有仁義之姿；生渤水之濱，已樹騰驤之質。聰敏早 / 著，令問夙彰。至若蘭臺石室之書，羽陵金匱之策，莫不得 / 之天性，咸誦在心。加以器韻清高，鏗鏘帶金石之響；神情 / 標舉，卓犖搶風雲之氣。故得譽超群彦，名重當時。弘遠識 / 以藻身，運長材以濟物。君釋褐隨奉誠尉，方騁康衢，陳書 / 王會，履五公之懿業，光四代之殊榮。既而福善無徵，奄從 / 玄夜。以麟德元年九月二十六日，終於永安里私第，春秋 / 六十有九。嗚呼哀哉！瞻彼異物，空增長往之悲；眷言琴響，/ 徒積臨川之歎。粤以二年三月初三，遷窆於北邙山之陽，/ 禮也。嗣子德孝，和州玉泉縣尉、魏州南宫縣尉，孝心淳至，/ 感慕逾遠。恐青編落簡，德音絶於言談；碧溜成田，芳猷泯 / 於陵谷。敬標泉路，永誓巖場。其詞曰：/

矯矯高風，峨峨懋族。基祚周藩，條豐漢録。允哉君子，少思 / 寡欲。總芳金仁華泉玉。方訓孫童，奄沉夜燭。庶兹雕勒石，/ 無虧芳躅。/

麟德二年三月初三日。/

四一　契苾拔延墓誌并蓋

大唐故右戎衛郎將契苾君（拔延）墓誌銘

誌高五十九釐米，寬五十九釐米。誌文二十三行，滿行二十三字。

蓋文三行，九字。篆書陽文：大唐故 / 亡契苾 / 君誌銘 /。

契苾拔延，唐乾封元年（六六六）五月十一日卒。年四十六歲。同年五月二十六日葬。

大唐故右戎衛郎將契苾君墓誌銘 /

君諱拔延，天山人也。其先夏禹之苗裔。自淳維號君，頭曼建 / 國，歷代綿遠，翼戴無虧。咸能聲震遐裔，名著沙漠，與六角而 / 俱尊，將三姓而同貴。整萬騎於朔野，候九秋而曜兵，賞巵酒 / 於當時，資虜獲於家産。決訟方於須卜，婚媾類於丘林，擅名 / 族於居胥，挺酋豪於姑衍。祖厶官，父厶官。並金吾播氣，涿耶 / 降神，秀發龜林，名馳鹿塞。渠帥推其雄健，部落感其仁恩，與 / 尸逐而同榮，將骨都而共顯。君不虧□構，能嗣家風，膽略有 / 聞，勇決標稱。弓彎明月，矢落玄鵰，馬駛雲浮，劍揮蓮動。遂被 / 驅策，委以當官，惠澤布於種類，趫材聞於鄰國。以 / 大唐千齡之聖，屬胡運百年之窮，見機而作，解辨請吏。以龍 / 朔三年五月十五日，蒙授右戎衛郎將。躬奉赤墀，心布丹款，/ 匪懈朝夕，昭著忠勤。但四時卒歲，百川恒閱，徒沃一生，未聞 / 三壽。春秋卌有六，以乾封元年五月十一日，卒於私第。嗚呼 / 哀哉！即以其月廿六日，葬於雍州咸陽縣之原，禮也。恐年移 / 陵谷，海變桑田，勒石泉扃，用傳不朽。其銘曰：/

兜鍪立號，都斤是居。既相君長，亦有酋渠。刻木成契，結繩代 / 書。頻侵要服，屢動兵車。伊祖及父，宦成名立。當户遽傳，且渠 / 更襲。蹛林嘗校，祠庭幾集。種落懷仁，能官代及。隨歷有終，/ 唐命唯始。旅拒戎狄，陸梁邊鄙。欽明後夭，大雪前恥。携國歸 / 化，削衽請仕。乾澤廣覃，君縻好爵。典斯兵衛，申其明 / 略。人慕華風，家存儉約。俄逢二豎，徒思五藥。驚波不息，飄曦 / 忽往。未答恩榮，奄歸泉壤。雲愁壟暗，風悲松響。雍野成墳。/

四二　魏基妻王淑墓誌并蓋

大唐故果州朗池縣令魏君（基）王夫人（淑）墓誌銘并序

誌高五十九釐米，寬五十九釐米。誌文二十五行，滿行二十五字。

蓋文三行，九字。篆書陽文：魏君王／夫人墓／誌之銘／。

王淑，唐麟德二年（六六五）七月二十七日卒。年八十二歲。乾封元年（六六六）十一月十日合葬。

大唐故果州朗池縣令魏君王夫人墓誌銘并序 /

夫人諱淑，太原人也。爾其鳴鳳九洛，掩珠澤以疏源；飛凫五庭，竦 / 瓊基而構趾。家聲國史，藹油素以騰華；翼子謀孫，茂重玄而擅美。/ 曾祖感，齊高陽郡法曹，除利州綿谷縣令。丞相之子，道懋傳經；王 / 公之孫，望高倒屣。兩河分務，聲華鳴鶴；二江製錦，譽表馴鴿。祖弁，/ 隨勝州功曹，除鴻臚寺司儀署令。龍文騁逸，鳳羽摛姿。隤然可侵，/ 肅爾難狎。開榮七葉，列佐六條。獨秀松貞，曾徽棘寺。父相，隨商州 / 上洛縣令、梓州永泰縣令。情峰萬仞，性岸千尋。無點白珪之言，不 / 易黄鏐之諾。銅章絢彩，遥光金馬之巖；墨綬馳暉，近映玉雞之浦。/ 班門多藝，惠昭煽其芳風；蔡氏高才，文姬洽其餘祉。夫人芝田擢 / 彩，藍野開珍。挺三秀以揚蕤，標九色而流潤。树花緝頌，竦瑶慮於 / 文場；柳絮飛文，動瓊韻於詞圃。言循閫則，舉習閨儀。年十有八，歸 / 於魏氏。陰陞陽謝，道洽乘龍；綵瑟綺琴，興深維鵠。既而鶲林半落，/ 龍鍔孤沉，廣被陳規，圖隣表訓。韋珠吐耀，終承斷織之恩；潘璧開 / 歡，屢奉長筵之慶。方忻静樹，遽積傳薪之悲；行薦冰魚，竟軫閲川 / 之恨。以麟德二年七月廿七日，終於東都仁風里第，春秋八十有 / 二。嗚呼哀哉！粤以乾封元年十一月十日，合葬於邙山之陽，禮也。/ 子仁礭等，履霜結欷，驚電纏哀，撫丹隧以增悲，對玄扃而灑血。志 / 松帳而彫琰，庶蘭芳之不絶。其銘曰：/

王子靈胄，公孫鼎族。代表相門，家傳侯服。飄纓曳組，擁旄驅轂。玉 / 葉桂薰，瓊葩蘭郁。載誕柔令，體兹閑淑。詩禮是敦，言容允穆。其一。亦 / 云歸止，清徽可詠。道備外成，業宣内政。顧史自牧，披圖取鏡。約以 / 持身，順而成性。紱珮具美，松蘿增映。孟被凝規，韋珠演慶。其二。歲駕 / 云殆，日御不留。始悲銜索，終歎藏舟。冥冥厚夜，杳杳祕丘。透遲□ / 柳，蕭瑟行楸。勒芳巖隧，永晰泉幽。其三。/

君諱才字欽泰天水人也其先因官河南遂居于鄭瑞羽流赫祚
蒼精而啓冑祥鱗躍素錫黄鳥以跡源踐文武之資基履成康之
胤裔分珪命邑因封著氏斯固述矣前猷可粗陳其近葉曾祖祗
魏上洛郡守祖珎隨蒲州長史考禮皇朝華陰令並比景瑶林[illegible]
植玉樹衣錦千里茂躅交暉製錦一同清高獨映而君稟仙華
以降神孤標千仞包德水而成量長波万里航九流而騰學海綜
六義而陟詞峯騫白鳳於書林綴碧雞於辯囿[illegible]年每[illegible]寔兼文
武之姿炎季黄初式奮翹雄之略於陝[illegible]接秦王家授大都督既
而白波澄浸黑山銷沴弓旌攸被異得其人釋褐宣議郎除通州
司法參軍持雨造於丹青秉三德於脂粉表陳易俗望微移風導
齊眡品鬢君是賴又屬顯慶元年　恩覃列職加授騎都尉從班
慶也洎乎年甫加命清徽獨舉抱籍老莊孏逸嵇阮怡然無悶推
高當代而揮金之樂未幾埋玉之痛遽嬰春秋六十有八龍朔元
年正月二日卒於家第嗚呼哀哉夫人常氏霜月騰照冰壺湛清
蘭態凝芳蕙心流馥然而風枝難靜日薺易凋春秋六十有三麟
德二年二月五日終於內寢粤以大唐上元三年歲次景子二月
己巳朔四日壬申合葬於栢谷原禮也胤子巴州大年尉寶賢等
雙珠疊照兩玉均明存養隆於五鼓歿泣盡於三齡素[illegible]長[illegible]丹
旐空縈霧繞揚白煙瞑松青一列貞琬万古飛聲其詞曰
疏源若擢引派宗周奐呈多[illegible]龍表禎休分珪命氏封爵啓疇代
光帝籙歷贊皇猷顯允　君子牆宇崇峻芝馥桂貞金箱玉
振橫海縱鱗騰天登韻志流万里詞峯千仞黄靈啓暉赴義從順
道爲時須贊刑南服取誠陳金遺疑陶玉既解天秩聿辭代祿淡
矣無爲蕭然自足俄逝鳳湍遽頹龍景煙松易密風楊難靜金石
載傳微猷自永

四三　閻才墓誌并蓋

誌高四十二釐米，寬四十二釐米。誌文二十五行，滿行二十五字。

蓋文三行，十二字。篆書陽文：大唐故通 / 州司法 / 閻君墓誌銘 /。

閻才，唐龍朔元年（六六一）正月二日卒。年六十八歲。妻常氏，麟德二年（六六五）二月五日卒。年六十三歲。上元三年（六七六）二月四日合葬。

君諱才，字欽泰，天水人也。其先因宦河南，遂居乎虢。瑞羽流禎，祚/蒼精而啓胄；祥鱗躍素，錫黄鳥以疏源。踐文武之資基，履成康之/胤裔，分珪命邑，因封著氏，斯固逖矣前猷，可粗陳其近葉。曾祖昶，/魏上洛郡守。祖珍，隨蒲州長史。考禮，皇朝華陰令。並比景瑶林，疏/楨玉樹，衣錦千里，茂躅交暉，製錦一同，清高獨映，而君稟仙華/以降神，孤標千仞；包德水而成量，長波萬里。航九流而騰學海，綜/六義而陟詞峰，騫白鳳於書林，縱碧雞於辯囿。觹年弁序，寔兼文/武之姿；炎季黄初，式奮翹雄之略。於陜應接秦王，蒙授大都督。既/而白波澄浸，黑山銷沴，弓旌攸被，異得其人。釋褐宣議郎，除通州/司法參軍。持兩造於丹青，秉三德於脂粉，夷陬易俗，蠻傲移風，導/齊甿品，緊君是賴。又屬顯慶元年，恩覃列職，加授騎都尉，從班/慶也。洎乎年甫知命，清徽獨舉，枕藉老、莊，嘯逸嵇、阮，怡然無悶，推/高當代。而揮金之樂未幾，埋玉之痛遽嬰。春秋六十有八，龍朔元/年正月二日卒於家第，嗚呼哀哉！夫人常氏，霜月騰照，冰壺湛清，/蘭態凝芬，蕙心流馥。然而風枝難静，日薤易凋。春秋六十有三，麟/德二年二月五日，終於内寢。粤以大唐上元三年歲次景子二月/己巳朔四日壬申，合葬於柏谷原，禮也。胤子巴州大牟尉寶賢等，/雙珠疊照，兩玉均明，存養隆於五起，歿泣盡於三齡。素蓋虚轉，丹/旐空縈，霧曉楊白，煙暝松青，一刊貞琬，萬古飛聲。其詞曰：/

疏源右稷，引流宗周。魚呈多慶，龍表禎休。分珪命氏，封爵啓疇。代/光帝籙，歷贊皇猷。顯允君子，牆宇崇峻。芝馥桂貞，金箱玉/振。横海縱鱗，騰天警韻。志流萬里，詞峰千仞。黄靈啓暉，赴義從順。/道爲時須，贊刑南服。取誡陳金，遺疑陶玉。既解天改，聿辭代禄。淡/矣無爲，蕭然自足。俄逝鳳湍，遽頹龍景。煙松易密，風楊難静。金石/載傳，徽猷自永。/

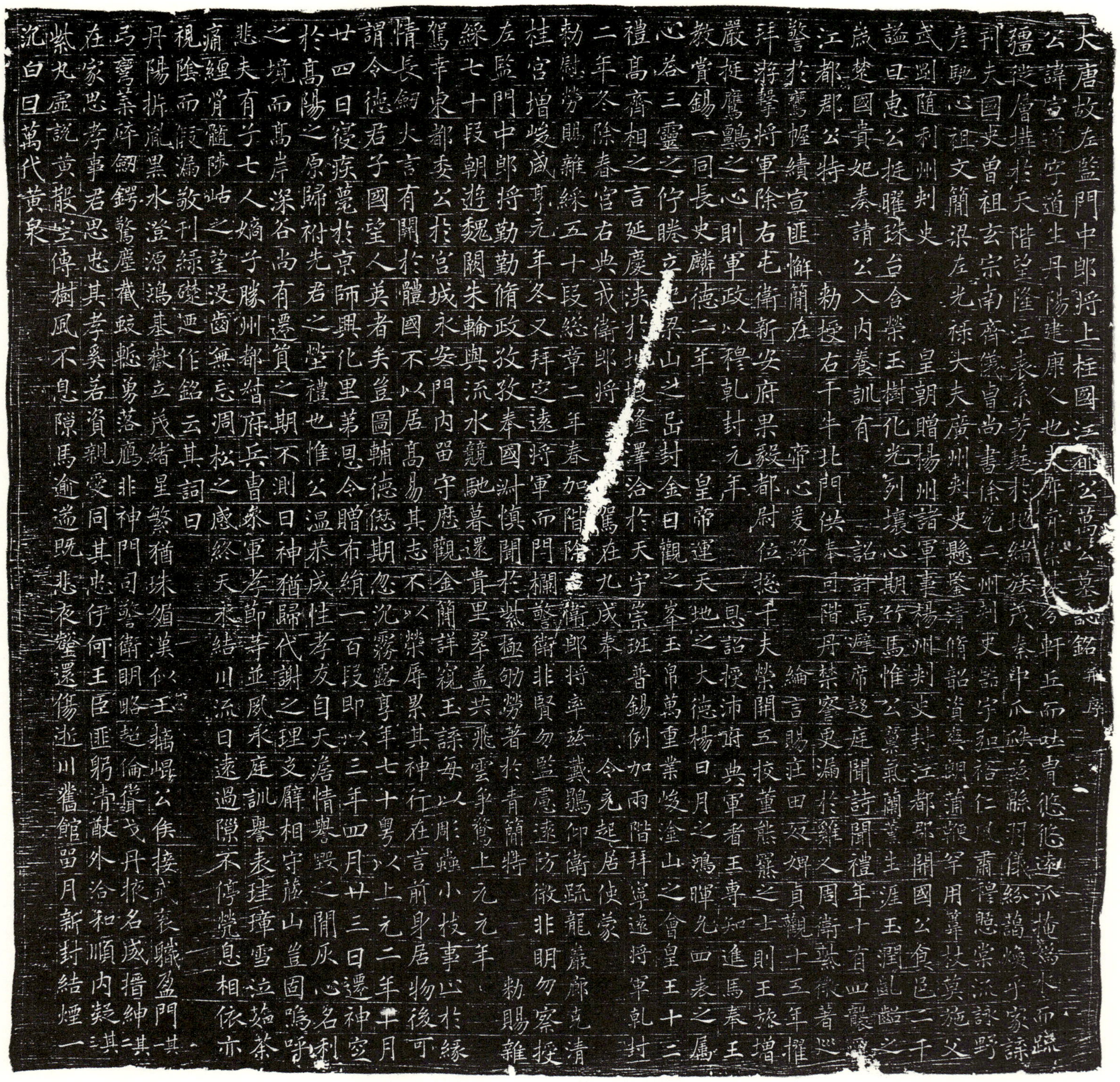

四四　萬宣道墓誌

大唐故左監門中郎將上柱國江都公萬公（宣道）墓誌銘并序

誌高六十五釐米，寬六十五釐米。誌文三十四行，滿行三十三字。

萬宣道，唐上元二年（六七五）十月二十四日卒。年七十歲。上元三年（六七六）四月二十三日葬。

大唐故左監門中郎將上柱國江都公萬公墓誌銘并序/

公諱宣道，字道生，丹陽建康人也。夫弈弈崇基，分軒丘而吐胄；悠悠遠派，掩嬀水而疏/疆。徙層構於天階，望隆江表；系芳蕤於地緒，族茂秦中。瓜瓞兹綿，羽儀紛藹。焕乎家諜，/刊夫國史。曾祖玄宗，南齊儀曹尚書、徐兗二州刺史，器宇弘裕，仁風肅穆，憩棠流詠，野/彦馳心。祖文簡，梁左光禄大夫、廣州刺史，懸鑒清脩，韶資爽朗，蒲鞭罕用，葦杖莫施。父/武剛，隨利州刺史，皇朝贈揚州諸軍事、揚州刺史，封江都郡開國公，食邑二千，/謚曰惠。公挺曜珠台，含榮玉樹，化光列壤，心期竹馬。惟公禀氣蘭薰，生涯玉潤。齓齠之/歲，楚國貴妃奏請公入内養訓，有詔許焉。避席趍庭，聞詩聞禮。年十有四，襲爵/江都郡公，特敕授右千牛北門供奉。司階丹禁，察更漏於雞人；周衛紫微，著巡/警於鸞幄。績宣匪懈，簡在帝心。爰降綸言，賜莊田、奴婢。貞觀十五年，擢/拜游擊將軍，除右屯衛新安府果毅都尉。位總千夫，榮開五校。董熊羆之士，則王旅增/嚴；挺鷹鸇之心，則軍政以穆。乾封元年，恩詔授沛府典軍者，王專知進馬，奉王/教，賞錫一同長史。麟德二年，皇帝運天地之大德，揚日月之鴻暉，允四表之屬/心，答三靈之佇睠，立祀梁山之岊，封金日觀之峯。玉帛萬重，業峻塗山之會；皇王十二，/禮高齊相之言。延慶浹於地垠，隆澤洽於天宇。崇班普錫，例加兩階，拜寧遠將軍。乾封/二年冬，除春宮右典戎衛郎將。駕在九成，奉令充起居使，蒙/敕慰勞，賜雜綵五十段。總章二年春，加階除右衛郎將。率兹戴鶡，仰衛疏龍。巖廊克清，/桂宫增峻。咸亨元年冬，又拜定遠將軍。而門欄警衛，非賢勿監；慮遠防微，非明勿察。授/左監門中郎將。勤勤脩政，孜孜奉國。淑慎聞於紫極，劬勞著於青簡。特敕賜雜/綵七十段。朝遊魏闕，朱輪與流水競馳；暮還貴里，翠蓋共飛雲爭騖。上元元年，/駕幸東都，委公於宫城永安門内留守。歷觀金簡，詳窺玉諜。每以彫蟲小技，事止於緣/情；長劍大言，有關於體國。不以居高易其志，不以榮辱累其神。行在言前，身居物後。可/謂令德君子、國望人英者矣。豈圖輔德愆期，忽沉霧露。享年七十，粤以上元二年十月/廿四日寢疾，薨於京師興化里第。恩令贈布絹一百段。即以三年四月廿三日遷神，窆/於高陽之原，歸祔先君之塋，禮也。惟公温恭成性，孝友自天，澹情譽毁之閒，灰心名利/之境。而高岸深谷，尚有遷貿之期；不測曰神，猶歸代謝之理。交臂相守，藏山豈固。嗚呼，/悲夫！有子七人，嫡子滕州都督府兵曹參軍孝節等，並夙承庭訓，譽表珪璋，雪泣茹荼，/痛纏骨髓。陟岵之望，没齒無忘；凋松之感，終天永結。川流日遠，過隙不停。煢息相依，亦/視陰而假漏。敬刊緑礎，迺作銘云。其詞曰：/

丹陽析胤，黑水澄源。鴻基嶽立，茂緒星繁。猶珠媚漢，似玉摛崐。公侯接武，衮職盈門。其一。/弓彎葉碎，劍鍔驚塵。截蛟慙勇，落雁非神。門司警衛，明略超倫。聳戈丹掖，名威搢紳。其二。/在家思孝，事君思忠。其孝奚若，資親愛同。其忠伊何，王臣匪躬。清猷外洽，和順内凝。其三。/紫丸虚説，黄散空傳。樹風不息，隙馬逾遄。既悲夜壑，還傷逝川。舊館留月，新封結煙。一/沉白日，萬代黄泉。/

四五　薛寶積墓誌并蓋

大唐故揚州大都督長史上柱國臨汾縣開國侯薛公（寶積）墓誌銘并序

誌高五十三釐米，寬五十三釐米。誌文四十二行，滿行四十二字。

蓋文五行，二十五字：大唐故揚州/大都督府長/史上柱國臨/汾縣開國侯/薛公墓誌銘/。

薛寶積，唐上元二年（六七五）十二月五日卒。年七十六歲。妻趙氏。上元三年（六七六）十月二十六日合葬。

大唐故揚州大都督府長史上柱國臨汾縣開國侯薛公墓誌銘并序 /

公諱寶積，字寶積，河東汾陰人也。貝闕南浮，龍門西闢，神光天燭，鼎氣雲湧，地栖靈異，人多秀傑。大夫抗節，對 / 樓船而免冠；馮翊直道，檄貪殘而解印。詳諸惇史，可略言焉。曾祖馥之，周車騎大將軍、儀同三司、南荆汾晉建 / 四州刺史、平陽康伯。竇將軍勳高勒石，杜鎮南功壯沉碑，乾樞則位列中台，地理則寄深靈嶽。祖道實，隨合洋 / 扶楚豫五州刺史、離石會寧龍川三郡太守、尚書禮部侍郎、臨汾公。聲高露冕，千里偃其仁風；道峻天臺，八座 / 警其儀表。父德儒，隨襄城郡司户書佐、尚書儀曹郎，襲臨汾公。懷香畫省，名芳侍史之鑪；敷衽星階，彩光仁壽 / 之鏡。豈止黄童得無雙之目；田鳳標題柱之榮哉。豐下貽祥，終有後於東魯；高門錫祉，竟蟬聯於西漢。公神凝 / □氣，道應亨衢，嗣祖德於雲軒，振家聲於渠閣。文而無害，學以入官，儼成規矩，鬱爲楨幹。起家除襄州參軍。尋 / 遷右屯衛兵曹參軍。揚暨碣石，奮翼天池，杖照斗之雄姿，韞連城之重價。未幾，參西道行軍事。祕策煙馳，瓌詞 / 雨散。鳴弦洞札，葉穿儀鳳之條；駐驛飛書，花落龍騰之翰。以功授上騎都尉。貞觀初，授魏州貴鄉令。弦韋載警，/ 自得循良之中；哥琴且奏，即歸和易之心。擢授蘭州都督府司馬。尋以才授太常丞。翊殊事於袟宗，贊同和於 / 典樂。金聲玉色，則王道以成文；蟠地極天，隣太始而成物。又除交州都督府長史、靈州都督府長史。歷贊蕃政，/ 累劭聲華，楊曲翳以馳徽，執直道而康務。又充仙崿道行軍長史。參玉帳之英謀，轉朱旗以雄視，龍翰偃其餘 / 勇，亭障以之無虞。以功授上柱國、臨汾侯，食邑四百户。尋除岐州司馬。密邇京室，地稱右輔，弼諧庶政，功簡 / 帝俞。擢爲嶺南道巡察使者。登車攬轡，指絶儌以長驅；三江五嶺，望高旌而息訟。特紆皇眷，乃授濟州刺史。/ 尋轉齊州刺史。津泀梁而會魯，岠石門以盟鄭，地居古國，境跨全齊，人實殷阜，吏多貪猾，公控理有方，循猛兼濟，推誠接下，直己繩違，範之以惠和，飾之以禮樂，德如毛而剋舉，鑒無微而不照，吏畏人愛，化靡風行。每至八 / 蜡報功，三農告始，單車入傳，隻馬行春，野祭黄冠，親加勸勉，幽貞素履，必存獎進。劉寵之休交樾，不欲勞人；邵 / 伯之舍甘棠，期之聽訟而已。乃授潤州刺史。神鄉舊趾，建業餘垌。南通禹穴，波潮之所沃蕩；西接茅山，煙雲之 / 所迴薄。丹帷始闢，絳節初臨，道不拾遺，門無夜閉。豈止朱博高明，停軒決訟；胡威勵儉，掛牀歸袂。尋轉揚州大 / 都督府長史。淮海惟揚，江山重鎮，周邵分二南之化，重黎居四嶽之尊。或帝子降車，終無就國；王卿入宰，徒有 / 先封。雖位居貳政，而寄深連率，諸侯受命於會同，牧伯承風而歸長。既而九州都會，萬商攸集，動輕軒而水鶩，/ 會浮舸以雲飛。公未及下車，盤錯資其利器；爰初按部，趫悍由其變俗。而棐諶莫驗，景命不融。日下長安，方申 / 朝覲之禮；天上京兆，忽有徵辟之期。以上元二年十二月五日，遘疾薨於揚州官舍，春秋七十六。悲深海甸，歎 / 動朝倫。望邗江之潺湲，翻驚閱水；顧鐘巖之盤鬱，空恨頹山。惟公孝友淳深，抑揚風俗，嘉聲善政，標映今古。漢 / 制六條，公實循良之最；周官三德，公爲孝悌之首。獎進流品，弘長名教。遊其道者，虚往而實歸；入其門者，不言 / 而自化。節内而簡外，約己而厚物，幹袟所資，散之親友，平生服用，甘於菲薄。至於天倫篤睦，搢紳歸美，星光夜□，/ 聯彩二難；虹色朝浮，交輝兩玉。故得庭森杞梓，室滿芝蘭，人標水鏡之目，家成冠蓋之里。夫人天水趙氏，國 / 子祭酒弘智之女。柔儀早映，貞婉夙彰，友琴瑟於君子，表虔恭於中饋。未極乘龍之好，先悲朝雉之聲。粵以大 / 唐上元三年歲次景子十月乙未朔廿六日庚申，改遷同窆於桑泉縣平原鄉之原，禮也。遺音如在，隴樹行秋，/ □蓋倏旋，寒郊遂古。嗣子待詔等，攀松永思，對霜□□□魂；茹蓼長號，仰寒泉而瀝血。文房昔陪下列，早霑榮 / □。徘徊恩貸，未盡投金之禮；淒涼館宇，空餘埋玉之□。□□清徽，同伯喈之無媿；而含豪搦札，異安道之鴻 / 玉。春申之孤城空在，孟嘗之曲池已□，青烏啓繇，白鶴□□，□□晦而愁雲結，松檟吟而悲風驚，式刊翠琰，用 / □芳聲。其詞曰：/

佐命惟商，長發其祥。紛□方册，昭晰旅常。高門有閲，景福無疆。□□□□，是曰龍光。其一。顯允康伯，雄圖倜儻。玄 / 武中台，文昌上將。臨汾載德，人倫□□。五禮聿修，六條遐□。□□□□，雅質玉温。玄成相子，德祖公孫。含香 / 粉塗，伏奏金門。爲仁由己，天爵□□。其二。誕兹上哲，代濟其□。□□□□，□□千里。壯思風警，雕談霞起。懷道如 / 晦，揚清若水。其四。自家形國，德與言□。□□金匱，施令銅章。□□□□，□□□翔。弦驚塞雁，化洽晨羊。其五。遊刃高 / 識，佩刀從政。道贊班條，功毗軍令。□□□静，訏謨定命。邦國□□，□□□□ 。其六。分珪表海，按節營丘。未驂電鶩，/ 皂蓋雲浮。心明舉燭，體運虚舟。仁風□□，車驛隨輈。其七。□□□□，□□奥境。南望姑蘇，西瞻鄢郢。弘斯簡約，載 / 其清静。富教攸敷，攘邪斯屏。其八。彼食□□，□□□□。□□□□，□□無祈。婉彼淑令，作範中闈。桂輪先掩，蒿隧 / 同歸。其九。濟濟門英，哀哀霜露。卜云其□，是□□□。□□□□□□□，風□松起愁霧。庶遺芬之不歇，勒沉礎於泉路。其十。/

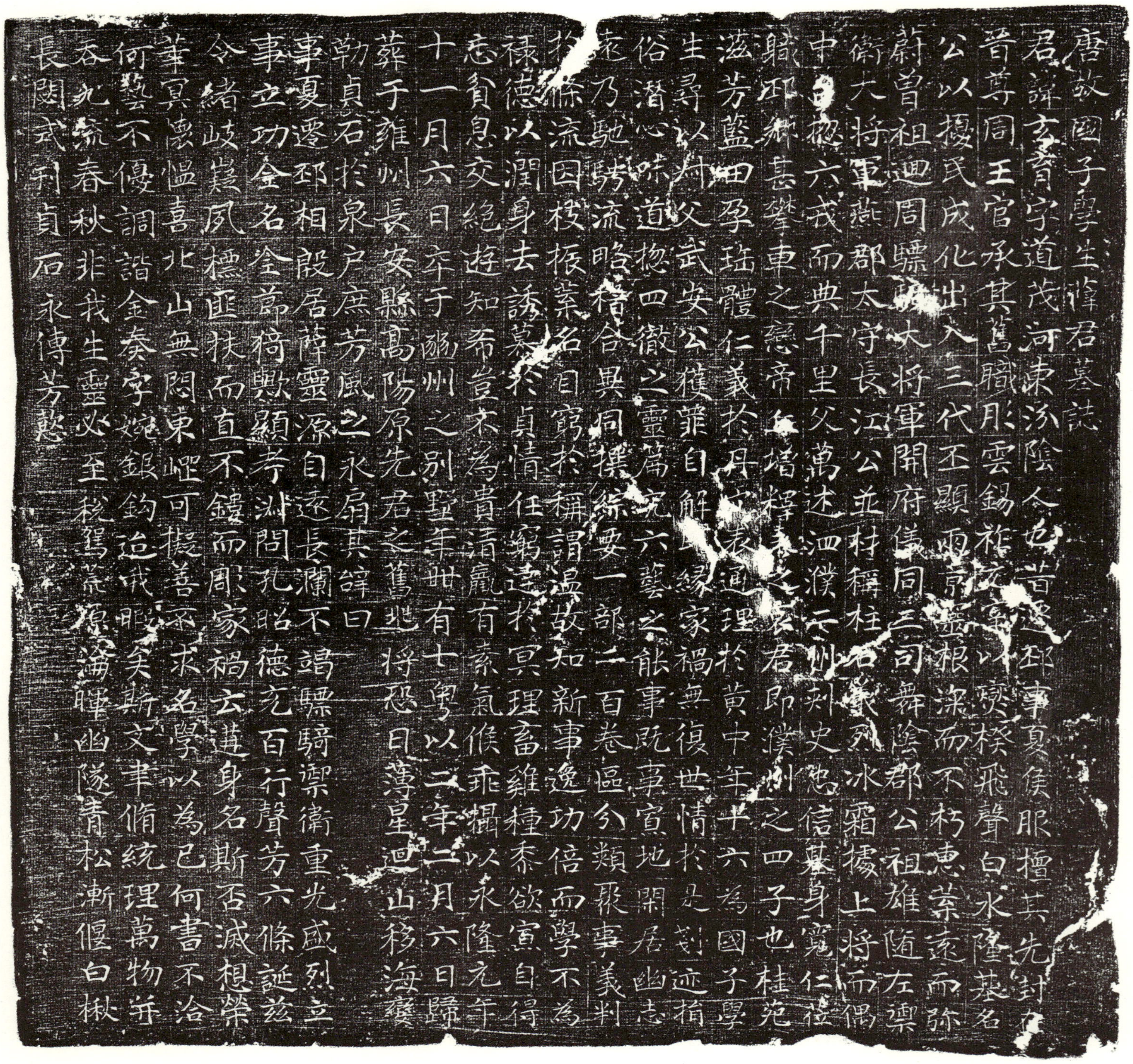

四六　薛玄育墓誌

唐故國子學生薛君（玄育）墓誌

誌高四十五釐米，寬四十五釐米。誌文二十五行，滿行二十五字。

薛玄育，唐永隆元年（六八〇）十一月六日卒。年四十七歲。永隆二年（六八一）二月六日葬。

唐故國子學生薛君墓誌 /

君諱玄育，字道茂，河東汾陰人也。昔遷邳事夏，侯服擅其先封；在 / 晉尊周，王官承其舊職。彤雲錫祚，元宰以燮楑飛聲；白水隆基，名 / 公以擾民成化。出入三代，丕顯兩京。靈根深而不朽，惠葉遠而彌 / 蔚。曾祖迴，周驃騎大將軍、開府儀同三司、舞陰郡公。祖雄，隨左禦 / 衛大將軍、燕郡太守、長江公。並材稱柱石，義烈冰霜，據上將而偶 / 中台，總六戎而典千里。父萬述，泗濮二州刺史，忠信基身，寬仁莅 / 職。邳鄉甚攀車之戀，帝丘增釋來之哀。君即濮州之四子也。桂苑 / 滋芳，藍田孕寶，體仁義於丹穴，表通理於黄中。年十六，爲國子學 / 生。尋以叔父武安公獲罪自解，即緣家禍，無復世情。於是剗迹指 / 俗，潛心味道。總四徹之靈篇，究六藝之能事。既事寡地閑，居幽志 / 遠，乃馳騁流略，稽合異同，撰《綜要》一部二百卷。區分類聚，事義判 / 於條流；因枝振葉，名目窮於稱謂。温故知新，事逸功倍。而學不爲 / 禄，德以潤身，去誘慕於貞情，任窮達於冥理。畜雞種黍，欲寡自得，/ 忘貧息交，絶遊知希，豈不爲貴，清羸有素。氣候乖攝，以永隆元年 / 十一月六日，卒于豳州之别墅，年卌有七。粤以二年二月六日，歸 / 葬于雍州長安縣高陽原先君之舊兆。將恐日薄星迴，山移海變，/ 勒貞石於泉户，庶芳風之永扇。其辭曰：/

事夏遷邳，相殷居薛。靈源自遠，長瀾不竭。驃騎禦衛，重光盛烈。立 / 事立功，全名全節。猗歟顯孝，淑問孔昭。德充百行，聲芳六條。誕兹 / 令緒，岐嶷夙標。匪扶而直，不鏤而彫。家禍云遘，身名斯否。滅想榮 / 華，冥懷愠喜。北山無悶，東嶇可擬。善不求名，學以爲已。何書不洽，/ 何藝不優。調諧金奏，字婉銀鈎。迨我暇矣，斯文聿脩。統理萬物，并 / 吞九流。春秋非我，生靈必至。税駕荒原，淪暉幽隧。青松漸偃，白楸 / 長閟。式刊貞石，永傳芳懿。/

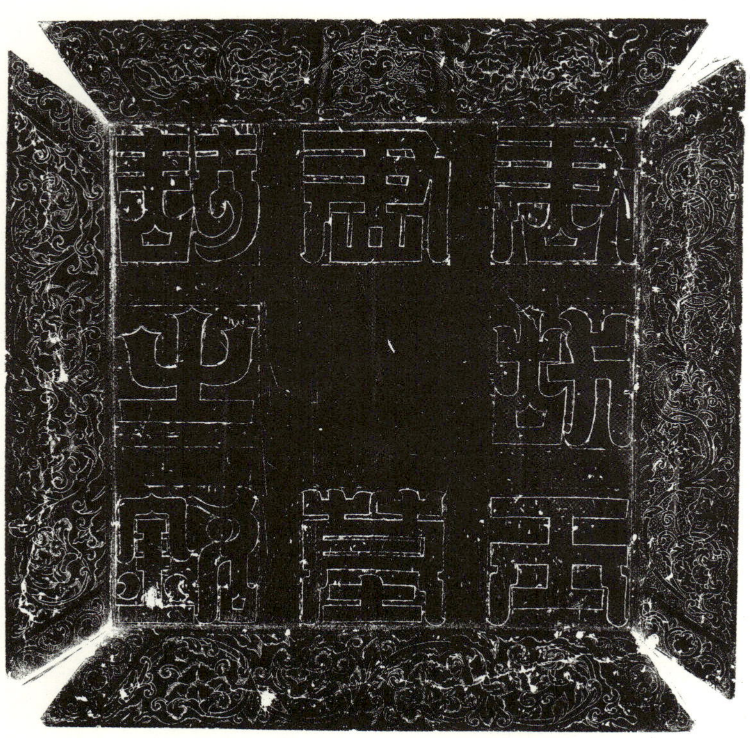

四七　王鴻儒墓誌并蓋

唐故韓王府隊正王君（鴻儒）墓誌之銘并序

誌高七十六釐米，寬七十六釐米。誌文二十六行，滿行二十六字。

蓋文三行，八字。篆書雙鉤：唐故王 / 君墓 / 誌之銘 /。

王鴻儒，唐永淳元年（六八二）八月十六日卒。年七十四歲。同年十月十四日葬。

唐故韓王府隊正王君墓誌之銘并序 /

君諱鴻儒，字大師，大原祁人也。自縉雲命氏，竦靈構於軒臺，緱嶺遊 / 神，創僊基於洛澨。陵即功参定楚，列高祖之山河；導乃德濟浮江，康 / 中興之社稷。故得括囊人物，鈐鍵士流，海内許其英賢，天下仰其軒 / 冕。曾祖達，齊代州司馬。仁風遠洽，惠化傍流，纂令問於休徵，繼芳 / 猷於仲舉。祖榮，隋潞州司功参軍。父表，皇朝騎都尉、朝散 / 大夫。謙恭植性，勇毅居心，索金匱以知微，探玉鈐而識妙。雄聲劍氣，/ 上擁星雷；健筆遒文，遠諧金石。故得榮班皂服，毗善政於三千；影庇 / 黄旗，翼神謀於七略。君庭蘭早茂，苑桂夙貞，慕闕里之尚仁，遵厲鄉 / 之貴弱。周少嚴之純粹，獨藴天然；衛叔寶之風流，高荷性與。屬以英 / 王作牧，妙選賢才。君以良家，爰參帳内。俄而除韓王府隊正。朝陪帝 / 子，幾密勿於梁臺；夕謁天人，屢便繁於魯殿。既而星階未踐，人爵仍 / 屯，恥屈己於公侯，羞俛眉於郡府。遂乃忘懷物外，築室巖阿，林壑清 / 而風月虚，塵俗去而煙霞在，横琴對酒，自冶性靈，披薜哥芝，足陶仁 / 智。豈謂涉洹起疊，夢井珽妖，人代未終，生涯忽盡。以永淳元年八月 / 十六日，卒於私第，春秋七十四。即以其年歲次壬午十月庚申十四 / 日癸酉，葬於州城東五里之平原，禮也。嗟乎！九原寂寂，望青隴以增 / 悲；駟馬行行，俯黄泉而結恨。嗣子思質等，痛深瘡巨，情切蓼莪，嗟芻 / 訓之靡期，歎陟岵之無逮。恐其陵谷遷貿，日月居諸，敢勒泉扃，用彰 / 徽列。其詞：

伊唐建國，爰官后稷。姬周誕靈，僊駕騰聲。/ 翦觀兵於楚服，導全忠於晉庭。人物萬古，軒冕千齡。其一。/ 於穆司馬，題輿表袟。屏車一簪，町哥載術。或佐銅符，或参戎律。文武 / 不墜，英才間出。其二。爰誕異人，寔光隊正。早陪竹苑，晚歸荒徑。風月寓 / 懷，琴樽養性。雖曰迷邦，終成達命。其三。/ 藏舟難固，賦命易遷。擔山委仞，隱宿淪躔。滕驂曙警，楚挽晨牽。塵昏 / 昏而慘路，雲翳翳以愁天。其四。/

四八　蕭沉墓誌

大唐故朝請大夫太子洗馬行渝州長史蕭府君（沉）墓誌并序

誌高七十一釐米，寬七十一釐米。誌文三十六行，滿行三十五字。

蕭沉，唐永隆元年（六八〇）十一月卒。年七十八歲。妻鄧氏，顯慶三年（六五八）十二月卒。永淳元年（六八二）十一月十三日合葬。

大唐故朝請大夫太子洗馬行渝州長史蕭府君墓誌并序 /

君諱沉，字季静，東海蘭陵人也。三仁去國，初聞白馬之詩；四友承家，即動文昌之號。皇齊之 / 受圖出震，大梁之登期踐歷，華宗所以貴於天下，舊德所以高於海內。曾祖介，梁侍中。祖引，/ 陳吏部侍郎。並國華人傑，鳳跱鸞翔，入黄樞而論道，登紫機而揆務。父德言，/ 皇朝銀青光禄大夫、行秘書少監、封陽縣開國侯，贈太常卿，謚曰博。鄭僑博物，吕季通經，/ 劉向高才，華譚時望，司周王之册府，入漢后之蓬山。大寵盛於分茅，殊贈光於列棘。惟君德 / 門積慶，賢星授彩。荆山有玉，即藴成虹之氣；鄧林有枝，獨負梢雲之質。天經地義，友袂純襟，/ 莫不濬發綺年，成乎丱日。太夫人行嘗經宿，君則達旦不寢，宗族共異，鄰里稱難。昔李萇深 / 定省之期，潘啓有旬行之淚，語其優劣，今古同年。學以潤身，禮以行質，始照黄裳之理，將矯 / 青冥之翰。起家授荆王府典籤。鄒枚勝躅，河楚名藩，陪雁菀之良遊，奉鴻臺之睿賞。緑蘋齊 / 葉，逸思侈於雄風；丹桂叢生，高文動於明月。貞觀五年，改授左虞候兵曹。累遷御史臺主簿。/ 蘭錡肅清，總天軍於豹略；柏臺崇秘，照霜簡於烏林。粤自五營之職，來參貳相之府。顯慶二 / 年，徙授太子右衛率府長史。遷太子典設郎。飛纓博望，彯組承華，仰青禁以馳聲，傃黄離而 / 振景。龍朔三年，兼周王掾。秩滿，授綿州涪城縣令。化由上德，政紀中和，邑號神君，人稱聖令。/ 江陵不火，何事反風；洛陽絶書，無求置水。郊飛乳翟，暫如伊洛之南；庭舞翔鸞，還疑廣都之 / 野。咸亨五年，詔授朝散大夫、雍王友。洪波始構，碣石初開，託王承之儀形，用劉楨之 / 詞藻，首參盛邸，君實宜之。上元二年，王入春宫，遷授太子洗馬。陸士衡之重譽，衛叔寶之高。/ 鳳條矯翼，龍樓驤首，頻覩秋羽，亟偶春華，佇贊摇山之樂，俄聞戾園之釁。永隆元年，宫廢，出 / 爲渝州長史。賨巴故國，井絡餘躔，江源通玉宇之郊，山路入銅梁之險。風煙邈矣，瞻帝鄉而 / 不見；懷抱悽然，歎蠻陬之獨遠。長沙太傅，奉嘉惠以無告；六安郡丞，迫生涯之遽盡。以其年 / 十一月，遘疾終於私第，春秋七十有八。惟君士林標格，人綱准憲，孝實善親，忠惟事主。胡威 / 清慎，可以從政當官；陳瑞謙恭，可以尊賢待士。良書萬卷，蔡伯喈之悉業；鳴琴一曲，嵇叔夜 / 之平生。再踐青宫，三遊朱邸，允兹聲第，克嗣箕裘。若乃輕財重義之方，行己由仁之要，耽虚 / 樂静，知雄守雌，固無得而稱矣。殲良奄及，天道如何。夫人南陽鄧氏，胄華鍾鼎，門積旗常，/ 爰自女宗，作嬪君子。鳳皇成兆，喜和鳴之在旦；蛟龍爲劍，悲隻影之先沈。以顯慶三年十二 / 月，終於萬年縣崇義里。粤以永淳元年十一月十三日，合葬於雍州明堂縣之少陵原也。塋臨 / 卻月，地擁連雲。指泉途而永逝，出國□而望斷。山河眇默，煙郊遠而霜氣寒；丘隴蒼茫，風樹 / 合而秋聲滿。烏呼哀哉！有子安節，□□閔之行，備□何之道，悲過庭之日遠，痛陟岵之長違。/ 勒兹貞石，照於泉夜。其銘曰：/

玉鈎天賜，寶鼎周遷。祚流長□，慶及象賢。卓彼本系，惟君之先。爰逮祖考，徽音聿宣。降坐才 / 令，舊德不愆。幼識天挺，純襟自□。伯饒曉傳，子信參玄。片善咸舉，斯文必傳。松貞玉瀾，桂馥 / 金堅。汜林三百，華山五千。興明御宇，光華在旦。亟踐兵欄，頻遊碣館。柏臺驟徙，槐庭佇贊。/ 下邑喧卑，資我明斷。駿惠風舉，繁辭霧散。愛洽人謡，賞隆天涣。鳳條□羽，龍樓矯翰。位 / 出賨巴，途經邛漢。望雲褫魄，臨風潔歎。朝彩方融，暮途云半。如何促景，不留長筭。車迴薛邑，/ 騎指滕城。七龍占地，雙鶴圍塋。郊寒日遠，野曠雲平。有此良胤，傳兹令名。飄風烈烈，霜露悙 / 悙。一攀淚樹，長悲鑿□。/

四九　李烈墓誌

櫟陽縣令李府君（烈）墓誌并序

誌高六十二釐米，寬六十二釐米。誌文三十四行，滿行三十四字。

李烈，唐永淳二年（六八三）七月二十五日卒。年三十五歲。同年十二月二十日葬。

櫟陽縣令李府君墓誌并序 /

夫以應龍傅翼，奚兩足之堪限；祥麒上齒，豈一角之爲盈。造物縱以神姿，感通表其靈應。/ 固迺資騰庶彙，稟越常均，軼群輩以分區，超等夷而辯類。其有六文禎彩，集帝室之喬 / 梧；千里駿奔，發皇家之内棧。奇蹤間出，傑量挺生，標峻格於芳儀，韞多才於敏藝。甄形 / 賦象，物既狀於無方；嶽粹川精，人詎牽於有數。家珍國寶，粤在櫟陽李府君乎。君諱烈，字 / 遺訓，隴西狄道人也。曾祖安，周開府大將軍，襄武縣開國公，隋内史、黄門侍郎、右領軍大 / 將軍、趙郡公，追封西平王。劉賈疏封，顯英宗之茂德；曹仁析杜，光懿戚之宏圖。必復有徵，/ 此焉無替。祖瓌，上柱國、漢陽郡王，食邑二千户，左武候將軍、荆澧朗基硤辰南長東松玉 / 睦岳崇一十二州諸軍事、荆州刺史、桂潭欽廣交等五州大都督。巖巖迴構，締雲屋於千 / 常；渺渺長源，演星潢於五派。聲塵溢於家牒，勳業隆乎國史，詳諸丹契，可略而言。公即銀 / 青光禄大夫、并州長史、同州刺史、洛州長史、宗正卿、漢陽郡開國公沖玄之元子也。璧産 / 藍田，珠生鬱浦。飛旍丱始，先明遠大之謀；稀帶髫初，即表高深之量。乾封之載，登岱勒成，/ 澤庇本枝，慶覃公族。年十有九，釋褐冀州録事參軍。考滿，英王府兵曹參軍。堯都舊壤，創 / 發牽絲；鄴園精選，榮參曳組。尋以河汾之邑，地則股肱，制錦難學，亨鮮易櫌，將弘雅俗，實 / 佇良能。考滿，授蒲州桑泉縣令。既道洽威懐，政符寬猛。緩金科於漏納，則夜罟無欺；調玉 / 軫以鳴絃，則朝飛有裕。頃爲三秦沃野，頻流水旱之災；六輔强宗，競肆兼并之略。緬惟佳 / 政，寔佇庇甿。巡使以清白題轝，朝廷以廉能進秩。加朝散大夫，改授雍州櫟陽縣令。敦玆 / 學教，課彼農桑，青襟多本立之功，赭服少末遊之侶，鳴桴戢響，夜室開扃。由是鄭國渠傍，/ 春雲似鍤；池陽谷口，秋積如坻。故得人識廉隅，家興禮讓。涵牛載屈，化始洽於中都；晝鹿 / 方驅，使俄從乎京兆。春秋卅有五，奄以大唐永淳二年歲次癸未七月景戌朔廿五日庚 / 戌，遘疾終於官舍。嗚呼哀哉！百身何贖，去思延罷肆之悲；一借無期，遺愛軫傾邦之戀。即 / 以其年十二月廿日癸酉，葬於灞水之東原，禮也。梓枝行蔚，翻悲玉樹之摧；桂魄方全，忽 / 慟明璣之碎。哀子恒等，號天殞氣，叩地崩心，痛陟岵之無晞，追匪莪之罔極。滕城永穸，悲 / 白日之難留；原徑荒阡，恨青松之莫曉。恐舟遷夜壑，岸徙沉碑，壤滅脩隴，流平曲池，鏤金 / 聲於碧礎，雖迹貿而名垂。其詞曰：/

胎含圜析，彩潤方流。景燭星夜，光浮月秋。鵲巖居隱，驪穴潛幽。寶則難嗣，賢非易求。其一。濬 / 源窅邈，層堂宏遠。浩派溟波，嶢憑閬苑。代伏熊軾，家傳龍衮。碧海生虬，丹山孕鷗。其二。堯都 / 懿寀，漢石英僚。在德斯擢，惟賢式招。圖南迥翥，出北孤超。既欣陸漸，寧疲路遥。其三。蒲坂三 / 河，桑泉萬室。黠□斯屏，齊甿伊恤。學製無傷，亨鮮有術。臨下從柬，任人多逸。其四。繡衣求 / 瘼，驄馬楊清。政□表異，廉能見旌。通誠易感，不競唯名。職淪下邑，風高上京。其五。公琰非才，士 / 元如器。豈若夫子，殊能偶致。巨細唯宜，方圓畢備。將成絶愕，未終餘蕢。其六。兩楹兆疊，二豎 / 興袄。玉摧冰夕，珠晞露朝。喬柯始茂，縟葉先凋。熾景方煒，明膏遽銷。其七。日黯黯而西謝，流 / 滔滔以東閲。露泣薤以宵悲，風韻松而曉切。懼陵谷之遷貿，惟聲塵之歇滅。銘金石以有傳，庶蘭菊其無絶。/

五〇　李福嗣墓誌并蓋

大唐故壯武將軍守左驍衛將軍上輕車都尉楚國公李府君（福嗣）墓誌銘并序

誌高五十九釐米，寬五十九釐米。誌文三十五行，滿行三十五字。

蓋文五行，二十字。篆書：唐故左驍/衛將軍贈/冀州刺史/楚國公李/君墓誌銘/。

李福嗣，唐永淳二年（六八三）七月二十九日卒，年五十三歲。妻韋氏，龍朔二年（六六二）閏七月九日卒，年二十九，咸亨三年（六七二）二月十九日權葬。嗣聖元年（六八四）正月二十六日合葬。

大唐故壯武將軍守左驍衛將軍上輕車都尉楚國公李府君墓誌銘并序 /

公諱福嗣，字大雅，隴西狄道人。/ 太武神堯皇帝之曾孫也。爾其至德，疏源周史之清風；靡替禎文，演慶漢臺之茂範。猶傳握 / 圖馭宇之功，撥亂濟時之業。彰乎國册，與日月而長懸；著在人謡，將金石而不朽。祖楚哀王 / 詮，使持節涼鄯廓蘭甘瓜會肅河洮旭疊宕岷芳等十五州諸軍事、涼州總管、上柱國、司徒公。/ 父繼楚王靈龜，右領軍衛將軍、使持節魏州諸軍事、魏州刺史。並清徽雅量，標映朝野。維城 / 之重，紳河礪岳誓其榮；剖符之寄，朱幡皂蓋光其寵。端綏槐路，啓沃之道攸宜；影纓蘭錡，爪 / 牙之任斯切。公分華若木，引派天津，嵩鎮誕祥，昴精流祉。凝脂點漆，標杜乂之風神；瓊樹瑶 / 林，照王衍之符彩。文場騁思，則吐鳳懷蛟；藝圃馳聲，則啼猿落雁。龍朔元年十二月十日，封 / 楚國公。解褐授曹州冤句縣令。韋絃自處，寬猛兼資，齊之以刑，導之以德。改授尚乘奉御。尋 / 除左衛郎將，仍令仗内供奉。六尚分職，績著於恭勤；八校班司，譽光於密侍。累遷右千牛衛 / 中郎將、守右威衛將軍、檢校左羽林軍，奉敕兼教千牛三衛弓馬。又遷守左驍衛將軍，/ 餘如故。帷中運策，閫外申謀，錫勳賞於懸餌，置山川於聚米。故使期門盡節，共攝威稜，列衛 / 承規，咸□准的。由是一人迺睠，四海具瞻，忽嬰疲瘵，亟移□琯，頻降敕書，兼賜方 / 藥，蒙遣醫人，就宅看療，患經百日，僅得痊□，所司聞奏，特敕不解，優禮之盛，時議嘉焉。/ 遂勗知止之心，爰抗辭榮之請，恩詔聽致仕，禄賜同京官，特給月俸。昔疏傅暮年；蹈滄 / 淵而解組，留侯晚節，追赤松而養性。以今儔古，接武聯華。方延鳩杖之儀，遽結鵟巢之釁。以 / 永淳二年七月廿九日，遘疾薨於東都道政之里第，春秋五十有三。旒扆興嗟，群僚軫 / 悼。詔曰：屬連肺腑，任膺心膂。亟展勤誠，載懷恭肅。壯圖方遠，景命不融。未加榮於大樹，/ 遽沉暉於細柳。永言既没，良以增愴。宜申悼往之情，用崇飾終之禮。可贈使持節冀州諸軍 / 事、冀州刺史，贈物一百五十段，葬事所須，並宜官給。夫人京兆韋氏，户部尚書義豐公沖之 / 曾孫，銀青光禄大夫、太常卿、扶陽公挺之孫，朝散大夫、守邢州長史履道之女也。蟬聯茂緒，/ 婉嫕貞規，肇自笄年，來嬪鼎族。閨儀允睦，克諧琴瑟之歡；内則惟修，載葉松蘿之契。既而先 / 沉玉□，早閟鉛華。龍朔二年閏七月九日遘疾終於金城里第，春秋廿有九，以咸亨三年二 / 月十九日，權瘞於先墳之側，終冀遷塋，未爲封植。今擇兹爽塏，重啓泉門。粤以嗣聖元 / 年歲次甲申正月甲申朔廿六日己酉，合葬於萬年縣義豐鄉之見子原，禮也。嗚呼哀哉！始 / 則共□而食，無虧莊敬之篇；終乃同穴而歸，有合温柔之典。嫡子承業等，痛切蓼莪，哀纏霜 / 露，陟屺岵而無見，訴穹蒼而罔極。式鎸貞石，用紀芳猷。其詞曰：/

猗歟聖族，赫矣靈源。昭晰良史，葳蕤記言。迺祖鵬運，顯考駿奔。任隆剖竹，寄重維藩。其一。載誕英奇，夙稱韶茂。抑揚武略，翱翔文囿。猿臂已該，豹韜咸究。如松之節，如蘭之臭。其二。一同 / 闡化，六閑分秩。仙鳧既飛，良馬斯佶。閶闔夜警，康衢曉謐。幾趨曾禁，屢陪嚴蹕。其三。期門 / 入統，分閫承榮。鈎陳聳戟，幕府影纓。進紆寵命，退保幽□。□霞縱賞，丘壑怡情。其四。逝川易遠，/ 藏舟難固。遽迫徂齡，俄遵大暮。趙原超忽，滕驂顧步。□□揚風，悲纏薤露。其五。爰有淑媛，作嬪 / 君子。鳴鳳開祥，河魴薦美。調諧琴瑟，譽華桃李。既叶班誡，克符張史。其六。如賓已穆，偕老先虧。/ 昔時鸞鏡，獨愴分離。即今龍鍔，共掩雄雌。恐陵谷之將變，庶徽猷之在斯。其七。/

五一　李道師墓誌并蓋

大唐故中散大夫守安西大都護上護軍象城縣開國男李府君（道師）墓誌銘并序

誌高七十四釐米，寬七十三釐米。誌文三十六行，滿行三十六字。

蓋文四行，十二字。篆書陽文：大唐故/中散大/夫李府/君墓誌/。

李道師，唐垂拱三年（六八七）閏正月十三日卒。年六十三歲。妻賀蘭氏，垂拱元年（六八五）四月一日卒。年五十六歲。垂拱四年（六八八）正月二十三日合葬。

大唐故中散大夫守安西大都護上護軍象城縣開國男李府君墓誌銘并序/

公諱道師，字惠慈，本姓郭氏，太原介休人也。緬夫廿羽翔文，啓禎圖於迥構；素鱗躍字，疏瑞籙/於遥源。而慣符之跡焕然，慕巾之義明矣。洎乎忠賢列爵，兄弟分邦，錫茅土而疇庸，誓山河而/鏤賞。書功表大，爰革姓於前宗；賜族命官，遂承榮於後氏。家聲國器，惟武兼文，公之源流，可略/言也。曾祖愛，周任澤州司馬。祖貴，皇朝丹州刺史、上柱國。並澄懷韞玉，逸韻韜金，抗高/節於霞空，滌清飈於月宇。父子和，雲州刺史、上柱國、金河郡開國公，食邑二千户。既而四方有/截，八表無虞，紅清西域之塵，碧静東溟之浪，寔由良守之力，諒資賢弼之功。於是乃降璽書，兼/賜袍帶。武德四年，詔追公入朝，問以安邊之略。公獻可替否，異策奇謀，簡在/帝心，妙符玄旨，因即賜姓。乃拜爲冠軍大將軍、右武衛將軍，徙封郕國公，食實邑三百户。公疏/英岳瀆，毓彩星辰，幼明日就之機，早立天成之警。貞觀十六年，以門資起家右親衛。夕陪閶闔，/朝謁承明。瀝膽翹忠，披肝盡節。前後再遷職，至顯慶四年，詔授游擊將軍、左衛安道府/左果毅都尉。氣略英拔，志烈宏遠。有勞有效，可進可昇。麟德元年，授左衛郎將。咸亨三年，除寧/遠將軍、左千牛衛中郎將。至上元元年丁憂去職，二年起服，授左衛中郎將。儀鳳二年，/詔曰：自參戎職，年祀亟淹。績著陪麾，誠宣警衛。宜加榮命，肅振春闈。除太子右清道率府副率。/公虔儀日幹，恭侍星津，承桂嶺之餘輝，奉搖山之末照。永隆元年，除朝議大夫、守道州刺史。議/兼分竹，言叶剖符，露冕調人，褰帷撫俗。百城流譽，丹轂與翠蓋相輝；千里承風，絳節共朱帷交/映。至二年，詔曰：葱河西拒，作扞尤難；燕山北臨，出鎮斯重。除中散大夫、守安西大都護。/公既明授履之術，又曉賜旗之方，智者有謀，仁者能勇，招攜以禮，撫育以恩。葱山蟻集之徒，與/雕題而革面；蒲海蜂飛之侶，將毳服以歸心。垂拱元年，詔封象城縣開國男，食邑三百/户。惟公性懷忠義，志挾英略。燕然邁憲，疏勒逾恭。績著勳高，斑尊秩懋。庶當玉屑延其四大，/金膏引其百齡。不謂景落烏暉，催白日而西頽；波翻馬頰，閲黄河而東度。蒿里寂而泉户幽，松逕/慘而滕城暮。痛矣哉！春秋六十有三，以垂拱三年閏正月十三日，寢疾薨於京長興里之私第。/嗚呼哀哉！馬笛聲悽，周簫響斷。悲停社里，怨罷春隣。而伯牙之琴，於焉遂絶；巨卿之駕，儻或知/來。夫人懷遠縣君賀蘭氏，黄裳演慶，彤管凝姿，淑質温柔，韶儀婉順。椒花麗勾，卝日明心；柳絮/清文，髫年味口。豈謂棲鵉結釁，窠鵂挺災。靨墜珠星，沉婺影於天際；眉凋璧月，掩娥彩於雲間。/先以垂拱元年四月一日，遘疾終於高平里之私第，春秋五十有六。以垂拱四年歲次戊子正/月庚申朔廿三日壬午，合葬於雍州明堂縣少陵之原，禮也。悲夫！原野蕭條，白楊淒而凝吹；/荒墳闃寂，翠柏懍而含煙。汎菊紉蘭，無復春園秋月；鳴桐酌桂，空餘永夜幽泉。嗣子期榮，行惟敦/孝，哀纏露薤，念結風枝。想泣鯉而無因，思驅蚊之莫遂。所恐山湮谷起，物是人非。慮青丘之速/變，怯黄壤之遄移。故鐫芳於琬琰，庶令德以無虧。銘曰：/

盤古亭亭，隆周赫赫。卜代三十，卜年七百。錫氏疇庸，分宗啓宅。元勳不替，本枝無革。其一。疏源晉/野，列流秦埛。蟬聯冠蓋，燦爛衣纓。積功流詠，累德馳聲。麟臺畫像，鳳策書名。其二。司馬淹融，儀同/峻嶷。武參榆柳，文登槐棘。任彼鷹楊，騁兹鴻職。令績無眫，嘉猷何極。其三。刺史忠良，纂業惟昌。榮/隆賜族，績著開疆。三吴之邑，百越之鄉。沐兹仁化，謡詠成章。其四。都護凝邃，風儀俊異。棟梁之幹，/廊廟之器。孝本因心，仁非外至。一作模楷，千齡顯懿。其五。光來箭激，人去忽諸。朝辭絳帳，夕掩玄/□。身□□地，魂歸太虚。式憑貞石，芳塵有餘。其六。/

五二　李重墓誌

唐故朝散大夫梓州郪縣令李府君（重）墓誌銘并序

朝散大夫守文昌水部郎中武功蘇瓌纂。通事舍人張景毓書。

誌高五十八釐米，寬五十九釐米。誌文二十八行，滿行二十八字。誌石背面文二十八行，滿行二十八字。

李重，唐乾封二年（六六七）七月七日卒。年四十九歲。垂拱四年（六八八）十二月六日葬。

唐故朝散大夫梓州郪縣令李府君墓誌銘并序 /

朝散大夫守文昌水部郎中武功蘇瓌纂。通事舍人張景毓書。/

公諱重，字休烈，趙國高邑人也。原夫壽昌三百，軒帝之慶發樞光；道洽五 / 千，周史之真浮關氣。纂神仙而有朕，貽福履之無窮。策也，師漢將而謀燕；/ 功也，制秦兵而强趙。深基固本，狀瓊仞以儀嵩；盛德至業，眇珠瀾而控海。/ 曾祖騊駼，北齊鄴縣令、尚書左丞、散騎常侍、儀同三司、聘陳使。聲地俞錦，/ 務肅彈珠，擢豫樟之七年，包鳳凰之六象。祖政期，随固始縣長、尚書水部 / 郎。忠貞見於後凋，孝敬光乎前志。臺郎應宿，飛采翟以迎軒；邑宰宣風，舞祥 / 鸞而入磬。父素立，皇朝尚書倉部郎中、鴻臚卿、□州刺史、平侯。儒雅標 / 業，清明發譽。德惟懷遠，秩命於鴻臚；信以教人，期先於竹馬。稟二氣之英 / 淑，得五材之純粹，毓虹潤於陽田，秀龍資於渥渚。動惟率禮，静不違仁，抗 / 迹而希孔墨，因心而偶曾閔。挹其涯際，埒秋水之灌天池；燭其光彩，若春 / 雲之披日域。蹈先王之墳籍，遊古人之壼奧。梁相以五車博綜，呑其八九；/ 漢臣以三篋該通，曾何萬一。工尺牘，善文理。甄正儀表，中外挹其風聲；詳 / 練人物，言論欽其月旦。法門龍象，士子鵷鴻，故以高敏見推，名實相許。佇 / 賁帛之延禮，將應弓旌；屬遊冠之上仙，遽參枚紼。選補神堯皇帝挽 / 郎。授鄧王府户曹參軍事。府君宏詞絶唱，鏘金奏而諧律；大王樂善忘疲，/ 佩玉音而入詠。豈直攀聯拳之紫桂，蔭檀欒之緑條，文清非月，思逸朝雲 / 而已哉。秩滿，遷蒲州司户參軍。委鄭巡以書奏，顯吴良之清白，邦君主諾，/ 郡吏興謡，處劇遊刃，呈能錯節。州將劉敏行表薦，擢太僕主薄。轉太子右 / 宗衛率長史。又除太府主薄。丁艱去職，服闋授太子通事舍人、輕車都尉。/ 承輝蒼震，聆洊響之驚雷；綜轄朱鉤，參盛僚於喻海。尋敕授國子監丞 /。易職號，改司成館丞。屬偃武修文之日，求賢訪道之辰。碩彦鴻儒，此焉攸 / 集；茂才異等，不遠而至。君湛黄陂而罕撓，懸劉鏡以洞開，狀貞實，斥浮矯。/ 飾之以詞令，希斧澡者馳魂；文之以典禮，思琢磨者疊跡。所推□京兆韋 / 方質、河東裴宣禮等數十人。或乘機龍鳳之池，入膺時相；或飛步神仙之 / 省，出光邦牧。知人之鑒，可勝道哉。且夫地方百里，秩加千石。仲由以名鄰 / 入室，允縉銅章；魯恭以化洽馴阡，終調玉鉉。時非簡帝，孰可字甿。遷梓州。/

李重墓誌碑阴

鄭縣令，仍加朝散大夫。劍壁天開，遥疏邛僰，珠江月滿，邇帶賨渝，家實豪/熾，俗稱殷阜。君明以燭之，清以臨之，惠以愛之，嚴以勵之。故里閈外扉，穿/窬絶境，狴圄茂草，謳頌盈塗，成不待於期時，革不資於巳日。先邑居阻江/口及溪水，每多漂溺之憂，君起隄開門，别通奔避之路，以此全利者十八/九焉，吏人將詣闕，陳惠府君，嚴抑而止。鄴疏漳派，唯屬務農，秦導涇瀾，詎/聞除害，方之蔑如也。宜應錫以遐齡，分兹景福。而大夏爰構，忽深梁壞之/悲；方駕或馳，遽軫塗窮之哭。以乾封二年七月七日，寢疾終於館舍，春秋/卌有九。君地靈斯得，天骨尤著。四教文行忠信，莫不潛通；六位元亨利貞/，以之冥契。澹乎趨競之路，視若儻來；汲乎仁義之場，行同己任。幼丁偏罰，/禮過成人，奉事平侯，蒸蒸嘗若不足者，什物衣服，非君所經，則不以奉，有/懷未達，必用克成，以時享薦，終日嗚咽，石建之恭謹，小商之承順，殁觀其/行，祭盡其哀，見於斯矣，臨財無苟，家産屢空，得朋攸利，□□□久，榮悴不/改，存亡若一。每四時芳序，五日嘉辰，席長筵，開廣座。縱容□□，□王是屬/；留連琴酒，嵇阮可儔。至哉具美，咸宜俟終，榮於福禄，殲良何□，□□半於/期頤，望風雲而未騁，蹋蕃蘺而奄鎩，情之不能已已者，命在□□□塋，迫/乎恭陵，不獲陪祔，以今垂拱四年十二月六日，改厝於洛陽緱氏/縣公路澗西原通谷鄉陌，禮也。子天官員外郎至遠等，器重渾金，材□積/玉，袆繡衣而披錦帳，捐直簡而握榮蘭，藻繪相輝，貞芳遞襲，即吾家□□/里，亦荀氏之八龍，孝闡揚名，哀纏罔極，願少誌於沉石，思永託於幽壤。瓌/昔游膠序，一披雲日，忝楊侯之末眷，荷樂令之深知，攀勝景其不留，仰德/音其已緬。地分嵩嶽，敢懷舊而何言；室啓勝城，敬貽芳於不朽。潸然出涕/，敢述銘云：/

塵涯有極，天道無親。生也如寄，天兮不仁。師韓演策，望尹知真。家聲自遠/，門慶攸遵。遵慶伊何，爰稱濟美。上林四照，大宛千里。遽孽桐孫，先形玉子。/喻月觿歲，參玄丱始。循禮而動，鳴謙益光。言惟士則，孝實名揚。紛綸學囿/，□穎文房。在陰則和，入仕攸昌。緑池宵景，青宫春色。振鷺騫儀，飛鴻漸翼/。□□矯步，銅梁效職。錦政纔敷，圭陰已昃。百身奚贖，萬古同捐。長繩不繫，/□□□然。淒淒寒隰，黯黯窮泉。于嗟居此，見日三千。/

五三　李重妻鄭童壽墓誌

大唐故朝散大夫梓州郪縣令李府君（重）夫人鄭氏（童壽）墓誌銘并序

左史石抱忠纂。通事舍人張景毓書。

誌高五十九釐米，寬五十九釐米。誌文二十九行，滿行二十九字。誌石背面文四行，滿行二十八字。

鄭童壽，唐儀鳳二年（六七七）四月十日卒。年五十三歲。垂拱四年（六八八）十二月六日祔葬。

大唐故朝散大夫梓州郪縣令李府君夫人鄭氏墓誌銘并序 /

左史石抱忠纂。通事舍人張景毓書。/

夫人諱童壽，滎陽開封人也。宣王胙土，肇錫懿親；武公俾侯，爰稱夾輔。雖復 / 地侵負黍，無絶於宗盟；天夢香蘭，載傳於盛緒。何止來朝聽履，辯尚書之讜言 /；參乘停車，見侍中之雅對。鬱爲甲族，無待寓言。曾祖敬德，周司木大夫、青 / 州刺史、新陽縣公。祖撝，隨兵部侍郎、山南道行臺右丞、聘陳使。考嗣元，/ 皇朝通事舍人、解縣令。四葉台衮，十紀羽儀，朱軒縮千里之風，畫省参五兵 / 之務。言成物範，辭令聞於玉階；德爲時宗，絃哥闡於銅墨。夫人柔風成性，寶 / 婺凝輝，漸禮樂之膏腴，習言容之節制。道光流荇，高詠動於詩人；才掞芳椒 /，逸韻諧於頌典。宅閑明而立操，踐貞順以垂芳。年甫十四，聿嬪高族，盡勤恪 / 於澂冪，竭恭誠於箕帚。母儀之訓，罄緗素而無聞；內則之規，光古今而獨遠 /。情深孝友，志協淳和，學貫詩書，業殫紃組。言泉暗涌，摛雅論於青綾；翰苑旁開 /，掞重葩於縟錦。既而禍鍾崩櫟，寡集惟堂，中外挹而推宗，遠近許其知禮。字 / 孤之道，事切於停機；待客之心，理優於撤薦。故得韋珠疊耀，謝玉重輝。方延 / 五福之期，遐享万鍾之養。而光陰不駐，惜月桂之先凋；榮落無恒，歎風林之 / 不静。以儀鳳二年四月十日，遘疾暴終於京師之長興里第，春秋五十有三 /。嗚呼哀哉！惟夫人慈和表德，孝悌由衷，夙禀休徵，□□名令。昔童壽菩薩在 / 孕，而經唄之音遠聞於外，其載誕，髪與額齊。夫人之生，有同斯應，登時嗟 / 感，因以爲名。雅好禮經，尤敦釋典，玄關奥理，獨得精微。兼以思若有神，文同 / 宿構。叔妹適清河崔元友，自居三蜀，遥隔兩鄉，斐然思之，賦詩言志，詞意雙 / 美，氣韻俱清，寔曰名篇，文多不載。自丁母盧氏，哀苦殆不勝喪，衣靡璽纊，食 / 無鹽酪，往歲咸京飢饉，道路流離，夫人發自渭濱，將還漳水，躬至良人之隧 /，親紆告别之文，痛感幽明，情深悽斷，瞻言彤管，彼獨何人，遠鏡青編，我無慙 / 色。降年不永，有足悲夫。粤以今垂拱四年十二月六日，祔葬於郪縣府君，禮 / 也。子天官員外郎至遠等，因心罔極，至性過人，懷陟屺而長號，瞻擇隣而永 / □。恨深荼慕，遂切終天，手植松柏，還成有地，式憑貞琬，刻誌玄堂，敬瀝庸音，/ □□銘曰：/

□□□姓，滎水開封。錫以巖險，榮之附庸。賓郊置驛，時門鬬龍。英靈允降，弈 / □□□。其一。於鑠邦媛，來儀君子。性質松筠，言容桃李。行成表綴，德光圖史。兆 /

第二石：

□齊鴅，聲□□鯉。其二。柔徽載□，□□允備。耀□摛祥，齊眉主饋。浣濯□服/，蘋蘩從事。演德蘭披，緝詞瓊秘。其三。□言遐算，長膺介福。神悔盈虚，人□□淑。/瓊田絶草，□潭無菊。忽閟杳□，□迷倚伏。其四。北邙丘隴，南陽墓田。兔驚/幽隧。鶴舞窮□，外孫圖石，舒□□泉。誰知存子，泣血終年。其五。/

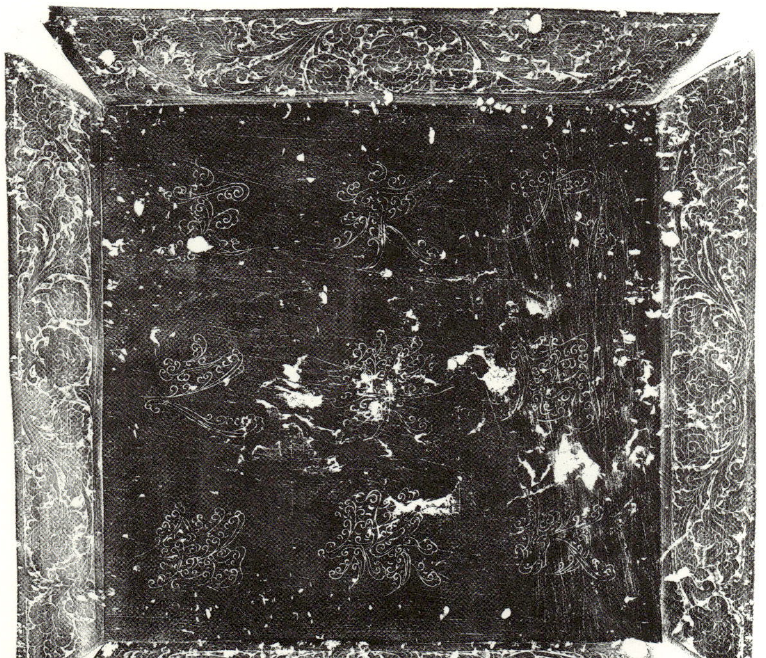

五四　永樂縣主武氏墓誌并蓋

大周故永樂縣主墓誌銘并序

京兆杜霞舒撰。渤海歐陽梃書。

誌高七十二釐米，寬七十三釐米。誌文三十二行，滿行三十三字。

蓋文三行，九字。篆書：大周故 / 永樂縣 / 主之銘 /。

永樂縣主武氏，武周長壽二年（六九三）二月九日卒。年四十六歲。長壽三年（六九四）一月二十五日葬。

大周故永樂縣主墓誌銘并序

京兆杜霞舒撰。渤海歐陽楃書。/

縣主諱□，字□。顯祖文穆皇帝之曾孫，/金輪聖神皇帝堂姪之女。電光環升，睿烈開於帝鴻；首錫靈文，神宗啓於天授。/用能三成帝業，載握皇圖，至德玄功，代無得而稱也。暨夫通天派水，拂/日分柯，錫珪盤石之門，佩實含芳之媛，蘭儀婉淑，今可略而言之。祖楚僖王。演道維城，/追崇祚土，表金章之遠慶，劭龜組之遐祥，潛風被於經野，茂績光乎列岳。考淄州刺史、/九江郡王。扶木一枝，龍駒千里，政光熊軾，甘雨隨車，壤錫猴江，仁風逐扇。縣主即九江/王之第七女也。妍容上月，映娥彩於丹霞；粹婉儀星，流霧光於碧漢。比芙蕖之艷夏，若/桃李之莊春，八桂九蘭，椒芬曉扇，蕙心紈質，玉彩朝鮮。夙睇丹青之圖，不嘗風雨之翫，/芳梅既標，鳴鳳于飛。甫自初笄，適於君子，即唐吴大王之第五息也。緑車金璽，/百兩言歸，開國承家，三日已卜。爾乃柔明外順，如賓之敬克宣；蘋藻内脩，若瑟之諧元/暢。事嘉徽偶，禮洽芳闈。暨乎道革皇周，天歸寶命，錫本枝於海縣，誓宗子/於河山，慶發宸嚴，恩加邑里。奉天授元年九月卅日制，封爲永樂縣/主。印綬之禮，溢青蓋之昇壇；湯沐之榮，邁朱軒之詣宅。既而承明代邸，出入蘭/宫。九日西成，奉宸歡於秋菊；三冬南至，陪聖悦於春椒。蕃屏挹其母儀，/内外欽其婦德。詎謂朝雲度影，駃東箭而無歸；曉日浮梁，逐西春而莫返。嗚呼哀哉！維/長壽二年二月九日，永逝於神都嘉善里，春秋卌有六。虹沉岱嶺，星落天街，慟發/皇慈，愛纏猶子。以其月十一日，乃下敕曰：永樂縣主亡，宜贈物二百段，米粟一/百石，喪事官給。青烏永兆，筮吉日之猶賒；白鶴摧塋，俯伊津而且窆。今屬遷神鼎邑，改/措龍川，聖悼逾深，隆恩載及。即以三年臘月廿五日，又奉/敕賜物一百段、米粟八十石，造靈轝給，傳遞發遣，葬事所須，并令官給，仍差京官一人/監護檢校，粤以其年歲次甲午壹月乙酉朔廿五日乙酉，葬於京師南高陽原，禮也。占牛/啓穸，駐馬壙塋。睇雪嶺於西南，去天一百；俯黄池於東北，人地三千。星沉厚夜，珠落重/泉；風淒隴月，野晦蒼煙。金石有紀，蘭菊無年。其銘曰：/

電繞樞光，祚聖飛祥。宗標子武，胤賜姬昌。聯輝作帝，累葉稱王。大矣遐祖，誕粹雲房。鴻/哉懿考，挺秀珪璋。禎浮永樂，德潤瑶芳。婺質逝星，娥容下月。若桃春茂，如蓮夏發。莊敬/外融，柔明内謁。庭落香梅，三星夜昶。管諧鳴鳳，言歸百兩。唐帝之胤，/周皇之孫。瑶琴寶瑟，潘族楊門。結褵從冠，玉潤瓊温。天命有歸，制加湯沐。榮浮/甲觀，慶延重屋。志馥蘭荃，操貞松竹。母儀蕃屏，婦容宗族。禮溢採葑，廉毗畫鹿。鴛鸞忽/背，霜露俄霏。劍龍先殁，松鶴孤飛。哀纏履野，慟結宸闈。悼亡追贈，載軫/皇噫。改措高陽，移輴郟鄏。風悲洛浦，雲淒灞曲。旌旐聯翩，軒驂踡跼。塋連御宿，穸控都/前。青烏發繇，白鶴開埏。恒娥掩質，桂月空懸。山霾苦霧，隴晦寒煙。黄埸一紀，白日三千。/

五五　米仁慶墓誌并蓋

大周故飛騎隊正米府君（仁慶）墓誌銘并序

誌高七十釐米，寬七十釐米。誌文二十六行，滿行二十六字。

蓋文三行，九字。篆書：大周故/米府君/墓誌銘/。

米仁慶，十月二十日卒，年四十二歲。妻何氏，唐開耀二年（六八二）二月二十三日卒。武周延載元年（六九四）十月二十日合葬。

大周故飛騎隊正米府君墓誌銘并序 /

君諱仁慶，字仁慶，稷州盩厔縣人也。原夫粤若稽古，厥初生人，開國 / 承家，得姓命氏。軒皇之胤，昌意導其遥源；夏帝之苗，文命開其末胄。/ 家風祖德，克隆金玉之門；盛績洪勳，發揮箕裘之業。浩汗靈派，與谷 / 王而争長；磅礴崇基，將極天而比峻。焕乎史策，可略言焉。曾祖尚，唐 / 初光禄大夫，屬隋運告終，王綱弛絶，金版出地，玉弩驚天。戎馬生郊，/ 夷羊在牧，瞻烏靡託，逐鹿無歸。人懷跼蹐之憂，家傳息肩之望。公志 / 藴忠烈，氣懾兇徒，既驅下江之兵，爰預誓河之寵。雖蕭王之獲鄧禹，/ 曾何足云；沛公之賴陳平，方斯已劣。祖生，唐朝散大夫，盛德葳蕤，清 / 規洋溢。芝蘭疊映，謝庭之美譽猶存；羔雁成群，陳氏之芳風無泯。幼 / 而勤學，懷蛟之思益隆；長而好文，刻鵠之功逾就。遷喬有望，遂享榮 / 班；漸陸可期，方昇厚寵。父塵，不仕王侯，高尚其志，棲神愚谷，養性衡 / 門。原憲甘貧，不辭於藜藿；顔回樂道，詎厭於簞瓢。公生自高門，代載 / 英傑。彎象弧而穿七札，舞龍劍而敵萬人。八陣之圖，置之在掌；六奇 / 之術，得之於心。既預羽林之雄，旋展扞城之效。將謂天錫餘慶，仕有 / 望於銜珠；何期地出佳銘，身見悲於埋玉。以其年十月廿日卒於私 / 第，春秋卌二。夫人何氏，德表母師，行標婦則，譽流彤管，敬越齊眉。以 / 開耀二年二月二十三日卒，今以延載元年十月廿日，合葬於盩厔 / 縣城南原，禮也。哀安葬地，更值三生；陶侃弔賓，仍成兩鶴。荒墳寂寂，/ 南望終山。脩隴峨峨，北瞻清渭。子慈封等幼挺純至，早標令範。聞詩 / 聞禮，過庭之訓已彰；覩梓覩橋，義方之規逾劭。將恐千秋萬歲，水淺 / 蓬萊，俾夫衛鼎晉鍾，芳傳蘭菊。銘曰：/

昌意封土，文命開國。子孫必興，問望無極。靈源浩汗，崇基峻嶷。杞梓 / 騈陰，衣冠垂則。其一。高門誕秀，惟嶽降神。彼美吾子，昂藏絶倫。清逾冰 / 鏡，勁甚霜筠。如何天道，殲我良人。其二。生兮若浮，死兮若休。倏忽人事，/ 零落山丘。墳荒宿草，隴暗行楸。出郭門兮直視，思老君兮淚流。/

五六　高獻妻宇文潤墓誌并蓋

大周右武威衛騎曹參軍事高獻妻宇文氏（潤）墓誌

誌高五十釐米，寬五十釐米。誌文二十三行，滿行二十三字。

蓋文三行，九字。篆書：大周故／宇文氏／墓誌銘／。

宇文潤，武周證聖元年（六九五）六月八日卒。年三十七歲。萬歲通天二年（六九七）二月二十九日葬。

大周右武威衛騎曹參軍事高獻妻宇文氏墓誌 /

夫人諱潤，字貞淑，河南洛陽人也。祖節，唐太子中允、尚書右 / 丞、黄門侍郎、侍中、金紫光禄大夫、平昌縣開國公。丹青神化，/ 帝載賴其財成；緝熙庶績，王道資其翼亮。父嶧，唐綿州録事 / 參軍、并州都督府倉曹參軍事。振綱持領，惠政浹於六曹；峙 / 庾蓄囷，玄功被於六府。夫人降靈月路，藉慶星躔，禀笞蕣之 / 茂姿，體幽貞之淑德。年逾就傅，言歸高氏。率禮不越，雅道賁 / 於同庖；肅恭匪懈，懿範光於列閫。琴瑟已合，愈執謙沖之心；/ 僮侍夙殷，無違奉盥之敬。能循法度，業嗣於蘋沼；克遵教本，/ 功侔於葛覃。若乃統體具美，極婦人之能事；天機婉嫕，盡母 / 儀之上善。固可傃任姒而高驤，望二南而蹀足。以窈窕之粹 / 德，保君子之好仇。豈圖五福爽徵，六極貽疢，遽怛子來之化，/ 俄從大夢之遊。以大周證聖元年六月八日寢疾，終 / 於雍州乾封縣通軌里之私第，春秋三十七。嗚呼哀哉！萬歲 / 通天二年二月二十九日，窆於雍州明堂縣之鳳棲原，禮也。/ 丘陵環亘，叶青鳥之勝兆；寶精儵爚，得白獸之佳祥。鏤無愧 / 於泉扃，庶芳猷之不泯。銘曰：/

姜水流潤，烈山施榮。蟬聯常衮，赫奕簪纓。星區隤慶，月路降 / 精。克誕材淑，卓擅幽貞。其一。傅釧姆儀，莫匪盡善。六行四德，因 / 心不遠。列閫承姑，勤勞先踐。性與道合，率由非勉。其二。葉塵易 / 隕，隙駟馳倏。積善無慶，殲我賢淑。雹碎春蘭，霜摧夏菊。嗚呼 / 穹昊，如何弗育。其三。天娥逗月，少女乘風。楄笫夕冷，繐帳晨空。/ 墳限草緑，隧路塵紅。千秋萬歲，惟見貞陵。其四。/

五七　張君妻姜氏墓誌

大周張氏姜夫人墓誌銘并序

誌高三十六釐米，寬三十六釐米。誌文二十行，滿行二十字。

姜氏，武周聖曆元年（六九八）一月二十四日卒。年二十二歲。聖曆二年（六九九）正月十四日葬。

大周張氏姜夫人墓誌銘并序 /

夫人姓姜，天水上邽人也。鈞璜疏慶，掩東秦而錫履；/ 專城賁寵，因上邽而宅國。象賢累德，世誕英奇，被於 / 聞聽，今可略矣。曾祖寶誼，唐左武衛大將軍，贈左衛 / 大將軍、上柱國、永安郡開國公。祖協，唐銀青光禄大 / 夫、夏州都督、夏銀綏三州諸軍事、成紀縣開國侯。並 / 寄雄連率，榮高左次。銀青金紫，光印綬而歷三朝；胙 / 土封茅，誓山河而昌百世。父亨，大周道州刺史、隴西縣開國公。門傳駟馬，望重虎符，公問被於六條，/ 女訓孰於七誡。夫人桂芳擢蒨，寶魄凝暉，婉順冥符，/ 幽閑□假。既而河魴動詠，鳴鳳在辰，掩列姒而推高，/ 總連閨而播美。□夕之敬，久著於宗□；雞晨之禮，夙 / 彰於祗肅。庶得三移□訓，珠玉駢暉；何誤六疾無痊，/ 淪亡奄及。以大周聖曆元年一月廿四日，卒於江州，春秋廿有二。粤 / 以聖曆二年正月十四日，遷窆邙山合宫縣平樂鄉 / 界，禮也。張公莊正流哀，香簟增慟。傷兹兩□，忽一飛 / 而一沉；恨彼雙桐，旋半生而半死。恐□涼少選，淩谷 / 推遷，勒此幽扃，以圖芳烈。其□曰：

北邙壘壘，南 / 洛泱泱。閟此淑德，情胡可忘。鮮虹墜彩，初日寢光。貞 / 圖兮翠石，地久兮天長。/

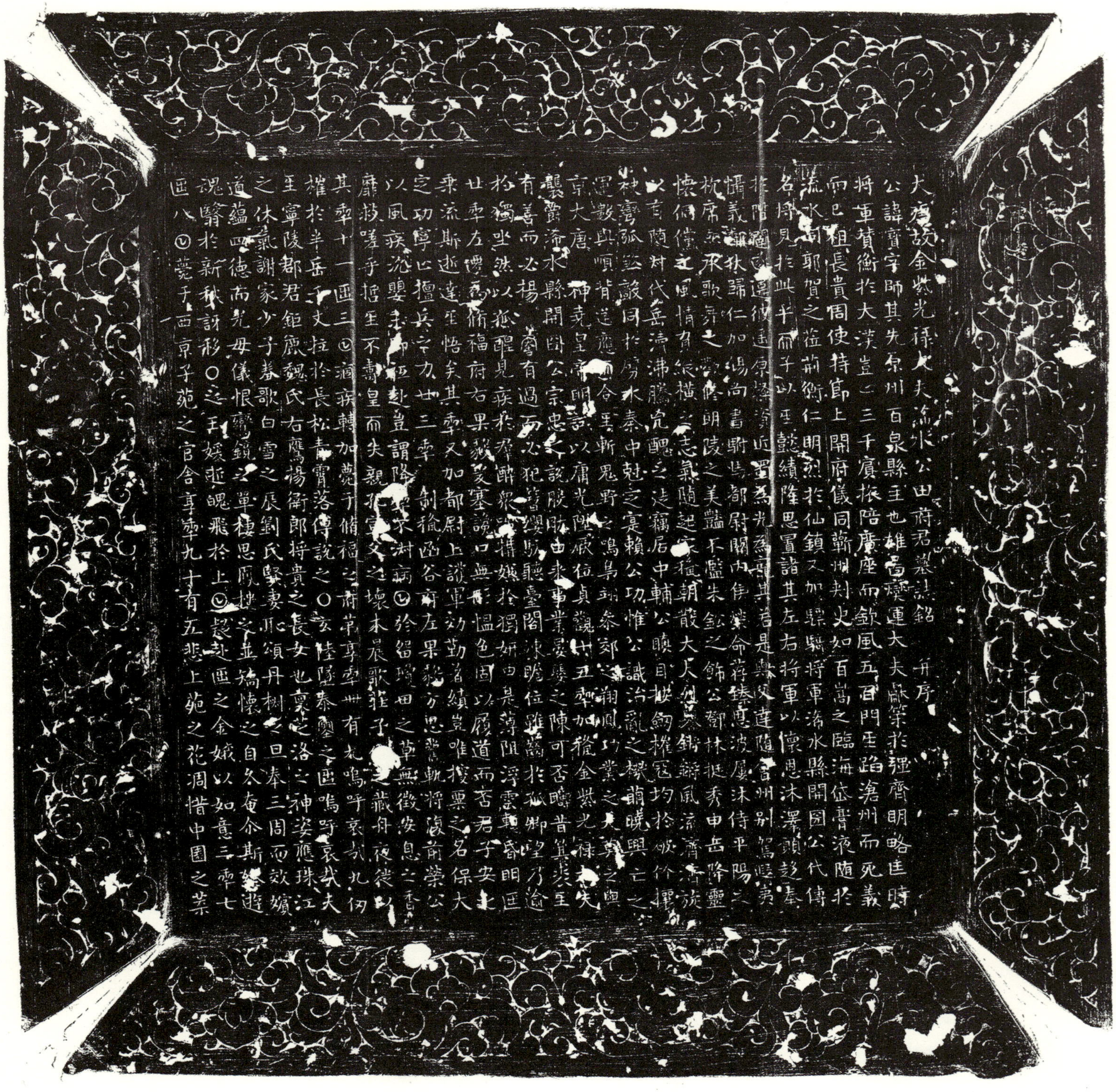

五八　田寶墓誌

大唐故金紫光禄大夫浠水公田府君（寶）墓誌銘并序

誌高五十九釐米，寬六十釐米。誌蓋刻文二十九行，滿行二十九字。誌石刻文三十行，滿行三十二字。

田寶，唐貞觀二十三年（六四九）十一月三日卒，年四十九歲；妻魏氏，武周如意三年（六九四）七月八日卒，年九十五歲；聖曆三年（七〇〇）一月二十三日合葬。

長子田敬則，如意元年（六九二）正月二十三日卒，年六十九歲。次子田敬福，唐永淳元年（六八二）四月二十九日卒，年四十九歲；妻梁氏，上元元年（六七四）八月二十三日卒，年三十五歲。武周聖曆三年（七〇〇）一月二十三日祔葬。

大唐故金紫光禄大夫浠水公田府君墓誌銘并序 /

公諱寶，字師，其先原州百泉縣人也。雄圖變運，大夫獻策於强齊；明略匡時，/ 將軍贊衡於大漢。豈止三千賓旅，陪廣座而欽風；五百門人，蹈滄州而死義 / 而已。祖長貴，周使持節、上開府、儀同、蘄州刺史。如百嵩之臨海岱，膏液隨於 / 流水；同郭賀之莅荆衡，仁明烈於仙鎮。又加驃騎將軍、浠水縣開國公。代傳 / 名將，見於此乎。天子以人懿績隆，思置諸其左右；將軍以懷恩沐澤，願趨奉 / 於階闥。遂違彼遥原，隸資近蜀，爲光爲寵，其若是歟？父達，隨會州别駕。遐夷 / 懾義，鄰狄歸仁。加錫尚書駙馬都尉、關内侯。榮命薦臻，恩波屢沐。侍平陽之 / 枕席，亟承歌舞之歡；修朗陵之美艷，不濫朱鉛之飾。公鄧林挺秀，申岳降靈，/ 懷倜儻之風情，負縱横之志氣。隨起家授朝散大夫，烈譽鏘鏘，風流濟濟。旋 / 以有隨叔代，岳瀆沸騰，兇醜之徒，竊居中輔。公瞋目按劍，摧寇均於破竹；攘 / 袂彎弧，煞敵同於劈水。秦中剋定，寔賴公功。惟公識治亂之機萌，曉興亡之運數，與順背逆，應天合人。斬鬼野之鳴梟，翊參郊之翔鳳，功業之大，莫之與 / 京。大唐神堯皇帝明識以庸，光陞厥位。貞觀十五年，加授金紫光禄大夫，襲爵浠水縣開國公。宗忠之説股肱，由來事業；晏嬰之陳可否，疇昔箕裘。人 / 有善而必揚，君有過而必犯。簪纓駭聽，臺閣竦瞻，位雖齒於孤卿，望乃逾於獨坐。然以孤醒見疾於群醉，衆嗤構嫌於獨妍。由是薄阻浮雲，暫昏明月。/ 廿年，左遷爲脩福府右果毅。爰塞讒口，無形愠色，固以履道而否，君子安之，/ 乘流斯逝，達人悟矣。其年，又加都尉、上護軍。效勤著績，豈唯搜粟之名；保大定功，寧止擅兵之力。廿三年，制授函谷府左果毅。方思舊軌，將復前榮。公 / 以風疾沉嬰，未即祇赴。豈謂降年不淑，病日彌留，瓊田之草無徵，安息之香 / 靡救。嗟乎！哲人不壽，皇天失親，孔宣父之懷木晨歌，莊子□之藏舟夜徙。以 / 其年十一月三日痼疾轉加，薨於脩福之府第，享年卌有九。嗚呼哀哉！九仞 / 摧於半岳，千丈抵於長松。青霄落傅説之星，玄陸墜泰初之月。嗚呼哀哉！夫 / 人寧陵郡君鉅鹿魏氏，右鷹揚衛郎將貴之長女也。稟芝洛之神姿，應珠江 / 之休氣。謝家少子，羞歌白雪之辰；劉氏賢妻，恥頌丹椒之旦。奉三周而效嬪 / 道，藴四德而光母儀，恨鸞鏡之單棲，思鳳樓之並矯，懷之自久，奄爾斯終。遊 / 魂翳於新秋，訝移星之玉媛；逝魄飛於上日，疑赴月之金娥。以如意三年七 / 月八日薨於西京子葩之官舍，享年九十有五，悲上葩之花凋，惜中園之葉 /

田寶墓誌

第二石：

塋。嗚呼哀哉！越大周聖曆三年壹月廿三日，合葬於鄠縣雲門鄉之平原，禮也。長子/敬則，起家授左衛長上，又轉布政府左果毅。武帳孤標，戎帳獨步。又/制授左衛郎將。鈒戟膠葛，司玉階而列文昌；鍾鼓鏗訇，連金城而耿垂象。又/制授河循二州刺史。跨延壽於遼左，超隱之於嶺外。又/制授左豹韜衛郎將、檢校瀘州都督。羌僰無侵，戎蠻有序。又/制授安東副都護、幽州都督、銀青光禄大夫、忠武將軍、上柱國。如鄧晨之臨冒頓，懷/金石於王常；同鄭吉之任樓蘭，輟干戈於李廣。蕃屏之固，誰若是乎？以如意元年正/月廿三日，薨於幽州之府第，春秋六十九。即以安厝之日，陪葬於塋西十步，禮也。次子敬福，起家任右勳衛，尋加旅帥。周□禮讓，被服忠孝。/大唐麟德三年，/大帝登封岱宗。公當侍奉於闕庭，預昇中之盛禮。公時押輦腳，别/敕加階，轉授定公府左果毅。制除良鄉/府左果毅都尉、游擊將軍、上柱國。武藝咸推，勳庸歷選。已振唐彬之譽，自入公孫之/道。以永淳元年四月廿九日，遘疾薨於良鄉之府第，春秋卌九。嗚呼哀哉！求婦鄘城/君隴西梁氏，鄘城郡開國公育之長女，即敬福之妻也。仙娥月艷，織女星符。嗟乎！塵/積銀臺，旋閟舞鸞之影；光銷玉匣，遽失遊龍之態。以大唐上元元年八月二十三日，/遘疾薨於定公之府第，春秋卅五。嗚呼哀哉！即於是日合葬陪窆於塋西廿步，禮也。/但恐日往月來，天長地久。高山隕嶂，效輜人之昔言；瀛海韜波，驗麻姑之舊説。雖萬/里嬴博，堪歸吴子之魂；而千載佳城，詎識滕公之骨。爰彫翠琬，式紀□猷。其詞粤：/

玄圃玉堂，滄溟銀闕。蓄曳風雨，蔽虧日月。氣授英靈，神資發越。樂只君子，代申隆閥。/强秦大漢，開國承家。量苞川岳，志逸煙霞。弓惟象弭，劍即蓮花。含忠履潔，推賢去衺。/褰帷月渚，杖節輪臺。龍旗掃霧，熊車震雷。□謳變節，胡塵滅埃。賢人□下，野客舟來。/賓旅三千，門人五百。滄州死義，嚴扉殄隟。北谷棲玄，虚室生白。函關不請，茂陵□□。/海沂徙頌，建鄴留名。王戎非簡，裴楷未倩。將軍舞袖，帝子歌聲。經過紫陌，來去朱城。/見機而作，察變斯完。轉禍成祐，去危即安。摧兇定國，三尺一丸。金玉不顧，圖籍先觀。/哲仁不壽，名香莫救。天道匪忱，鬼神焉祐。長松拉迴，輕絲殞岫。風雲斂色，山河啓繇。/舄弈重芬，蟬聯疊耀。壯志雲涌，貞心月照。威振青丘，聲馳紫嶠。百年俄頃，九丹非妙。/文足經道，武勘静亂。扈出星宫，祠陪日觀。寵命爰錫，雄謀式斷。吁嗟不造，鳳沉龍竄。/荆株表義，桂騎流仁。松貞雪皎，芝馥蘭春。□生不淑，智者孤鄰。千秋逸響，萬古清塵。/池平樹隕，荆棘塵埃。白鶴飛去，青烏下來。塋分兆啓，壤鑿埏開。黄泉白日，痛矣悠哉。/

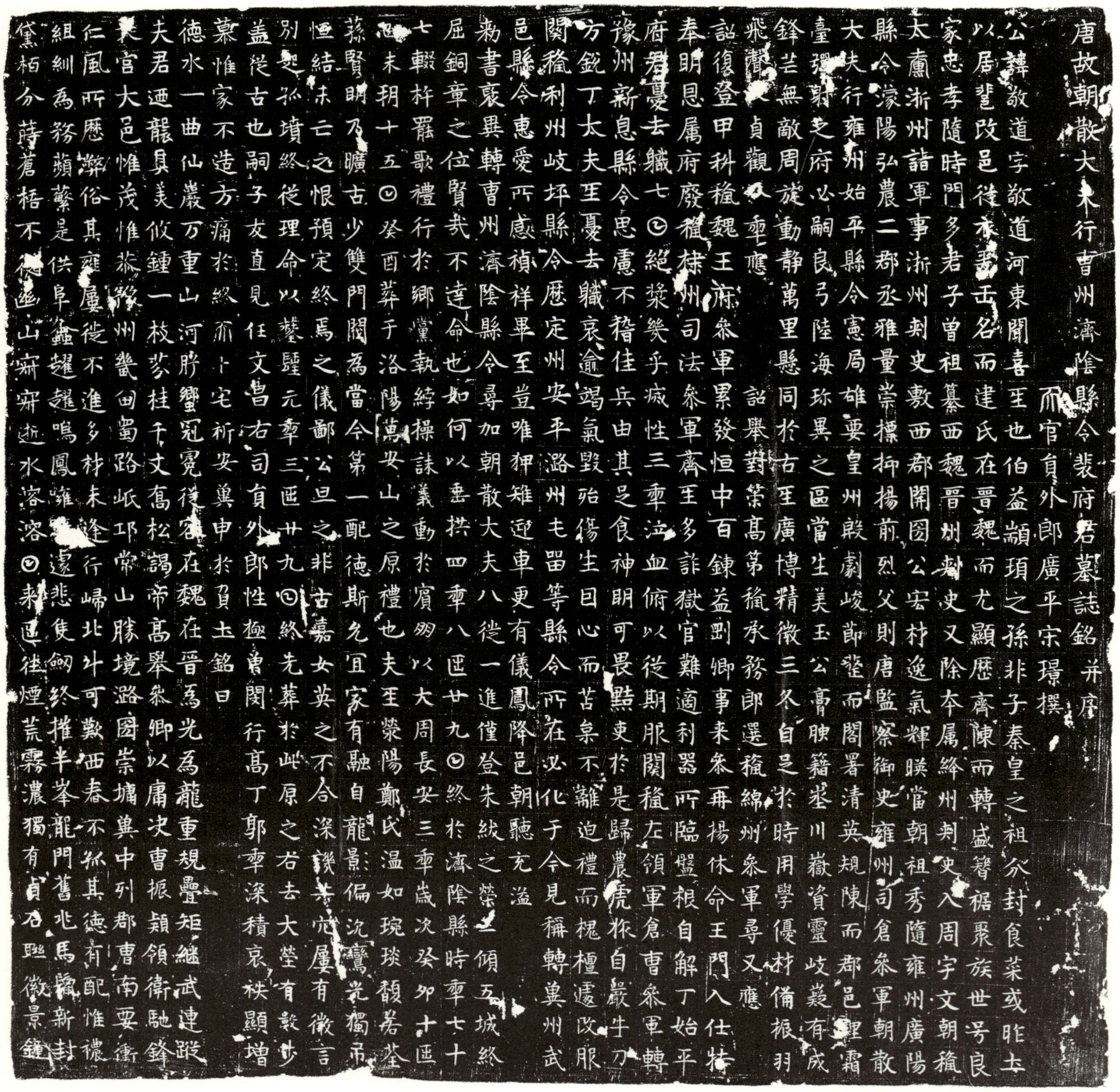

五九　裴敬道墓誌并蓋

唐故朝散大夫行曹州濟陰縣令裴府君（敬道）墓志銘并序

天官員外郎廣平宋璟撰。

誌高六十釐米，寬六十釐米。誌文三十三行，滿行三十二字。

蓋文四行，十六字。篆書：唐故朝散／大夫行曹／州濟陰縣／令裴君誌／。

裴敬道，唐垂拱四年（六八八）八月二十九日卒。年七十七歲。武周長安三年（七〇三）十月十五日葬。妻鄭氏，證聖元年（六九五）三月二十九日卒，先葬。

唐故朝散大夫行曹州濟陰縣令裴府君墓誌銘并序/

天官員外郎廣平宋璟撰。/

公諱敬道，字敬道，河東聞喜人也。伯益顓頊之孫，非子秦皇之祖，分封食菜，或胙土/以居蔷，改邑從衣，爰正名而建氏。在晉魏而尤顯，歷齊陳而轉盛，簪裾聚族，世號良/家，忠孝隨時，門多君子。曾祖纂，西魏晉州刺史，又除本屬絳州刺史。入周，宇文朝，授/太載，淅州諸軍事、淅州刺史、敷西郡開國公。宏材逸氣，輝映當朝。祖秀，隨雍州廣陽/縣令、濛陽弘農二郡丞。雅量崇標，抑揚前烈。父則，唐監察御史、雍州司倉參軍、朝散/大夫、行雍州始平縣令。憲局雄要，皇州殷劇，峻節整而閣署清，英規陳而郡邑理。霜/臺彈射之府，必嗣良弓；陸海珍異之區，當生美玉。公膏腴籍地，川嶽資靈，歧嶷有成，/鋒芒無敵。周旋動静，萬里懸同於古人；廣博精微，三冬自足於時用。學優材備，振羽/飛聲。以貞觀八年應詔舉，對策高第，授承務郎，選授綿州參軍。尋又應/詔，復登甲科，授魏王府參軍。累發恒中，百鍊益剛，卿事來參，再揚休命。王門入仕，特/奉明恩。屬府廢，授棣州司法參軍。齊人多詐，獄官難適，利器所臨，盤根自解。丁始平/府君憂去職。七日絶漿，幾乎滅性；三年泣血，俯以從期。服闋，授左領軍倉曹參軍，轉/豫州新息縣令。思慮不稽，佳兵由其足食；神明可畏，黠吏於是歸農。虎旅自嚴，牛刀/方鋭。丁太夫人憂去職，哀逾竭氣，毁殆傷生，因心而苫梟不離，迫禮而槐檀遽改。服/闋，授利州岐坪縣令，歷定州安平、潞州屯留等縣令，所在必化，于今見稱。轉冀州武/邑縣令，惠愛所感，禎祥畢至，豈唯狎雉迎車，更有儀鳳降邑，朝聽充溢，/敕書褒異，轉曹州濟陰縣令，尋加朝散大夫。八徙一進，僅登朱紱之榮；三傾五城，終/屈銅章之位。賢哉不達，命也如何。以垂拱四年八月廿九日，終於濟陰縣，時年七十/七。輟杵罷歌，禮行於鄉黨；執紼操誄，義動於賓朋。以大周長安三年歲次癸卯十月/己未朔十五日癸酉，葬於洛陽萬安山之原，禮也。夫人滎陽鄭氏，温如琬琰，馥若荃/蓀，賢明乃曠古少雙，門閥爲當今第一。配德斯允，宜家有融。自龍影偏沉，鸞光獨吊，/恒結未亡之恨，預定終焉之儀。鄙公旦之非古，嘉女英之不合，深譏共穴，屢有微言，/别起孤墳，終從理命。以證聖元年三月廿九日終，先葬於此原之右，去大塋有數步，/蓋從古也。嗣子友直，見任文昌右司員外郎，性極曾閔，行高丁郭，年深積哀，袟顯增/慕。惟家不造，方痛於終天；卜宅祈安，冀申於負土。銘曰：/

德水一曲，仙巖萬重。山河肹蠁，冠冕從容。在魏在晉，爲光爲龍。重規疊矩，繼武連蹤。/夫君迺襲，具美攸鍾。一枝芬桂，千丈喬松。謁帝高舉，參卿以庸。決曹振穎，領衛馳鋒。/大宫大邑，惟茂惟恭。豫州畿甸，蜀路岷邛。常山勝境，潞國崇墉。冀中列郡，曹南要衝。/仁風所歷，弊俗其雍。屢徙不進，多材未逢。行歸北斗，可歎西舂。不孤其德，有配惟禯。/組紃爲務，蘋蘩是供。阜螽趯趯，鳴鳳噰噰。遽悲隻劍，終摧半峰。龍門舊兆，馬鬣新封。/黛柏分蒔，蒼梧不□。幽山寂寂，逝水溶溶。日來月往，煙荒霧濃。獨有貞石，聯徽景鐘。/

六〇　房濟妻劉琬墓誌

大唐萊州黄縣丞房濟故妻劉氏（琬）誌文并序

誌高四十三釐米，寬四十三釐米。誌文二十二行，滿行二十二字。

劉琬，武周長安四年（七〇四）十二月二十一日卒。年二十八歲。唐神龍元年（七〇五）四月十二日葬。

大唐萊州黄縣丞房濟故妻劉氏誌文并序 /

夫人諱琬，南陽人也。在秦得姓，擾龍茂其遥緒；涉魏開基，/ 斷蛇昭其景祚。繼天而王，山河分兩漢之都；因地則遷，瓜 / 瓞蔓九州之野。鬱爲盛族，故以南陽著望焉。曾祖建，隨左 / 勳衛、華堂郡開國子。祖孝孫，唐吴王諮議、太子洗馬、秦府 / 十八學士。父温之，荆州大都督府功曹參軍、大理寺丞。並 / 德冠士林，詞高翰苑。任隆先馬，寄調護於春闈；署列爽鳩，/ 申鞫聽於秋典。雖位不充量，而名重於時。夫人寶婺降精，/ 金娥孕魄。孝悌柔婉，禀自生知；詩禮組紃，得於師範。謝庭 / 一詠，必窮犨悦之工；班氏七篇，克奉閨房之訓。好逑是託，/ 迨吉于歸，肇自笄年，作嬪君子。施松者蔦，依百尺之條枚；/ 求皇惟鳳，振雙飛之羽翼。中饋聿修，內則斯允。嗟乎！夜壑 / 幽秘，潛移莊叟之舟；秋月澄明，忽映潘生之簟。以長安四 / 年十二月廿一日，終於黄縣廨舍，享年廿八。萻草罷色，蕣 / 華凋芳，伉儷切於神傷，孤幼纏於孺慕。紅粉樓上，思畫眉 / 而莫從；緑綺絃中，聽將鶵而永絶。粤以神龍元年歲次乙 / 巳四月庚戌朔十二日辛酉，瘞於洛陽之北原，禮也。丘陵 / 冥寞，松檟蕭森。霧苦風悽，助悲涼於此地；星迴日薄，遷宅 / 兆於何年。爰託彫鎸，以旌徽烈。其詞曰：/

有美人兮光帝系，其淑德兮稱婉嫕。容桃李兮氣蘭蕙，括 / □能兮總群藝。鴛鴦綺兮文已麗，蛟龍匣兮雌先逝。素車 / 發兮丹旐曳，地户幽兮泉臺閉。/

六一　皇甫玄義墓誌

大唐故游擊將軍行秦州長川鎮副上柱國皇甫府君（玄義）墓誌銘并序

誌高五十釐米，寬五十一釐米。誌文二十三行，滿行二十三字。

皇甫玄義，唐神龍二年（七〇六）四月十二日卒。年五十六歲。同年十月三日葬。

大唐故游擊將軍行秦州長川鎮副上柱國皇甫府君墓誌銘并序 /

君諱玄義，字仲禮，北地安定人也。百戰功深，漢帝□其延賞；/ 千齡德盛，晉王稱其拔俗。家聲門閥，國史詳焉。曾祖湊，隨江 / 州司户參軍。騰鑣九派，譽流彭澤之濱；艤棹三吴，名振洞庭 / 之野。祖純，隨邢州龍崗縣令。衣冠就列，彩映叢臺，銅墨莅人，/ 聲融鯉澱。父師，皇朝歸州秭歸縣令。享鮮字物，響徹於 / 星橋；馴翟居班，化詒於月峽。君則令之元子也。髫年喪母，空 / 悲膝下之恩；丱歲承顔，遂獲掌中之愛。幼而學劍，將有志於 / 三軍；長不好書，競翹心於七札。故能功超武略，績校文昌。以 / 君戎秩可嘉，尋授長川鎮將。是以途臨關隴，胡貊驚心；控守 / 邊垂，氐羌蹀足。循環秩滿，擁驂旋第，聲塵未歇，□管已淹。違 / 梓敬於金莖，望芝田於鼎邑。方悶選序，蓄效未申，倏睹鵀巢，/ 俄聞蟻鬬。遂以神龍二年四月十二日，卒於洛陽之清化里，/ 春秋五十有六。長子惲等，孝深天性，養極人倫，擗踴何階，攀 / 號靡及，據杖千里，銜哀九洛。誠捧晝轅之柩，遽還丹旐之魂。/ 即以其年十月三日，葬於京兆城南神和原，禮也。孀妻茹痛，/ 掩鸞鏡而消容；鄰婦增傷，寢鴛機而積慮。既而青烏宅兆，白 / 驥哀來，瞻壠霧之蒼茫，聽楊風之蕭颼。天長地久，人道存亡，/ 谷變陵移，冥途幽昧。粵以慈顔早喪，未遷聖善，歎深樂棘，徒 / 想垓蘭。故列脩墳，同兹塋域，勒刊貞石，乃爲銘曰：

乃祖乃 / 父，有賢有良。蜀江錦化，滏水韋□。譽高蒲宰，德裕桐鄉。代傳 / 簪黻，庭耀珪璋。其一。挺質推獎，風儀是仰。一代勳績，九原長想。/ 丹旐縈空，素轜齊鞅。感陵谷之遷變，勒貞詞於泉壤。其二。/

六二　韋洽墓誌

大唐贈使持節絳州諸軍事絳州刺史銀青光禄大夫韋府君（洽）墓誌銘并序

中散大夫行著作郎史祥奉敕撰。

誌高八十八釐米，寬八十八釐米。誌文三十四行，滿行三十四字。

附敕書刻石一方，高三十二釐米，寬七十七釐米。

韋洽，唐神龍三年（七〇七）四月六日卒。年六十七歲。同年五月二十三日葬。

大唐贈使持節絳州諸軍事絳州刺史銀青光禄大夫韋府君墓誌銘并序/

中散大夫行著作郎史祥奉敕撰。/

公諱洽，字洽，京兆杜陵人。即/順天皇后之兄也。原夫二龍事夏，五霸翼商。魯國陳詩，君臣義著；漢庭作相，父子榮聯。事/鬱緗圖，代稱冠冕。亦由河洲應運，景福攸臻，靈命先符，憑乎積慶者也。曾祖材，隨/儀同三司、左武候驃騎將軍、坊州刺史、恒安縣開國伯。籯金繼業，韞玉增價。東京懿戚，右/職列於儀同；西漢冠軍，崇班加於驃騎。分茅疏五等之封，剖竹開百城之位。祖表，隨左千/牛，皇朝游騎將軍，贈特進、使持節、揚宣滁婺和湖六州諸軍事、揚州大都督、魏國/公，食邑三千户。珠稱耀室，業著隆家；玉曰光庭，道彰觀國。兩河曰冀，國列大名；淮海惟揚，/位光連率。父玄儼，皇朝任工部郎中，河南縣令、荆州大都督府司馬、海銀博許邢/雅六州刺史、太常卿、工部尚書，贈特進，并汾箕嵐四州諸軍事、并州大都督、魯國公，食邑/三千户。黄扉襲慶，丹穴騰姿，晝省光膺於列星，赤縣聲馳於象震。由是衡陽展驥，再聞龐/統之能；潁川移蝗，更睹次公之化。按六條而剌舉，典三禮以秩宗，望重一時，聲優八座。嗟/乎！魏其密戚，千載不奉於時來；曲阜疏封，九原空榮於拜後。自蛟門集慶，鴻澤彌/優，特進加后父之班，作牧極人臣之位。公辰象降靈，山海標量，振芳蘭畹，漸潤玉田。故能/價越連城，聲芬十步。奉趨庭之訓，詩禮備聞；懷入室之道，顔冉同德。高尚其志，無待其煙/霞；沉冥者心，自齊於得喪。年始丱歲，迄乎知命，未由偃室，自樂顔瓢，知我者稀，在物斯貴。/洎皇基再造，景命惟新，孝友睦於中宫，恩榮隆於外戚。爰應旌賁，方謝丘/園。起爲衛王府典軍。王以帝子之重，妙選英僚，遂屈蓋侯之尊，克諧王吉之任。尋/屬兩明開耀，三善昇儲，斂裾蘭阪之前，矯翼摇山之上。除太子左宗衛率，食實封二百户。/羽翼之寄，方資真隱；儲侍之選，乃仗親賢。出金穴而稱榮，入銅樓而益重。嗟乎！量懷舟楫，/不涉巨川；景未桑榆，已沉濛谷。以神龍三年四月六日，遘疾薨於懷德里之私第，春秋六/十有七。椒宫震悼，痛切陟岡，芝紱加哀，情深望峴。贈使持節絳州諸軍、絳州刺史、銀青光/禄大夫。喪葬官供，特令優厚，哀榮之禮，存亡斯極。以其年五月廿三日，葬於京兆神和之/原，禮也。惟公長自高門，生於華胄，不矜侈富，雅尚撝謙，棲遲一丘，偃仰三徑，晚逢/嘉運，席寵塗山，雖丹轂朱門，而懷虚尚白，古之君子，何以加焉。嗚呼！行歎孔門，摧梁奄及；于嗟滕室，佳城此窮。嗣子振等，攀慕不及，蒿莪莫辯，痛罔極於劬勞，託徽猷於彫撰。於是/汗蓬山之簡，言揚盛列；勒蒿隧之銘，式存不朽。其詞曰：/

偉哉靈命，慶彼河洲。易贊家道，風歌帝猷。塗山配夏，大姒興周。於穆外戚，/繼美前脩。其一。肅肅令祖，霸商疏族。祚啓夏龍，榮分周禄。黼衣朱黻，班輪丹轂。孝復前封，忠/懷舊瀆。其二。恒安啓土，芳猷萬古。家擅金籯，國享大名。俾侯於魯，莫之與京。姜姒比價，許史/增榮。其二[一]。公之生也，實鍾餘慶。神授英靈，人推德政。在否能達，與物無競。蕭然一丘，樂天知/命。其四。蛟門既啓，鴒鳥于飛。言應賁帛，遽釋荷衣。睢陽武帳，博望戎機。猿巖鶴闕，播美騰徽。/其五。百身不贖，□化終欺。葬者藏也，魂無不之。松風瞑咽，薤露朝滋。三泉一錮，永切如疑。其六。/

[一] 當作“三”，原誌誤刻。

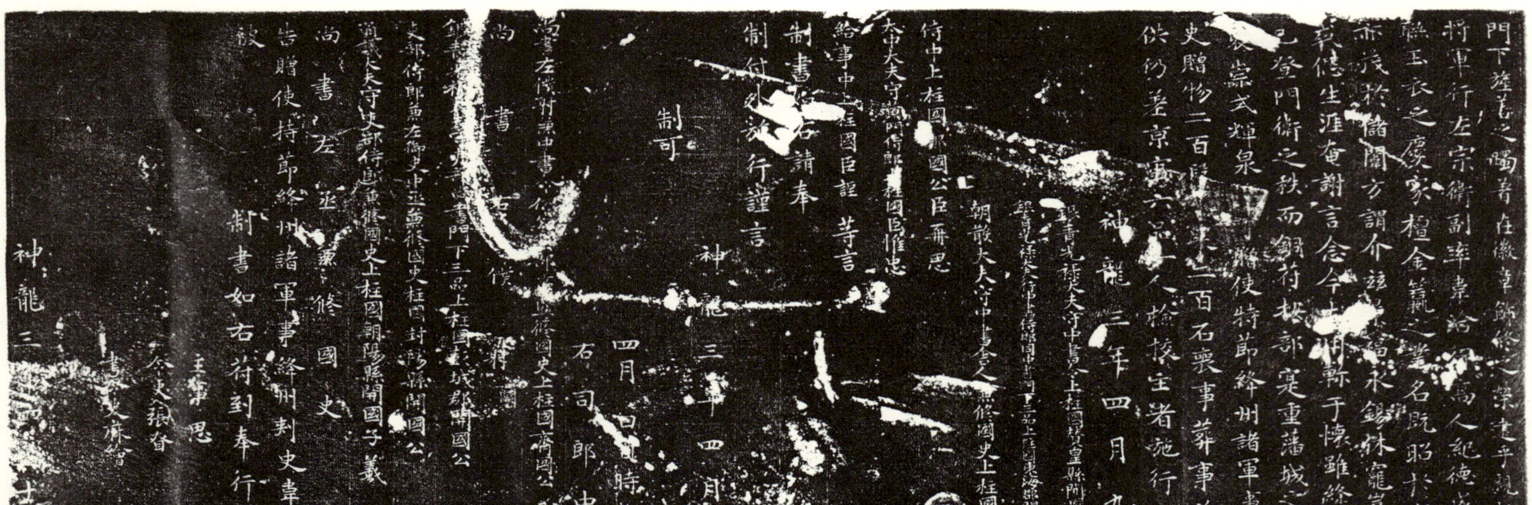

敕書刻石

門下：旌善之躅，著在徽章；飾終之榮，逮乎親懿。寧遠 / 將軍、行左宗衛副率韋洽，行高人紀，德盛朝倫。地 / 聯玉衣之慶，家擅金籯之業，名既昭於戚屬，班 / 亦茂於儲闈。方謂介茲景福，永錫休寵，豈期神聽 / 或愆，生涯奄謝。言念今□，用軫于懷。雖絳服趍朝，/ 已登門衛之秩；而銅符按部，寔重藩城之寄。宜峻 / □崇，式輝泉下。可贈使持節、絳州諸軍事、絳州刺 / 史，贈物二百段，米粟二百石，喪事、葬事，並宜官 / 供。仍差京官六品一人檢校。主者施行。/ 神龍三年四月九日。/ 銀青光祿大夫、守中書令、上柱國、贊皇縣開國侯臣李嶠宣。/ 銀青光祿大夫、行中書侍郎、同中書門下三品、上柱國、東海郡開國公臣于惟謙奉。/ 朝散大夫、守中書舍人、兼修國史、上柱國臣鄭愔行。/

侍中、上柱國、鄭國公臣再思，/ 太中大夫、守黃門侍郎、上柱國臣惟忠，/ 給事中、上柱國臣諲等言：/ 制書如右，請奉 / 制，付外施行。謹言。/ 神龍三年四月十日。/ 制可。/

四月□日酉時，都事。/ 右司郎中。/

尚書左僕射、兼中書令、仍知兵部事、監修國史、上柱國、齊國公 / 尚書右僕射闕，/ 銀青光祿大夫、守吏部尚書、門下三品、上柱國、彭城郡開國公，/ 吏部侍郎、兼左御史中丞、兼修國史、柱國、封陽縣開國公，/ 通議大夫、守吏部侍郎、兼修國史、上柱國、朝陽縣開國子羲，/ 尚書左丞、兼修國史，/ 告贈使持節、絳州諸軍事、絳州刺史韋洽第：奉 / 被制書如右，符到奉行。/ 主事思，/ 令史張脊，/ 書令史麻繪。/ 神龍三年四月十三日下。/

六三　盧瓚墓誌

大唐故隰州蒲縣令盧府君（瓚）墓誌銘并序

誌高四十六釐米，寬四十六釐米。誌文二十三行，滿行二十二字。

盧瓚，唐景龍四年（七一〇）二月五日卒。年四十二歲。同年三月二十四葬。

大唐故隰州蒲縣令盧府君墓誌銘并序/

君諱瓚，字子珪，涿郡范陽人也。因官宅土，今爲洛州永昌/人焉。神農華胄，太師餘烈，□工人爵，鍾鼎山河，無得而稱，/其來尚矣。曾祖彦章，隨校書郎、恒州靈壽縣丞。祖莊道，/皇朝侍御史、刑部員外郎。父玉昆，綿州昌隆縣尉、睦州桐/廬縣主簿。並良玉九德，精金百鍊，履先王之要道，得君子/之爲儒，委命樂天，位不充量。君器局凝峻，理識淹弘，時然/後言，行滿無怨。以天授三年，射策高第。尋授潞州屯留縣/尉。官無中人，從常調也。轉晉州洪洞縣主簿。仇玄藴鸞鳳/之德，梁竦勞州縣之歎。屬一人有命，百姓爲心，光馳衣/繡之雄，式求製錦之術，言刈其楚，我實當仁。奏攝隰州蒲/縣令。酆城龍劍，武邑牛刀，豪猾懾其秋霜，鰥寡愛其冬日。/既而留犢公府，折轅私第。有季曰頠，莅職汝州，此軫在原/之情，彼切陟岗之望，載驅其馬，言指其居。未幾爲歡，俄然/遘疾。南溟海運，詎見輔仁；東岳山頹，空嗟瞰鬼。以景龍四/年二月五日，終於汝州郟城縣，春秋四十二。君克己復禮，/立身揚名，大位未弘，中年即代。始則假裝吉往，終以旅櫬/凶歸。眇眇孤魂，悠悠長夜。有妻方震，有子猶咳。彼蒼者天，/斯百其酷。即以其年三月廿四日[一]，歸葬於緱氏縣西界平/原，禮也。子白桐，粤在襁褓，未知安曆，凡今所營，莫如兄/弟。恐陵遷谷貿，故刊石紀銘。詞曰：

峻系於姜，亹亹湯湯。降年/不長，隕代於良。緱山之傍，卜云允臧。徒休問之無疆，見佳/城之不暘，何嗟乎彼蒼。/

[一]二月廿四日，原刻“二月廿八日”，又改刻爲三月廿四日。

六四　苑大智墓誌并蓋

大唐故左領軍衛將軍上柱國武威郡開國公苑府君（大智）墓誌銘并序

誌高五十八釐米，寬五十八釐米。誌文二十九行，滿行三十五字。

蓋文四行，十六字。篆書：大唐故左/玉鈐衛壯/武將軍苑/君墓誌銘/。

附告身刻石二方。高七十一釐米，其一，寬七十二釐米。其二，高五十釐米，寬一百釐米。

苑大智，唐垂拱元年（六八五）二月四日卒。年七十二歲。妻曹氏。景雲二年（七一一）三月四日合葬。

大唐故左領軍衛將軍上柱國武威郡開國公苑府君墓誌銘并序 /

公諱大智，南陽人也。武關西臨，山崮輪而繞鄧；漢池南注，水逶迤而入楚。地靈攸屬，人傑挺 / 生。忌則齊國大夫，聲傳載籍；康則漢朝太守，道著循良。鳳翥鸞趨，盛德高標於百代；蘭滋桂 / 馥，奇契發明於四海。曾祖郎，周青州刺史，贈并州都督。惟岳降神，惟周之幹。文翁蜀郡，變爲 / 鄒魯之風；劉馥揚州，任以東南之事。祖珍，隋左銀青光禄、帥都督、使持節、右七軍内驃騎大 / 將軍。雲柯掃日，水鏡澄天，居暗室而不欺，臨大節而無奪。父㝵，左衛翊府隊正、上柱國。黑衣 / 朝列，紫禁宵嚴，齒郎將以司階，杖干將而衛極。公氣含精耀，量挾江河，倜儻多奇，英明獨秀。/ 陶謙之馳上路，每曳幡旗；鄧艾之臨大澤，必爲軍陣。據鞍投筆，常慷慨於風雲；冒仞推鋒，幾 / 横行於邊塞。起家授秦城府右果毅都尉。端繩立操，潔水臨官，六衛所以欽風，五戎由其益 / 氣。尋遷右戎衛翊府左郎將，奉敕往遼東鎮遏。公智謀泉涌，憤氣雲蒸，一縱而虜入囊 / 中，三接而首懸麾下。克摧兇孽，多獲寇糧，讋讐辰韓，威行遼隧，璽書褒慰，特異恒班。除宣威 / 將軍、守左戎衛中郎將。既而陽關路斷，鄯國人驚。月壯波圓，地侵張掖之郡；霜初木落，山昏 / 禿髮之塵。又命公領兵，往救洮疊等州。公武步鷹揚，風飛電掃。總王師而不戰，自解重圍；敷 / 廟略以長驅，載清邊野。加上柱國，封武威郡開國公，食邑二千户，除右監門衛將軍、洮河道 / 副大總管。蒲海通川，沙場故地，權烽永滅，烏鹵咸開。俄遷壯武將軍、守左領軍衛將軍。别 / 敕於高祖獻陵宿衛。悲夫！穀林風急，蒼梧雲重。雀臺空在，奏歌管而誰聞；龍湖不歸，抱 / 弓箭而何及。公拜祠無怠，警衛逾恭。遘疾彌留，皇天不憖，以垂拱元年二月四日，薨於 / 陵所，春秋七十有二。胤子定遠將軍、右屯衛盧山府長上折衝嘉賓，先以垂拱元年乙酉之 / 歲，奉窆於樊川北原。神道新營，祠堂舊列。夫人華容郡君曹氏。文昭振鐸，系著麟圖；武皇孟 / 德，宗標鳳史。子臧守節而克讓，歷葉彌光；蒼舒噏衣以至仁，綿齡永劭。故得蘭姿載誕，蕙問 / 流芬，動合婦德婦容，言成女儀女誡。家僮七百，遵紡績於張夫；經史四千，邁諷談於蔡琰。悼 / 孤鸞而獨影，傷雄劍之先沉，爰襲共埏，更依同穴。即以景雲二年歲次辛亥三月丙午朔四 / 日己酉，合葬於恭哀后園之南，禮也。嗣孫左親衛、武威郡公亮，毁深欒棘，痛感霜露，因書生 / 之指地，佇天子之營宫。寶劍騰霄，爲視王喬之冢；佳城見日，遂掩滕公之銘。其詞曰：/

赳赳將軍，居然出群。我心匪石，高風切雲。惟祖惟父，令望令聞。象賢粲爛，邁德氛氲。爰初發 / 迹，杖其雄戟。西征東討，夷凶剪逆。遼左塵清，湟中地闢。位隆分土，榮深絶塵。軒去鼎湖，舜葬蒼 / 梧。虔衛陵寢，妙盡規模。朝脩脯糒，夜警傳呼。昊天不弔，喪此雄圖。復斯英媛，作儷夫君。/ 文昭令緒，武穆崇勳。黄星閒曆，黑髭凝雲。母儀廣夏，德嬿長春。孟嘗池沼，庾公旒旐。地卜雌龍，/ 人祠大鳥。月照山夕，風悲松曉。萬古千年，時看碑表。/

大智墓誌告身刻石一

上段：

弓月道耶瀆川陣，第一勳，加兩轉。石門陣，第一勳，加一轉。/ 葱山道怛塹陣，第一勳，加一轉。波斯道□□陣、尉頭城陣，/ 平壤道連□陣、鐵山陣、周留陣，並第一勳，各加三轉，總一十九轉。/ 游擊將軍、守右戎衛郎將、護軍、雍州苑大智，/ 右可上柱國，封武威郡 / 開國公，食邑二千户。/

東臺：游擊將軍、守右戎衛郎將、護軍苑 / 大智等，並氣懷猛鋭，占募從戎。或能著七 / 擒，或功彰三捷，勳庸克舉，夷俗載清。/ 宜錫榮班，式昭茂賞。可依前件，主者施行。/ 乾封三年正月八日。/ 兼右相、□□太子左中護、上柱國、樂城縣開國男臣劉仁□□。/ 西臺侍郎、道國公臣戴至德奉。/ 兼西臺舍人臣李虔繹行。/

左相闕，/ 中散大夫、守東臺侍郎兼知左史事臣文瓘，/ 兼東臺舍人、上騎都尉臣佺等言：/ 詔書如右，請奉 / 詔，付外施行。/ 乾封三年正月十二日。/ 制可。/

正月十四日酉時，都事下直。/ 左成務下直，付。/

左匡政闕，/ 右匡政闕，/ 司列大常伯闕，/ 中散大夫、守司列少常伯兼檢校太子右中護、上輕車都尉仁本，/ 銀青光禄大夫、行左肅機、魏縣開國子業，/ 告上柱國、武威郡開國公苑 / 大智：奉被 / 詔書如右，符到奉行。/ 主事思問，/ 司勳大夫嶔，令史翟德林，/ 書令史邢師古。/ 乾封三年正月十四日下。/

中段：

門下：前宣威將軍、守左領軍衛翊 / 府中郎將、武威郡開國公苑大 / 智，體質强固，志氣驍勇，早預 / 朝班，累宣誠效。自丁艱罰，歲 / 序載移，宜從權制，錫其戎秩。/ 可守左威衛翊府中郎將，散 / 官封並如故，主者施行。/ 上元二年二月三日。/ 中書令闕。/ 太中大夫、□中書侍郎、上騎都尉臣崔知悌宣。/ 朝議郎、行太子文學、中□□人、弘文館直學士臣郭正一奉行。/

侍中闕，/ 朝散大夫、守黄門侍郎、兼修國史臣智周，/ 通直郎、守給事中臣待舉等言：/ 詔書如右，請奉 / 詔，付外施行。謹言。/ 上元二年二月四日。/ 制可。/

二月五日酉時，都事下直。/ 左司郎中，假。/

尚書左僕射闕，/ 尚書右僕射闕，/ 兵部尚書闕，/ 太中大夫、守兵部侍郎德昭，/ 朝散大夫、中書舍人、兼檢校兵部侍郎炎，/ 銀青光禄大夫、行尚書左丞、柱國圉師，/ 告宣威將軍、守左威衛翊府中郎將、/ 武威郡開國公苑大智：奉被 / 詔書如右，符到奉行。/ 主事暢，/ 兵部郎中慎，令史孫詮，/ 書令史段胤。/ 上元二年二月五日下。/

下段：

門下：侍衛巖廊，心膂攸寄。太子左清道率、上 / 柱國、桐柏縣開國子元善徵，右威衛翊府中 / 郎將劉安都，宣威將軍、守左威衛翊府中郎 / 將、武威郡開國公苑大智等，志局剛厲，力用 / 閑舉，早廁戎麾，備宣勤略。宜加朝奬，擢司軍 / 政。善徵可忠武將軍、守右領軍衛將軍，勳封 / 並如故。安都可壯武將軍、守右監門衛將軍。/ 大智可守右監門衛將軍，散官封並如故。主 / 者施行。/ 儀鳳二年四月廿七日。/ 中書令臣李，使。/ 朝散大夫、守中書侍郎、同中書門下三品臣薛元超宣。/ 朝散大夫、守中書舍人、弘文館學士、上柱國臣郭正一奉行。/

侍中、太子賓客臣文瓘，/ 光禄大夫、守黄門侍郎、同中書門下三品、上騎都尉臣恒，/ 朝散大夫、守給事中臣文亮等言：/ 詔書如右，請奉 / 詔，付外施行。謹言。/ 儀鳳二年四月廿八日。/ 制可。/

四月廿九日酉時，都事下直。/ 左司郎中下直。/

尚書左僕射、太子賓、同中書門下三品、監修國史、上柱國、樂城縣開國侯仁軌，/ 尚書右僕射、太子賓客、同中書門下三品、道國公至德，/ 兵部尚書闕，/ 太中大夫、守兵部侍郎、輕車都尉德昭，/ 中散大夫、守兵部侍郎、護軍炎，/ 朝議大夫、尚書右丞思順，/ 告宣威將軍、守右監門衛將軍苑大智：奉被 / 詔書如右，符到奉行。/ 主事玄哲，/ 兵部員外郎，令史，/ 書令史岐思儉。/ 儀鳳二年四月廿[一]日下。/

[一] 當爲“卅”字，原誌誤刻。

苑大智墓誌告身刻石二

上段：

門下：列將分營，寔爲重寄；計勞增秩，諒/惟恒序。宣威將軍、守右金吾將軍、上柱/國、滎澤縣開國子閻懷旦，宣威將軍、守/左領軍衛將軍、張掖郡開國公馬師訓，/宣威將軍、守左領軍衛將軍、員外置同/正員、武威郡開國公苑大智，明威將軍、/守左威衛將軍劉文禕，明威將軍、守左/驍衛將軍党父奴，明威將軍、守左領軍/衛將軍郭齊宗，寧遠將軍、守左金吾將/軍丘神勣等，幹局弘毅，志懷謹肅。或遠/統師律，威略宣於邊塞；或久參戎政，嚴/恪著於軒墀。並課績居多，誠效可紀，咸/宜抽奬，用申榮命。懷旦可壯武將軍，守/右金吾衛將軍，勳封如故。師訓可壯武/將軍、守右領軍衛將軍，封如故，大智可/壯武將軍、守左領軍衛將軍、員外置同/正員，封如故。文禕可宣威將軍、守左威/衛將軍。父奴可宣威、守左驍衛將軍。齊/宗可宣威將軍、守左領軍衛將軍。神勣/可定遠將軍、守左金吾衛將軍。主者施行。/永淳元年九月十八日。/正議大夫、守中書令、同中書門下三品臣崔知温宣。/朝議大夫、守秘書員外少監、檢校中□□郎、同中書門下平章事、弘文館學士、上柱國郭正一奉。/朝散大夫、守中書舍人、崇文館學士、柱國、南陽縣開國伯臣鄧玄挺行。/

正議大夫、守侍中、上護軍臣在京，/中大夫、守黄門侍郎、同中書門下平章事、柱國臣待舉，/朝散大夫、守給事中、上柱國臣元範等言：/詔書如右，請奉/詔，付外施行。/永淳元年九月十九日。/制可。/

九月十九日酉時，都事下直。/右司郎中，下直。/

尚書左僕射闕，/尚書右僕射闕，/兵部尚書闕，/兵部侍郎闕，/中大夫、守兵部侍郎、同中書門下平章事、護軍長倩，/朝散大夫、尚書右僕□□，/告壯武將軍、守領軍衛將軍、員外置/同正員、武威郡開國公苑大智：奉被/詔書如右，符到奉行。/主事振方，/兵部郎中景慎，令史范瑩，/書令史鄔祐。/永淳元年九月廿日下。/

下段：

門下：前宣威將軍、守左領軍衛/將軍、上柱國、武威郡開國公苑/大智，志氣剛猛，力用强濟，夙奉/旌麾，屢標勳績。近者命師出討，/預參裨將，敗軍失律，屬在元戎。/既非其罪，宜從敘用。可守左領/軍衛將軍、員外置同正員，散官/勳封並如故，主者施行。/永隆元年九月廿八日。/中書令闕。/中大夫、守中書侍郎、兼檢校太子左庶子、同中書門下三品薛元超宣，/朝散大夫、守中書舍人、弘文館學士、上柱國郭正一奉行。/

侍中、監修國史、上柱國、甑山縣開國公臣處俊，/中大夫、守黄侍郎、兼修國史、同中書門下三品知温，/朝□大□、守給事中思徵等言：/詔書如右，請奉/詔，付外施行。謹言。/永隆元年九月卅日。/制可。/

九月卅日酉後，都事下直。/左司郎中下直。/

尚書左僕射、監修國史、同中書門下三品、上柱國、樂成縣開國公仁軌，/尚書右僕射闕，/兵部□書闕，/中大夫、守黄門侍郎、兼檢校兵部侍郎、上護軍炎，/朝請大夫、守兵部侍郎、護軍長倩，/朝散大夫、守尚書右丞約，/告宣威將軍、守左領軍衛將軍、/員外置同正員苑大智：奉被/詔書如右，符到奉行。/主事感，/朝散大夫、守兵部郎中方直，令史馬瑗，/書令史趙爽。/永隆元年九月卅日下。/

六五　盧敷墓誌

曹州宛勾縣令范陽盧府君（敷）墓誌銘并序

誌高四十六釐米，寬四十七釐米。誌文二十八行，滿行二十七字。

盧敷，唐太極元年（七一二）二月七日卒。年四十八歲。妻李氏，同年二月三日卒。年三十七歲。同年四月十日合葬。

曹州宛勾縣令范陽盧府君墓誌銘并序 /

君諱敷，字子布，范陽人也。源浚流清，閥閲擅高門之右；條繁林茂，氏族 / 爲腴地之雄。固已冠冕前脩，羽儀後進者矣。高祖懷仁，齊太尉府記室 / 參軍。以后舅遷神農郡守，避外戚之榮，固辭不拜。撰《中表實録》卅卷，良 / 史取則焉。馬上成書，魏武莫能增損；舫中自諷，謝尚驚其藻拔。章表是 / 管，筆札斯在。讓德逾遠，同羊祜之至言；著述尤工，驗臧文之不朽。曾祖 / 彦章，隨靈壽縣丞。耽翫典墳，屢辭辟命。桓譚著論，不樂棲遲；梁竦興嗟，/ 徒勞郡縣。祖莊道，歷監察御史、侍御史、江都縣令、刑部員外郎。繡衣載 / 踐，避馬相規；墨綬纔臨，馴翬表異。仰膺列宿，聲振握蘭；伏奏明光，名流 / 題柱。父玉昆，歷綿州昌隆縣尉、睦州桐廬縣主簿。梅福神仙之道，仇香 / 鸞鳳之姿，盛德有鄰，英華靡絶。公行非外飾，學不爲□，胸懷豁然，默語 / 無滯。解褐相州參軍，以調昇也。高步參卿之列，允當師表之才，權總諸 / 曹，時無留事。尋選授常州司户參軍。嘗攝晉陵、武進二縣，風化大行。歲 / 滿言歸，攀車塞路，雖古之良吏，曷以尚兹。居無何，選補曹州宛勾縣令。踐境求瘼，下車揚惠。屬雲漢愆應，飢饉是虞，賑救未聞，徭賦仍舊。州府 / 拘於常憲，僚列無所發明。公建議恤人，無辭陷己，輶軒上達，綸綍下 / 從，其利博哉，所活衆矣。□蘊鮮爲義敗，鄭默卒以擅褒，擬諸其倫，綽有 / 餘裕。方將襲韓稜之八座，紹卓茂之三台，茫昧神心，高明鬼瞰。春秋卌 / 八，太極元年二月七日，遘疾奄捐館舍。遺命薄葬，啓手歸全，機杼畢停，/ 耒耜咸廢，合境揮淚，夾道隨喪，望丹旐而長號，攀素車而增慟。夫人趙 / 郡李氏，衛州刺史嘉祚之長女也。施衿稟訓，鳴珮來歸。林下之英，窈窕 / 於王媛；閨房之秀，幽閑於顧嬪。華繁早零，晦明成疾。享年卅有七，先君四 / 日而夭。佳人不再，遽至傷神，遺嗣藐然，能無飲恨。即以其年四月十日，/ 合葬於洛陽緱氏縣西通谷鄉平原，從先兆也。嗚呼哀哉！乃爲銘曰：/

穆穆昌緒，悠悠綿祀。爰逮猗人，令問不已。行滿無怨，學優方仕。奚適匪 / 通，所居必理。道長運短，有志無年。傷神何速，景命不延。雙棺相次，兩旐 / 同旋。親朋嗚咽，行路流漣。先遠有期，卜云已吉。白楊下闇，青松上密。黯 / 黯窮燈，幽幽泉室。四象徒運，萬春長畢。/

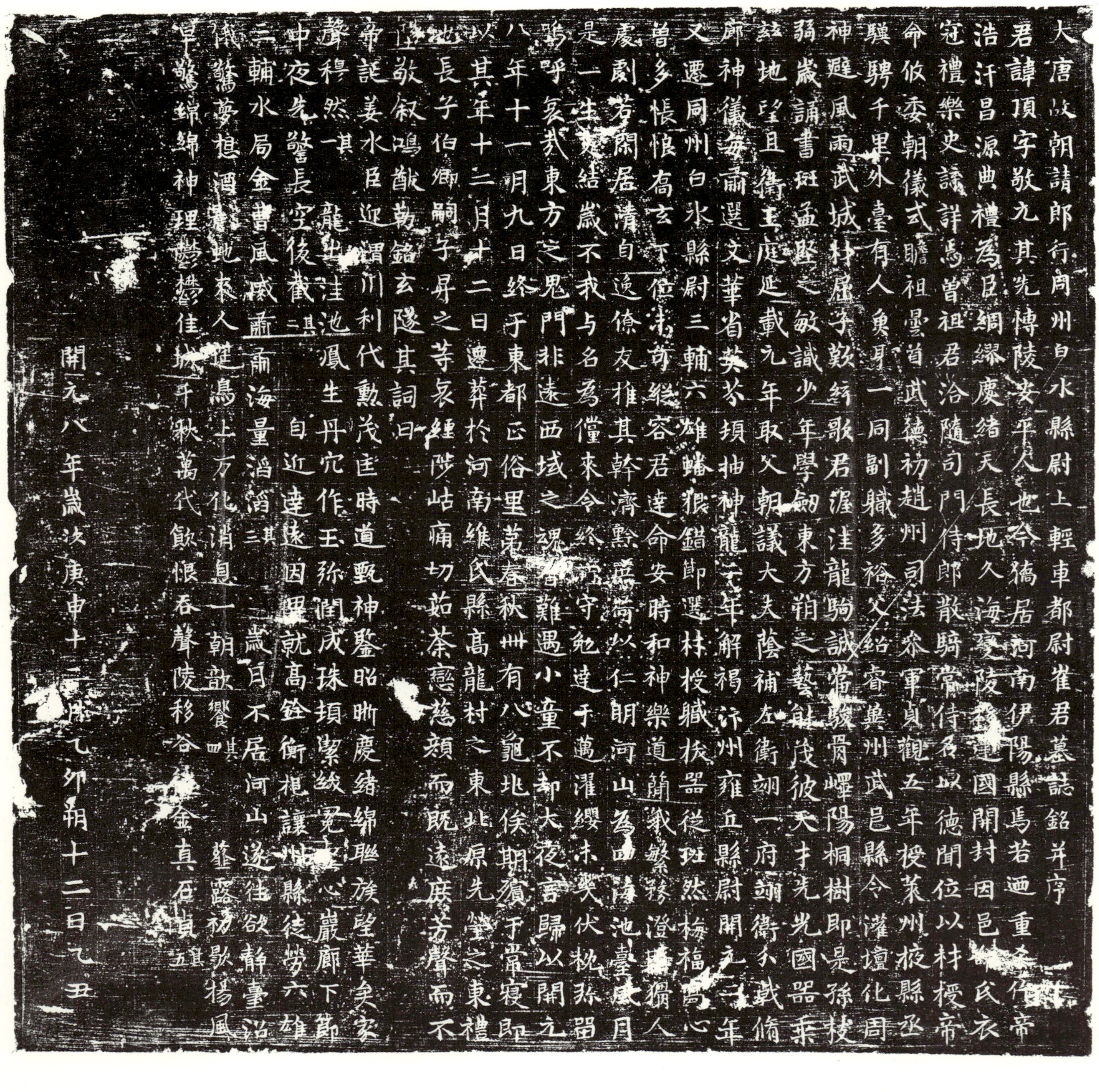

六六　崔頂墓誌

大唐故朝請郎行同州白水縣尉上輕車都尉崔君（頂）墓誌銘并序

誌高六十二點五釐米，寬六十二點五釐米。誌文二十六行，滿行二十九字。

崔頂，唐開元八年（七二〇）十一月九日卒。年四十八歲。同年十二月十二日葬。

大唐故朝請郎行同州白水縣尉上輕車都尉崔君墓誌銘并序 /

君諱頂，字敬元，其先博陵安平人也，今僑居河南伊陽縣焉。若迺重爻□帝，/ 浩汗昌源；典禮爲臣，綢繆慶緒。天長地久，海變陵移，建國開封，因邑錐氏，衣 / 冠禮樂，史諜詳焉。曾祖君洽，隨司門侍郎、散騎常侍。名以德聞，位以材授。帝 / 命攸委，朝儀式瞻。祖曇首，武德初，趙州司法參軍。貞觀五年，授萊州掖縣丞。/ 驥騁千里，外臺有人；魚□一同，副職多裕。父紹睿，冀州武邑縣令。灌壇化周，/ 神避風雨，武城材屈，子歎絃歌。君渥洼龍駒，誠當駿骨，嶧陽桐樹，即是孫枝。/ 弱歲誦書，班孟堅之敏識；少年學劍，東方朔之藝能。茂彼天才，先光國器；乘兹地望，且衛王庭。延載元年，取父朝議大夫蔭，補左衛翊一府翊衛。分戟脩 / 廊，神儀每肅；選文華省，英芬頓抽。神龍二年，解褐汴州雍丘縣尉。開元二年，/ 又遷同州白水縣尉。三輔六雄，蟠根錯節，選材授職，拔器從班。然梅福高心，曾多悵悢；喬玄下位，未可縱容。君達命安時，和神樂道，簡我繁務，澄□猾人。/ 處劇若閑，居清自逸。僚友推其幹濟，黔庶荷以仁明，河山爲四海池臺，風月是一生□結。歲不我與，名爲儻來，令終所守，勉達于邁，濯纓未幾，伏枕彌留。/ 嗚呼哀哉！東方之鬼門非遠，西域之魂杳難遇，小童不却，大夜言歸。以開元 / 八年十一月九日，終于東都正俗里之第，春秋卌有八。龜兆俟期，殯于常寢，即 / 以其年十二月十二日，遷葬於河南緱氏縣高龍村之東北原先塋之東，禮 / 也。長子伯卿，嗣子昪之等，哀纏陟岵，痛切茹荼，戀慈顔而既遠，庶芳聲而不 / 墜，敬敘鴻猷，勒銘玄隧。其詞曰：/

帝誕姜水，臣迎渭川。利代勳茂，匡時道甄。神鑒昭晰，慶緒綿聯。族望華矣，家 / 聲穆然。其一。龍出洼池，鳳生丹穴。作玉彌潤，成珠頓潔。紱冕虛心，巖廊下節。/ 中夜先警，長空後截。其二。自近達遠，因卑就高。銓衡挹讓，州縣徒勞。六雄 / 三輔，水局金曹。風威肅肅，海量滔滔。其三。歲月不居，河山遂往。欲静臺沼，/ 俄驚夢想。酒影蛇來，人筵鳥上。萬化消息，一朝歆饗。其四。薤露初歇，揚風 / 早驚。綿綿神理，鬱鬱佳城。千秋萬代，歛恨吞聲。陵移谷徙，金真石貞。其五。/

開元八年歲次庚申十二月乙卯朔十二日乙丑[一]。/

[一] 此處干支有誤。十二月己卯朔，十二日庚寅。

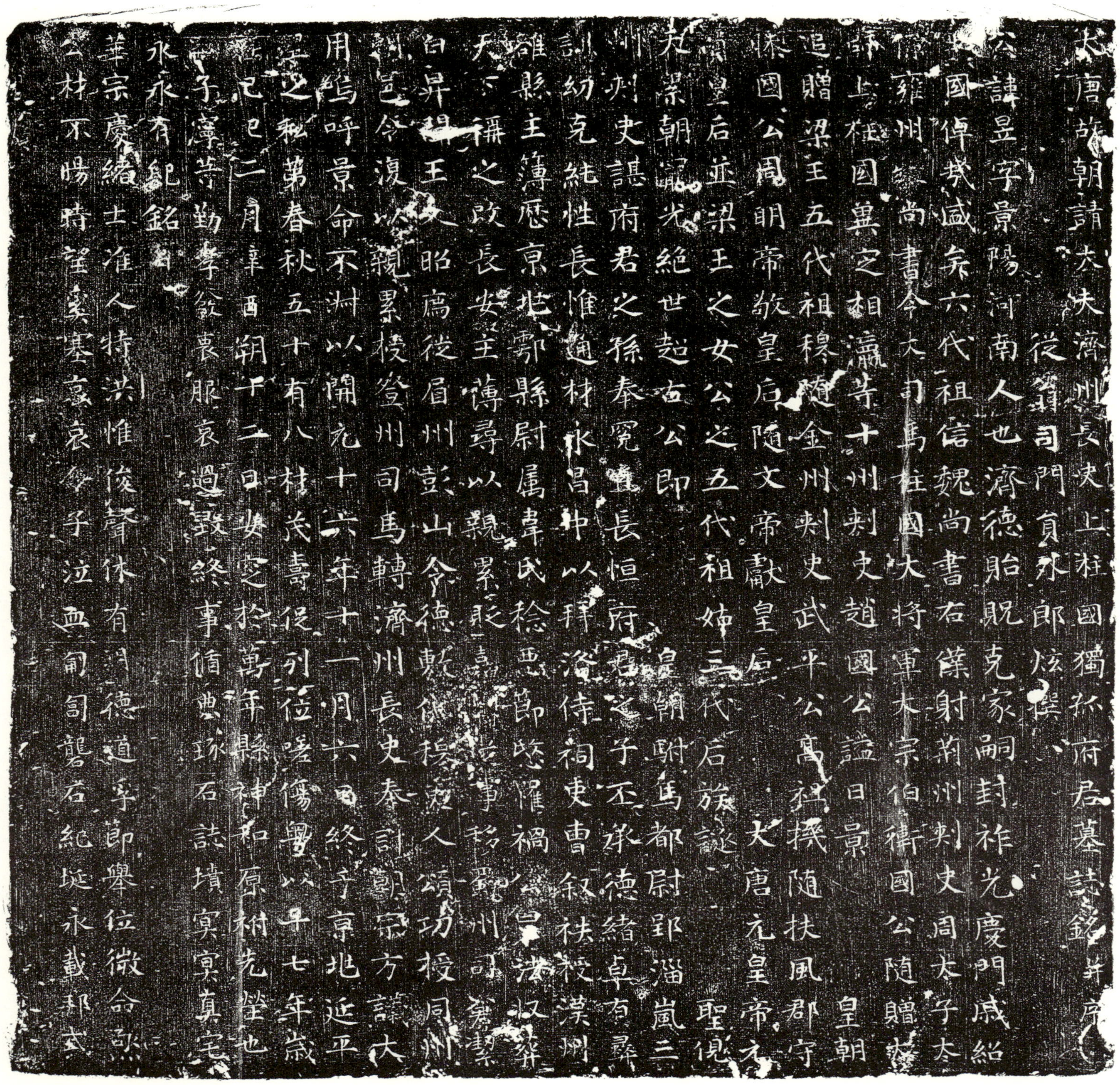

六七　獨孤昱墓誌并蓋

大唐故朝請大夫濟州長史上柱國獨孤府君（昱）墓誌銘并序

從翁司門員外郎炫撰。

誌高五十九釐米，寬五十九釐米。誌文二十三行，滿行二十四字。

蓋文三行，九字。篆書：大唐故/獨孤府/君墓誌/。

獨孤昱，唐開元十六年（七二八）十一月六日卒。年五十八歲。開元十七年（七二九）二月十二日葬。

大唐故朝請大夫濟州長史上柱國獨孤府君墓誌銘并序 /

從翁司門員外郎炫撰。/

公諱昱，字景陽，河南人也。濟德貽晛，克家嗣封，祚光慶門，戚紹 / □國，倬哉盛矣。六代祖信，魏尚書右僕射、荆州刺史、周太子太 / 保、雍州牧、尚書令、大司馬、柱國大將軍、大宗伯、衛國公，隋贈太 / 師、上柱國、冀定相瀛等十州刺史、趙國公，謚曰景，皇朝 / 追贈梁王。五代祖穆，隋金州刺史、武平公。高祖機，隋扶風郡守、/ 滕國公。周明帝敬皇后、隋文帝獻皇后、大唐元皇帝元 / 貞皇后，並梁王之女、公之五代祖姑。三代后族，誕聖俔 / 天，累朝寵光，絶世超古。公即皇朝駙馬都尉、鄧淄嵐三 / 州刺史諶府君之孫，奉晃直長恒府君之子。丕承德緒，卓有彝 / 訓，幼克純性，長惟通材。永昌中，以拜洛侍祠，吏曹敘袟，授漢州 / 雒縣主簿，歷京兆鄠縣尉。屬韋氏稔惡，節愍罹禍，公□法收葬，/ 天下稱之。改長安主簿，尋以親累，貶嘉州從事，移蜀州司倉，潔 / 白昇聞，王父昭鳫，徙眉州彭山令，德敷□穆，吏人頌功，授同州 / 朝邑令，復以親累，授登州司馬，轉濟州長史。奉計朝宗，方議大 / 用，嗚呼，景命不淑，以開元十六年十一月六日，終于京兆延平 / 里之私第，春秋五十有八。材茂壽促，列位嗟傷。粵以十七年歲 / 在己巳二月辛酉朔十二日，安窆於萬年縣神和原，祔先塋也。/ 嗣子寧等，勤孝發衷，服哀過毀，終事循典，琢石誌墳，冥冥真宅，/ 永永有紀。銘曰：/

華宗慶緒，士准人特。洪惟俊聲，休有明德。道孚節舉，位微命亟。/ 公材不暘，時望奚塞。哀哀令子，泣血匍匐。礱石紀埏，永載邦式。/

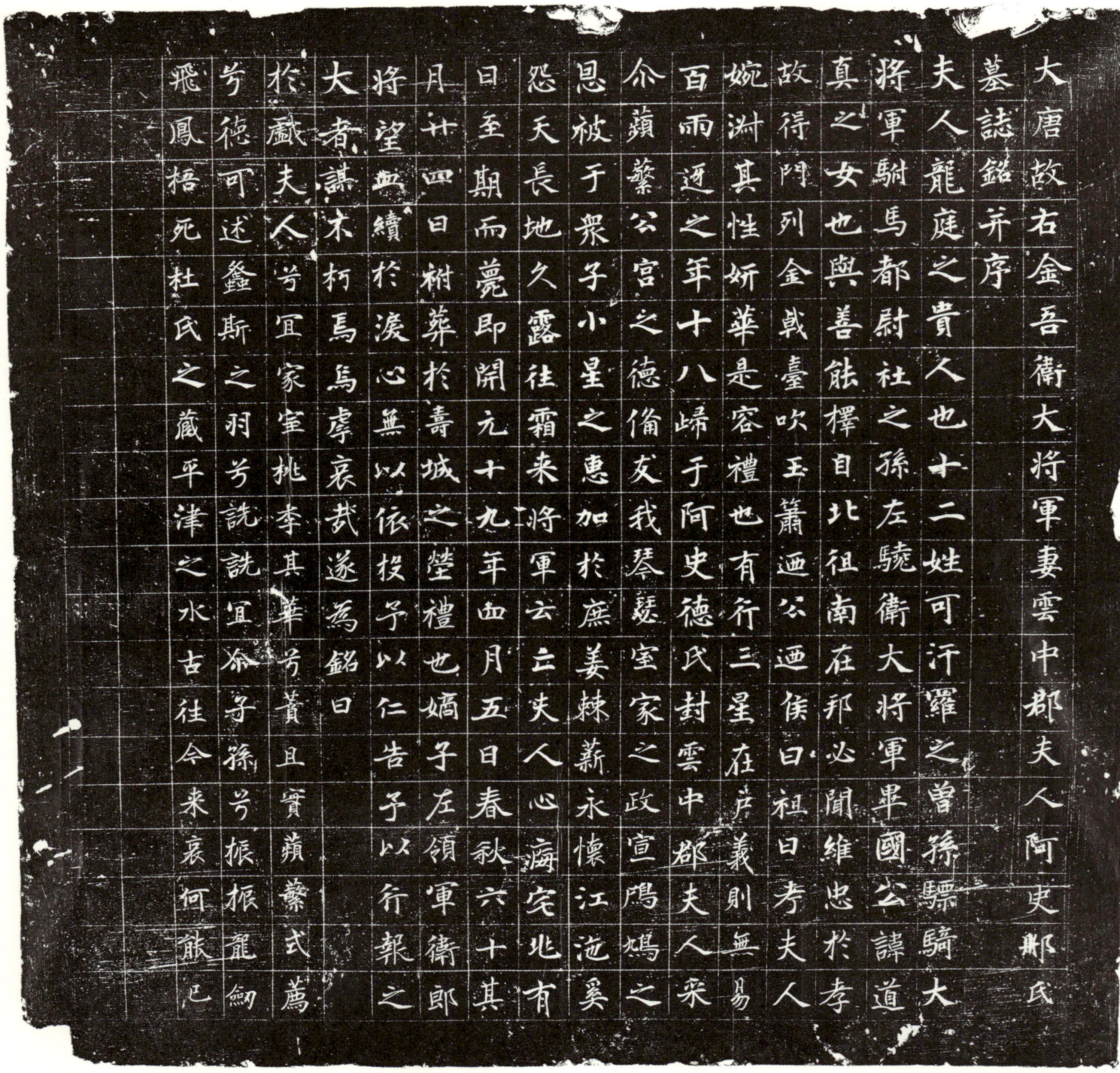

六八　阿史德君妻阿史那氏墓誌并蓋

大唐故右金吾衛大將軍妻雲中郡夫人阿史那氏墓誌銘并序

誌高七十四釐米，寬七十四釐米。誌文十八行，滿行二十字。

蓋文四行，十六字。篆書陽文：大唐故右/金吾將軍/夫人阿史/那墓誌銘/。

阿史那氏，唐開元十九年（七三一）四月五日卒。年六十歲。同年四月二十四日祔葬。

大唐故右金吾衛大將軍妻雲中郡夫人阿史那氏/墓誌銘并序/

夫人龍庭之貴人也，十二姓可汗羅之曾孫，驃騎大/將軍、駙馬都尉社之孫，左驍衛大將軍、畢國公諱道/真之女也。與善能擇，自北徂南，在邦必聞，維忠於孝，/故得門列金戟，臺吹玉簫，迺公迺侯，曰祖曰考。夫人/婉淑其性，妍華是容，禮也有行，三星在户，義則無易，/百兩迓之。年十八，歸於阿史德氏，封雲中郡夫人。采/爾蘋蘩，公宫之德備；友我琴瑟，室家之政宜。鳲鳩之/恩，被於衆子。小星之惠，加於庶妾。棘薪永懷，江沲奚/怨。天長地久，露往霜來。將軍云亡，夫人心痗，宅兆有/日，至期而薨，即開元十九年四月五日，春秋六十。其/月廿四日祔葬於壽城之塋，禮也。嫡子左領軍衛郎/將望，血續於淚，心無以依，投予以仁，告予以行。報之/大者，謀不朽焉，烏虖哀哉，遂爲銘曰：/

於戲夫人兮宜家室，桃李其華兮蕡且實，蘋蘩式薦/兮德可述。螽斯之羽兮詵詵，宜爾子孫兮振振。龍劍/飛，鳳梧死。杜氏之藏，平津之水。古往今來，哀何能已。/

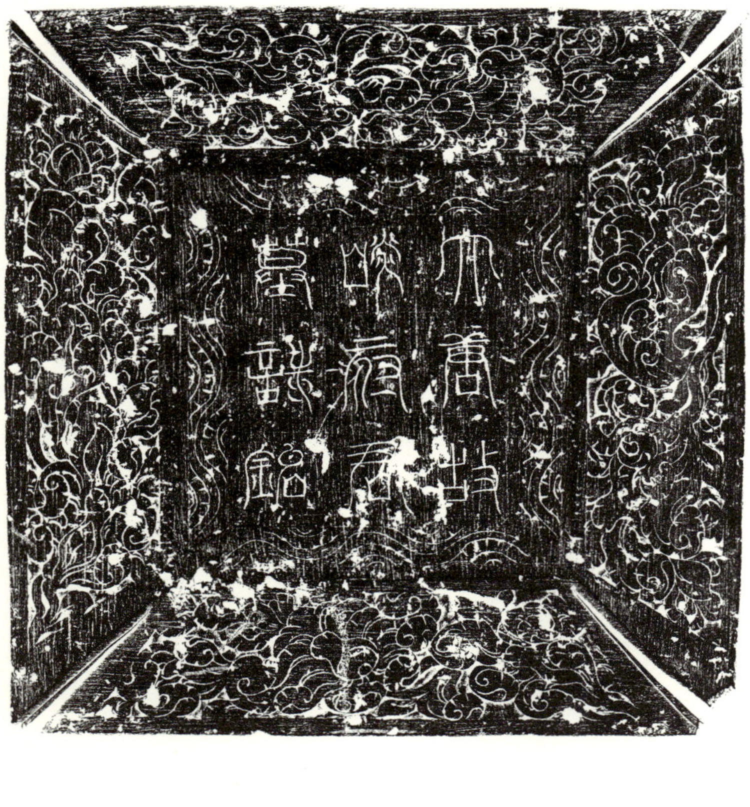

六九　啖彦璡墓誌并蓋

唐故衡州攸縣令啖府君（彦璡）墓誌銘并序

誌高四十二釐米，寬四十二釐米。誌文二十五行，滿行二十五字。

蓋文三行，九字。篆書：大唐故/啖府君/墓誌銘/。

啖彦璡，唐開元二十一年（七三三）四月二十五日卒。年五十七歲。開元二十三年（七三五）八月十九日葬。

唐故衡州攸縣令峽府君墓誌銘并序 /

公諱彦璡，字彦璡，京兆雲陽人也。周秦之際，門族遞興，漢魏以來，/ 氏姓多矣。公望高東海，而長在西秦，公侯之家，必復其始，本枝百 / 代，其在兹乎。且禹命九官，契敷五教，綜核名實，示人軌儀，但授方 / 任能，必擇良者。公鄯州録事參軍之孫，朝散大夫、金州安康縣令 / 之子。立身清粹，率禮恭謙，布武有章，立言成訓，恭勤利於家國，孝 / 行聞乎鄉黨。學優入仕，門閥克昌，解褐擬安西倉曹，後任衡州茶 / 陵縣丞。雪山西峙，聲績已聞；衡岳南垂，匡贊尤美。秩滿，選授攸縣 / 令。吏曹推擇，委以清能，而告别國門，飭裝于邁，遥瞻澧浦，遠指涔 / 陽。扶馬揮鞭，旋赴荆蠻之路；征帆舉棹，遠泛洞庭之水。公天命不 / 假，遘疾彌留，翌日不瘳，俄成大漸，開元廿一年四月廿五日，終於 / 樓船之内，春秋五十有七。妻子號慟，飄泊他邦，幽魂返於故鄉，靈 / 轝歸乎私第。夫人司馬氏，河内名家，人中甲族，少習家訓，閑於婦 / 道。喪儀合禮，節行過人，毁瘠在於几筵，哀聲傷於行路。由是盡傾 / 家産，創造墳塋，飾以凶儀，備乎靈櫬。梁鴻之婦，不足比其賢能；樂 / 羊之妻，或可均於志行。冢子天遇、次子天運等苗而不秀，徒有夢 / 蘭之徵；少而云亡，空結循垓之歎。嗣子天縱、全志等居喪盡禮，哀 / 毁過年。擇遠日於兹辰，厝明靈於此地，即以開元廿三年八月十 / 九日，葬於河陽縣北嶺山之禮也。青烏相墓，白鶴臨墳，移柳駕於 / 河壖，引旐幡於湨水。旻天降禍，殲厥良賢，望斷荒郊，奄從深夜，泉 / 門永閉，隴樹空悲。恐變海於桑田，勒斯文於誌石，其銘曰：/

北岳逾高，南山峻極。傳之不朽，亦如明德。君子承家，執心正直。孝 / 自天性，忠爲人則。惟彼荼苦，于今于古。歸寧何仰，無父恃怙。嗟乎 / 嗣子，凶禍斯殃。痛哉釐婦，哀哭多傷。火然秋草，樹落春霜。人琴並 / 没，書劍俱亡。/

七〇　張暐妻許日光墓誌

大唐特進鄧國公張君（暐）夫人封鄧國夫人故許氏（日光）墓誌并序

朝散大夫行起居郎張楚撰。

誌高六十一釐米，寬六十一釐米。誌文二十五行，滿行二十七字。

許日光，唐開元二十三年（七三五）九月十二日卒。年六十五歲。同年十一月十日葬。

大唐特進鄧國公張君夫人封鄧國夫人故許氏墓誌并序 /

朝散大夫行起居郎張楚撰。/

夫人諱日光。著姓啓於高陽，本枝肇於太嶽，嘉寵外戚，劭推倫鑒，蕃衍 / 必大，蟬聯至今。曾祖善，隋銀青光禄大夫、邢州刺史、譙國公。大父力士，/ 皇朝洛州長史。烈考欽寂，歷夔府長史，贈安州都督。龍光繼美，胙土傳 / 封，名重當代，勳書盟府。夫人稟訓坤範，合義天倪，體物窮於謝 / 家，纘業齊於蔡氏。則以世族歸我鄧公，德有四而必弘，親有六而能睦。/ 所謂嘉偶，而云好逑。當宜家之和樂，會所天之恩命，竟寵石窌，/ 聯華金章，允成伉儷之表，克大閨門之望。豈圖輔善虚語，遘疾中年，景 / 命不融，良醫莫驗而已。今年秋九月十二日，薨於河南私第，春秋六十 / 有五。後十一月十日，葬於萬安山之原，禮也。親懿盡悴，邑居蕭條，疇昔 / 絳帳之辰，遂爲玄堂之夜。夫人處貴能儉，御下以慈，雖列歌鍾 / □娱，不替蘋蘩之事。性晤輪轉，心依法空。每時收邑，必助鄧公之施；早 / 日遊林，嘗負山妻之識。臨終遺約，不忘仁義，蓋賢達難者而夫 / 人有之。子將作少匠履冰、殿中丞季良、典設郎履直等，痛結晝扇，哀深 / 寒泉。初夫人寢疾，衣不解帶，及夫人之薨，背水不入 / 口，將孝思罔極，永錫爾類歟。特進、鄧國公翼濟邦家，羽儀列辟，懷必誠 / 之如昨，恨偕老之莫從，傷神在兹，顧影何及。恐陵谷遷徙，惜徽音冥昧，/ 俾命末學，旌志斯文。銘曰：/

稽古得姓，疇庸開國。允文允武，有典有則。林密條茂，川長波極。豈徒人 / 英，亦云女德。其一。粤惟令範，作嬪君子。和如瑟琴，芬若蘭芷。動合禮則，談 / 歸物理。秦晉得之，潘楊舊矣。其二。隟則易過，舟亦難藏。本謂偕老，翻驚悼 / 亡。山雲晦色，霄婺沈光。曾是遺誡，如何勿傷。其三。孝哉令子，血泣號慕。痛 / 貫彼蒼，哀纏行路。闕塞東指，伊川南度。但見松柏，已生煙霧。其四。/

開元廿三年十一月十日。/

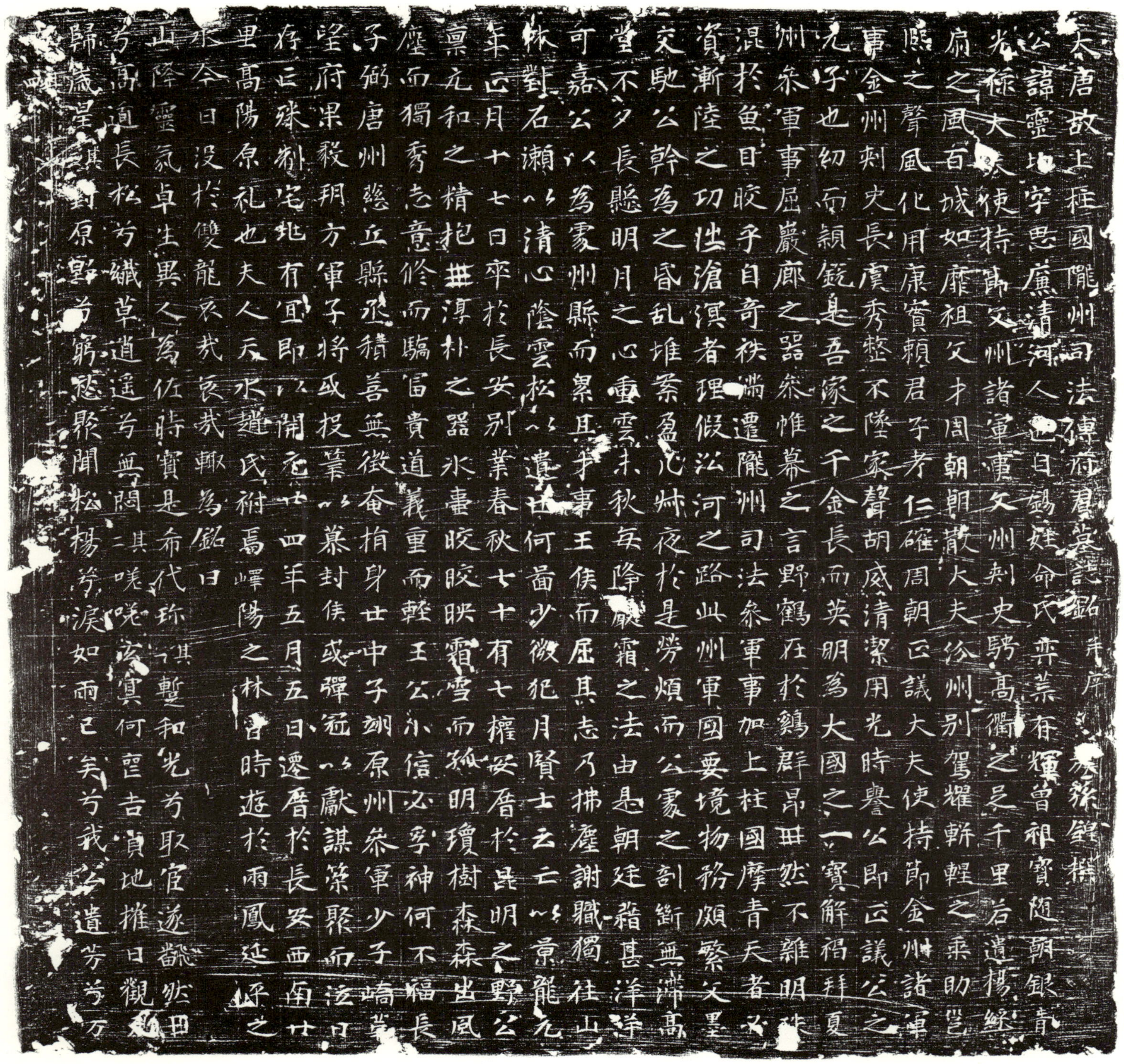

七一　傅靈均墓誌并蓋

大唐故上柱國隴州司法傅府君（靈均）墓誌銘并序

族孫鍠撰。

誌高五十二釐米，寬五十三釐米。誌文二十六行，滿行二十五字。

蓋文三行，九字。篆書：大唐故/傅府君/墓誌銘/。

傅靈均，唐景龍元年（七〇七）正月十七日卒。年七十七歲。妻趙氏。開元二十四年（七三六）五月五日遷葬。

大唐故上柱國隴州司法傅府君墓誌銘并序

族孫鍠撰。/

公諱靈均，字思廉，清河人也。自錫姓命氏，弈葉有輝。曾祖寶，隨朝銀青/光禄大夫、使持節文州諸軍事、文州刺史。騁高衢之足，千里若遺；楊綵/扇之風，百城如靡。祖文才，周朝朝散大夫、汾州别駕。耀軿轀之乘，助邕/熙之聲。風化用康，實賴君子。考仁確，周朝正議大夫、使持節金州諸軍/事、金州刺史。長虞秀整，不墜家聲；胡威清潔，用光時譽。公即正議公之/元子也。幼而穎鋭，是吾家之千金；長而英明，爲大國之一寶。解褐拜夏/州參軍事，屈巖廊之器，參帷幕之言。野鶴在於鷄群，昂然不雜；明珠/混於魚目，皎乎自奇。秩滿，遷隴州司法參軍事，加上柱國。摩青天者，必/資漸陸之功；涉滄溟者，理假沿河之路。此州軍國要境，物務頗繁。文墨/交馳，公幹爲之昏亂；堆案盈几，叔夜於是勞煩。而公處之，剖斷無滯。高/堂不夕，長懸明月之心；重雲未秋，每降嚴霜之法。由是朝廷藉甚，洋洋/可嘉。公以爲處州縣而累其才，事王侯而屈其志，乃拂塵謝職，獨往山/林。對石瀨以清心，蔭雲松以遺世。何圖少微犯月，賢士云亡。以景龍元/年正月十七日，卒於長安别業，春秋七十有七，權安厝於昆明之野。公/禀元和之精，抱淳樸之器。冰壺皎皎，映霜雪而孤明；瓊樹森森，出風/塵而獨秀。志意修而驕富貴，道義重而輕王公。小信必孚，神何不福。長/子弼，唐州慈丘縣丞，積善無徵，奄捐身世。中子翊，原州參軍。少子嶠，華/望府果毅、朔方軍子將。或投筆以慕封侯，或彈冠以獻謀策。聚而泣曰：/存亡殊制，宅兆有宜。即以開元廿四年五月五日，遷厝於長安西南廿/里高陽原，禮也。夫人天水趙氏祔焉。嶧陽之林，昔時遊於兩鳳；延平之/水，今日没於雙龍。哀哉！哀哉！輒爲銘曰：/

山降靈氛，卓生異人。爲佐時寶，是希代珍。其一。韜和光兮取宦，遂翻然/兮高遁。長松兮纖草，逍遥兮無悶。其二。嗟嗟玄冥，何喪吉貞。地摧日觀，天/歸歲星。其三。對原野兮窮愁聚，聞松楊兮淚如雨。已矣兮我公，遺芳兮萬/古。其四。/

七二　爏俟思敬墓誌并蓋

大唐故雲麾將軍沁州安樂府折衝都尉上柱國番禾縣開國男爏俟府君（思敬）墓誌銘并序

朝議郎前長州司户參軍事吴郡陸茝文并書。

誌高五十四釐米，寬五十四釐米。誌文二十三行，滿行二十三字。

蓋文三行，九字。篆書：大唐爏/俟府君/墓誌石/。

爏俟思敬，唐開元三年（七一五）十一月二十二日卒。開元二十四年（七三六）五月十七日葬。

大唐故雲麾將軍沁州安樂府折衝都尉上柱國番禾縣開/國男熾俟府君墓誌銘并序/

公諱思敬，字和平，陰山人也。其先虙羲氏之苗裔。粵若因封/定闢，區域斯分，入衛出將，勳庸代著。申威萬里，静鎮一方，德/表酋宗，雄壓豪首。在漢則休屠紀號，居魏則祏拔稱帝，冥褆/漸漬，歷代熏赫。曾祖娑匐頡利發，大漠州都督、兼右驍衛大/將軍，貴冠一時，榮奉三主。祖步失，唐左驍衛大將軍、兼大/漠州都督，酋渠寄重，豈易其人。父勃閉支，唐右衛王保府長/上、果毅都尉，忠以事上，惠以育下。公少有大節，雅尚剛悍，/蔚勁氣，抗雄風，輕財重義，道不苟合。解褐特授散郎將，轉正/員郎將。忘家徇國，祖業式昭。又任左羽林衛中郎將，加番禾/縣開國男，食邑三百户。崇勛樹德，朱葉彌煽。又任右威衛中/郎將。千盧夜警，有巡徼之勤；五校朝嚴，懷部分之略。加授雲/麾將軍，去武賁之雄，握出塞之節。俄承恩詔，除沁州安樂/府折衝都尉，銜命宣威，流沙問罪。永年未極，長夜俄歸。以/開元三年十一月廿二日，終於瓜州公亭。於戲！連城弇耀，照/乘韜輝，摧茝蕙於春杪，落椅桐於方夏。嗟鄧攸之無子，蒲信/何歸；傷武侯之絶胤，思遠繼嫡。以開元廿四年五月十七日，/遷葬於長安高陽原，禮也。兄子温嗣，恨風枝之易動，泣露草/之難停，勒芳猷於琰礎，標美躅於泉扃。其銘曰：/

百川奔兮，滄海安流。萬人逝兮，冥路何幽。豈冠冕兮，軒蓋王/侯。信同歸兮，松門一丘。輴輀既駕兮，笳旐悠悠。日迫悲風兮，/白楊颼颼。

朝議郎前長州司户參軍事吴郡陸茝文并書。/

七三　長孫楚璧墓誌

大唐故朝散大夫行眉州彭山縣令上柱國長孫府君（楚璧）墓誌銘并序

誌高五十九釐米，寬五十九釐米。誌文二十七行，滿行二十七字。

長孫楚璧，唐開元二十五年（七三七）四月十二日卒。年七十一歲。妻張氏。同年七月十三日合葬。

大唐故朝散大夫行眉州彭山縣令上柱國長孫府君墓誌銘并序 /

公諱楚璧，字珩，河南洛陽人也。英輝支派，遠自黄軒，邦國代興，平在幽 / 朔，道高天啓，德茂人懷，卒能光輔大君，經綸中土，因宗命氏，累葉傳芳。/ 曾祖晟，隋齊王、金紫光禄大夫、持節、揚州大都督、淮南道諸軍事，食邑 / 三千户。大賢輔國，異姓封王，應龍虎之風雲，誓山河於帶礪。逮乎神光 / 轉運，天祚興唐，家人獻虺夢之祥，太后啓坤靈之德。祖無忌，/ 皇太尉、趙國公、金紫光禄大夫、中書令、司徒、司空，食邑三千户。賨憲功 / 高，馮參器重。在邦必達，寧因外戚之家；於湯有光，實用亂臣之力。父澤，/ 左千牛衛長史，貶梓州銅山縣令。慶襲龍章，姻聯帝戚。賢親入衛，/ 周王重祈父之班；謗累因忠，蕭傳罷將軍之印。咸以享宗存祀，開國承 / 家，休聲暢焉，爲代稱矣。公即故梓州銅山縣令之第三子也。德俊 / 天資，心靈岳秀，代鬱曄而先貴，族清華而益榮。年卅九，以諸親授益州 / 大都督府參軍事，爰謀廣德，不歎屈才，光爲入幕之賓，妙進喜公之智。/ 俄而福由禍匿，累自他來，左遷嶲州會川縣主簿。龍駒滯於滇池，鸞鳥 / 棲於枳落，切思忠勸，無所怨尤。竟沐韶恩，量還資職，授普州參軍，/ 轉眉州司兵參軍事。背折坂而斂轡，入彭門而主諾。秩滿，調遷彭山令，/ 德鈞風雨，化潤絃歌，下車而俗樂無苛，解印而人懷遺愛。嗟乎南州山 / 遠，返旆途難，家本東京，寓留南鄭。台司可據，蔣蜿之夢無徵；天使未期，/ 賈誼之灾先集。以開元廿五年四月十二日，遘疾終漢中西縣常樂里 / 之私第，時年七十有一。夫人清河縣君張氏，家風習禮，天性知仁。陳晃 / 之妻，始和鳴於君子；楊賜之母，早遺訓於賢才。悲夫龍劍雙沉，靈輿千 / 里，隨車兩泣，迎路風號。以其年七月十三日，合葬於河南緱氏縣之平 / 原，禮也。有三子：子儀、子俊、子良等，禄及榮親，色難終養，纏哀追遠，勤孝 / 居心，草第檢身，欒棘毁性。將備物以致禮，先刻銘以飾終，庶兹玄途，永表 / 馨德。銘曰：

英英哲人，淑德蘭新。勳榮代積，禮樂天親。受命華省，參卿 / 錦津。禍流福倚，少屈旋伸。德稱蠻夏，聲播梁岷。絃歌始洽，羽翟言馴。馳光及暮，/ 灾夢臨晨。泉途藏曉，玉樹埋春。孝心欒棘，思斷煙塵。千年不泯，德重如珍。/

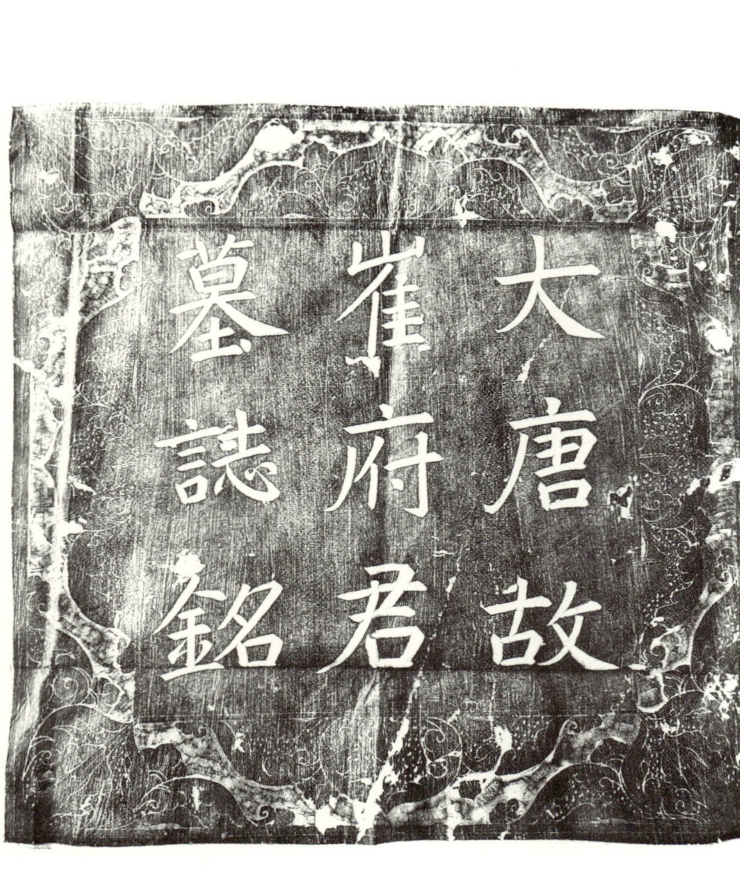

七四　崔延昭墓誌并蓋

唐故岐州岐陽縣丞博陵崔公（延昭）墓誌銘并序

左拾遺孟匡朝撰文。

誌高五十七釐米，寬五十七釐米。誌文二十八行，滿行二十八字。

蓋文三行，九字。正書：大唐故 / 崔府君 / 墓誌銘 /。

崔延昭，唐開元二十六年（七三八）三月卒。年五十八歲。妻獨孤氏。開元二十七年（七三九）正月二十七日合葬。

唐故岐州岐陽縣丞博陵崔公墓誌銘并序 /

君諱延昭，字仲華，安平人也。昔公望表瀛海，司徒開博陵，天寵賢豪，世濟 / 冠劍，雲搆十古，鼎角萬族，莫我京矣。曾祖進，唐趙州刺史。/ 祖文行，延州刺史。父敬賓，會州刺史。三葉炳靈，二南雄寄，克明克 / 類，以社以方。君則會州府君第二子，生而聰異，自然孝德。幼學能誦平叔 /《論語》安國《尚書》《左氏春秋》。志學，州辟明經，賓于王，上第。弱冠，擢授洛 / 交尉。遽喪所恃，棄官屠心，無聲常淚，有志必死，賴嚴尊勸抑，僅免滅性。先 / 是，太夫人服枕，君年纔佩韘，念和緩之無術，向僧薩以哀求，而心 / 契一乘，頂願七日，因結戒之祐，獲無妄之喜，時人謂之孝童焉。洎居是喪 /，果且有異。服闋，隨集補長社尉，當劇養正，執清中權，時岐王爲州，好書愛 / 客，以君才義，深相器重。秩滿，丁外艱，重如前喪，慮以後事，强而從禮，終然 / 成疾。而以再期，枕块困於貧辛；是願三命，巡牆卜其宅兆。調補岐陽丞，敉 / 大事也。到邑，以恭信雅直得於上，以慈儉貞惠刑於下，夙夜在公，孝思不 / 遣。逮成績辭滿，而舊痾有增，乃傾其餘俸，寫諸釋典，東歸天國，/ 北面法王。茶蘪有瘳，方行遠日之禮；神何昧善，不遇延年之藥。以開元戊 / 寅歲窉月辛亥[一]，終於萬年永寧里之私第，春秋五十有八。臨命呼其季及 / 其女杜陵韋著之妻，謂之曰：“長逝有期，吾之順也。先人未葬，吾之恨也。汝等圖之，成吾所願。”明年正月庚申[二]，會州府君遷窆於少陵原，君與 / 故夫人河南獨孤氏合葬於其塋，禮也。夫人即故新豐令景先之第四女，/ 家本奥室，儷於高門，金玉其相，蘋蘩必薦，往在岐下，遘疾而終。公有子曰 / 喦，洵美克嶷，夫人之逝，號而夭焉。且公有參閔之因心，冉季之政事，商也 / 之惇學，回也之中庸，克生昭代，宜受顯服。而年未下壽，禄避上農，喪子文 / 於安卑，同伯道之無嗣。悲夫！孤女藐焉，奉成先志，舉衾而雙袝，刻石於三 / 泉。聿求斯文，僕則不讓，遂爲銘曰：/

在北爲鷹，圖南曰鵬。經明必舉，孝行斯弘。大邑三命，崇臺九層。適未淪落，/ 方爲股肱。其一。秦山北麓，渭城南阜。樹列原阡，谿橫杜主。劍留荒隧，書埋泉户。/ 一祔雙魂，長悲萬古。其二。/

左拾遺孟匡朝撰文。/

[一] 開元戊寅歲即開元二十六年，窉月即三月，無辛亥日，原誌干支疑誤。

[二] 開元二十七年正月甲午朔，二十七日庚申。

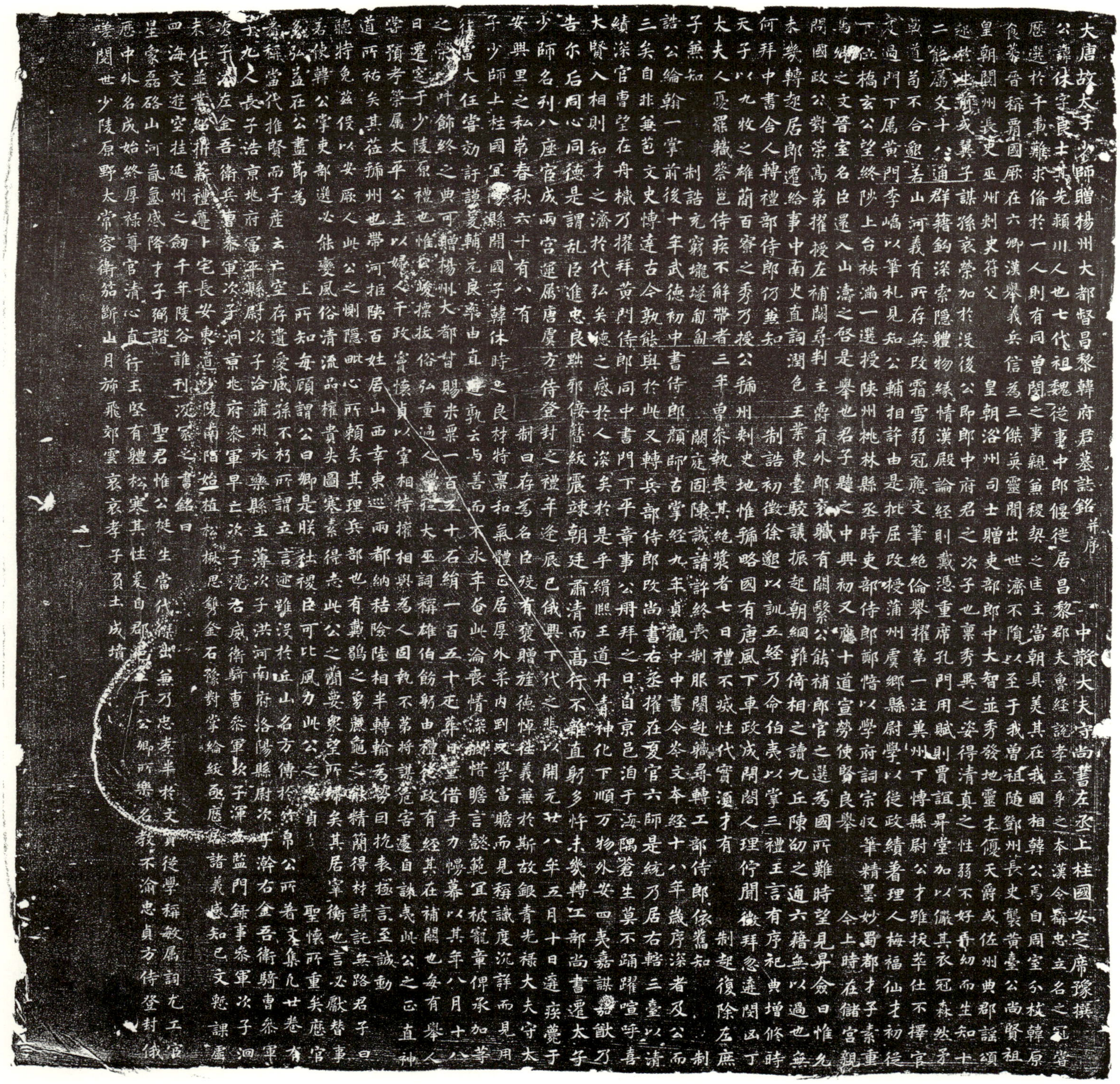

七五　韓休墓誌并蓋

大唐故太子少師贈揚州大都督昌黎韓府君（休）墓誌銘并序

中散大夫守尚書左丞上柱國安定席豫撰。

誌高七十二釐米，寬七十二釐米。誌文四十一行，滿行四十四字。

蓋文三行，九字。篆書：大唐故/韓府君/墓誌銘/。

韓休，唐開元二十八年（七四〇）五月十日卒。年六十八歲。同年八月十八日葬。

大唐故太子少師贈揚州大都督昌黎韓府君墓誌銘并序

中散大夫守尚書左丞上柱國安定席豫撰。/

公諱休，字良士，其先潁川人也。七代祖魏從事中郎偃，徙居昌黎郡。夫魯經説孝立身之本，漢令稱忠立名之冠，嘗/歷選於千載，難求備於一人，則有同曾閔之事親，兼稷契之匡主，當朝具美，其在我國相韓公焉。自周室分枝，韓原/食菜，晉稱霸國，厥在六卿，漢舉義兵，信爲三傑。英靈間出，世濟不隕，以至于我曾祖隋鄧州長史、襲黄臺公尚賢。祖/皇朝閬州長史、巫州刺史符。父皇朝洛州司士、贈吏部郎中大智。並秀發地靈，才優天爵。或佐州典郡，謡頌/起於生前；或翼子謀孫，哀榮加於没後。公即郎中府君之次子也，禀秀異之姿，得清真之性。弱不好弄，幼而生知，十/二能屬文，十八通群籍，鈎深索隱，體物緣情。漢殿論經，則戴憑重席；孔門用賦，則賈誼昇堂。加以儼其衣冠，森然矛/戟，道苟不合，邈若山河，義有所存，無改霜雪。弱冠，應文筆絶倫舉，擢第一，注冀州下博縣尉。公才雖拔萃，仕不擇官，/及過門下，屬黄門李嶠以筆札見知，公輔相許，由是批屈，改授蒲州虞鄉縣尉。學以從政，績著理人。梅福仙才，初從/下位；橋玄公望，終陟上台。秩滿一選，授陜州桃林縣丞。時吏部侍郎鄭愔，以學府詞宗，收筆精墨妙。蜀都才子，素重/馬卿之文；晉室名臣，還入山濤之啓。是舉也，君子韙之。中興初，又應十道宣勞使賢良舉，今上時在儲宫，親/問國政，公對策高第，擢授左補闕，尋判主爵員外郎。衮職有闕，緊公能補，郎官之選，爲國所難，時望見昇，僉曰惟允。/未幾，轉起居郎，遷給事中。南史直詞，潤色王業；東臺駁議，振起朝綱。雖倚相之讀《九丘》，陳劭之通《六籍》，無以過也。無/何，拜中書舍人，轉禮部侍郎，仍兼知制誥。初徵徐邈，以訓五經；乃命伯夷，以掌三禮。王言有序，祀典增修。時/天子以九牧之雄，簡百僚之秀，乃授公虢州刺史。地惟虢略，國有唐風，下車政成，閉閤人理。佇聞徵拜，忽遘閔凶，丁/太夫人憂罷職。蔡邕侍疾，不解帶者三年；曾參執喪，其絶漿者七日。禮不滅性，代實須才，有制起復，除左庶/子兼知制誥。充窮壠隧，匍匐闕庭，固陳誠請，許終喪制。服闋赴職，尋轉工部侍郎，依舊知制/誥。公綸翰一掌，前後十年。武德初，中書侍郎顔師古掌經九年；貞觀中，中書令岑文本經十八年。歲序深者，及公而/三矣。自非兼苞文史，博達古今，孰能與於此。又轉兵部侍郎，改尚書右丞。擢在夏官，六師是統；乃居右轄，三臺以清。/績深官曹，望在舟檝。乃擢拜黄門侍郎、同中書門下平章事。公册拜之日，自京邑洎於海隅，蒼生莫不踴躍喧呼，喜/大賢入相，則知才之濟於代弘矣，德之感於人深矣。於是乎，緝熙王道，丹青神化，下順萬物，外安四夷，嘉謀嘉猷，乃/告爾后，同心同德。是謂亂臣進，忠良黜，邪佞讋紱，震竦朝庭。肅清而高行不雜，直躬多忤。未幾，轉工部尚書，遷太子/少師。名刊八座，宦成兩宫。運屬唐虞，方侍登封之禮；年逢辰巳，俄興下代之悲。以開元廿八年五月十日，遘疾薨於/安興里之私第，春秋六十有八。有制曰：存爲名臣，殁有褒贈，旌德悼往，義兼於斯。故銀青光禄大夫、守太/子少師、上柱國、宜陽縣開國子韓休，時之良材，特禀和氣，體正居厚，外柔内剛。文學富贍而見稱，識度沉詳而見用。/往當大任，嘗效訏謨，爰輔元良，率由直道。孰云與善，而不永年，奄此淪喪，情深憫惜。瞻言懿範，宜被寵章，俾承加等/之榮，以叶飾終之典。可贈揚州大都督，賜米粟一百五十石，絹一百五十匹。葬日，重借手力、幔幕。以其年八月十八/日，遷窆於少陵原，禮也。惟公峻標拔俗，弘量過人，學擅大巫，詞稱雄伯，飭躬由禮，從政有經。其在補闕也，每有舉人，/嘗預考策，屬太平公主以婦人干政，竇懷貞以宰相持權，相與爲人固執不第，將謀危害，遽自誅夷。此公之正直，神/道所祐矣。其莅虢州也，帶河拒陜，百姓居山。西幸東巡，兩都納秸，險陸相半，轉輸爲勞，因抗表極言，至誠動/聽，特免兹役，以安厥人。此公之惻隱，毗心所賴矣。其理兵部也，有戴鷃之勇，麗龜之能，精簡得材，請託無路。君子曰：/若使韓公掌吏部選，必能變風俗，清流品，權貴失圖，寒素得志。此公之簡要，衆望所歸矣。其居宰衡也，言必獻替，事/多弘益，在公盡節，爲上所知。每顧謂公曰：卿是朕社稷臣，可比風力。此公之忠貞，聖懷所重矣。歷官/著稱，當代推賢，而子産云亡，空存遺愛，臧孫不朽。所謂立言，跡雖没於丘山，名方傳於竹帛。公所著文集，凡廿卷。有/子九人：長子浩，京兆府富平縣尉；次子洽，蒲州永樂縣主簿；次子洪，河南府洛陽縣尉；次子滐，右金吾衛騎曹參軍；/次子汯，左金吾衛兵曹參軍；次子洞，京兆府參軍，早亡；次子滉，右威衛騎曹參軍；次子渾，左監門録事參軍；次子洄，/未仕。並業紹折薪，禮遵卜宅長安東道少陵南陌，始植松楸，思鐫金石。豫對掌綸紱，亟歷居諸，義感知己，文慙課虚。/四海交遊，空挂延州之劍；千年陵谷，誰刊汲冢之書。銘曰：/

星象磊硌，山河氤氳。感降才子，弼諧聖君。惟公挺生，當代傑出。兼乃忠孝，半於文質。從學稱敏，屬詞尤工。宦/歷中外，名成始終。厚禄尊官，清心直行。玉堅有體，松寒其性。爰自郡邑，至于公卿。所樂名教，不渝忠貞。方侍登封，俄/嗟閲世。少陵原野，太常容衛。笳斷山月，旆飛郊雲。哀哀孝子，負土成墳。/

七六　安建墓誌

大唐故游擊將軍行密雲郡白檀府左果毅安府君（建）墓誌銘并序

誌高九十釐米，寬八十九釐米。誌文二十八行，滿行二十七字。

安建，唐開元二十九年（七四一）四月十三日卒。年六十六歲。妻張氏，天寶元年（七四二）十月二十九日卒。年六十二歲。天寶二年（七四三）十月二十日合葬。

大唐故游擊將軍行密雲郡白檀府左果毅安府君墓誌銘并序 /

府君諱建，字建，其先長安人也。伊昔堯咨列岳，禹會塗山，儒雅風流，聿 / 光前史，衣冠禮樂，無競伊人。去開元十載，皇上以黠虜憑湊，薊垣 / 構亂，與其禦寇，曷若和戎，遂出降東光公主而睦其蕃焉。公以驍捍之 / 勇，韜鈐之術，恩制所知，令其副倅。每讀《李陵書》至“男兒生以不成名，死則葬蠻夷中”、又讀《梁竦傳》至“大丈夫生當封侯，死當廟食”，未嘗不奮 / 臂起怒，誓心作色，恨非同時，結此幽憤。無何有制授游擊將軍，行密 / 雲郡白檀府左果毅都尉，未之好也。洎十八年，外户不扃，異方入款，奉 / 敕先侍衛公主行官，並宜隨府隸上黨郡安置，因官而居焉。朱輪見乘，/ 且欣今日；白茅未錫，終歎後時。公則雲麾將軍、行左武衛大將軍、上柱 / 國令忠之孫，右驍衛翊府中郎將兼平盧軍副使、賜紫金魚袋暉之子。/ 乃祖乃父，如珪如璋，既操其斧鉞，亦班以節瑞，弈葉聯秀，公侯必復。公 / 年在總角，量乃成人。以爲書者記名而已，不足學其微；劍者防身之具，/ 未可窮其用。至於決勝千里，通知四夷，且賢充國之謀，攸重子房之略，恨不長清邊鄙，永絶妖氛。開陳其端，以歸人主，尊重於位，而謝當時。/ 鏤彝器而無慙，畫旗常而不媿者，皆公之心也。豈年不登壽，而命未准才，開元廿九年四月十三日，遘疾終於奉誠府之廨宅，春秋六十六。嗚 / 呼！疇昔風雲之氣，盡化九原；平生帷幄之謀，俄成萬古。有志不就，非命 / 也夫。夫人南陽張氏，故左威衛翊府左郎將處信之長女也。觀其洵美 / 無度，含章有則。秋風落棗，靡筐篚於東家；春水生蘋，常採掇於南澗。訓 / 子每聞於三徙，望夫詎惜其百身，生稱未亡，死曰同穴。天寶元年十月廿九日，後君而終，享年六十二。越天寶二年歲次癸未十月景寅朔廿 / 日乙酉，合葬於郡城西南二里平原，禮也。嗣子右威衛翊府中郎將、賞紫金魚袋利，次子弼詳等，四海推其公義，千里重其言諾。陟彼屺岵，痛 / 瞻望之靡及；爲之棺槨，恭死葬之有禮。謀不朽存乎貞石，銘曰：/

天也不憖，人之云亡。邦國殄瘁，丘隴蒼茫。壺口東峙，羊頭南接。兆起 / 龍田，形分馬鬣。佳城鬱鬱，長夜冥冥。何以播美，其在斯銘。/

七七　田僓墓誌并蓋

唐景龍觀威儀檢校修功德使田尊師（僓）墓誌銘并序

敕道門使翰林供奉興唐觀主撰。

誌高七十二點五釐米，寬七十二釐米。誌文三十二行，滿行三十二字。

蓋文三行，九字。篆書：大唐故 / 田尊師 / 墓誌銘 /。

田僓，唐天寶六載（七四七）正月十四日卒。年五十五歲。同年二月三日葬。

唐景龍觀威儀檢校修功德使田尊師墓誌銘并序 /

尊師諱僓，字道立，京兆人也。其先有嬀之裔，太嶽之後，食菜命氏，以陳爲田，春秋傳 / 曰：陳公子敬仲卿齊，然則周人以易獻觀國之繇，懿氏占曰："獲于飛象者，慶叶八代。" / 光爲七雄，及劉項西入，猶君王南面。會漢徙王族，今居京師。曾祖諱元豊，事周光禄 / 勳，鼎遷於隋，爲晉王記室，發揮百行，籍甚兩朝。祖諱成實，有隋之徵君也，白賁無咎，/ 紫芝成曲。父諱哲，器蘊才略，道兼出處，曾奮玉劍，西涉青海，謀發一鼓，日取三捷，何 / 其壯也；及逃賞不受，遺名就閑，拜上柱國，未敢聞命，何其清也。尊師天假醇精，生爲 / 世楷，德宇深聳，傑出一時，風靈爽秀，光照千里，誓抗心寥。天師友造化，中宗嘉之，/ 命爲道士，住景龍觀。以尊師標格高峻，皆向風推服，遂薦爲監齋，又昇爲大德，於是 / 詞達窈冥，聲塞宇宙。上以五岳真君圖西母受漢，世未之聞焉，期作廟圖形，創興 / 大典，發中岳之旨，受于尊師。俾尚書郎韋陟爲之介，既還報命，蒙束帛之錫，申命 / 令奉龍璧東醮于岱。廿四載正月上元，上乃沐止水之五香，清層宫之一室，崇校 / 戒也。命爲高功大法師。其容止詳閑，進退審度，上指之曰："仙家秀也。"昔漢帝美 / 尊師之先曰："堂堂乎張，京兆田郎"，今古不替。爰錫以銀器，雜繒副焉。廿七載，/ 詔往真源祖廟修齋醮，太常卿韋滔、内常侍陳忠盛副以從，事實多靈應，書諸國 / 史。廿九載，上夢烈祖，尊師承詔旁求，審得厥像，又賜紫裳束帛。時齋慶 / 鴻休，敕尊師表，歎若鼓鍾于宫，琳瑯振響，詞贍韻逸，載聞于天，又賜束帛，因下 / 詔曰："朕幽求山下，乃遇真容，卿敷暢搜前，深明道要，朝來齋慶，爲慰良深。"是歲，/ 度弟子田恭，尊師辭讓，墨詔答曰："尊師道衆領袖，玄宗津梁，至於門人，皆伏膺 / 高業，故編名紫府，用嗣清真。"又敕修本命功德，并檢校太玄觀功德使，副恒王，爲 / 上座，初謝不敏，墨詔答曰："玉京齋慶，瑶壇紀綱，資道門之舊德，成真宗之新 / 學，宜來往檢校，勿事謙撝。"又命爲貴妃授三皇寶録師，妃實勤敬道高故也。冬十月，/ 上幸温泉，尊師扈從，因遇疾杜門，上久不見尊師，怫然若無所與樂也，降中使致 / 問，勒名醫視藥。尊師禮謝曰："臣素求度世，今將變變何答。"天慈默而涕下。六載春 / 正月戊子，上有事於圓丘，尊師曰："吾同太史公滯洛之恨也。"己丑沐浴焚香，口 / 授辭表曰："臣聞'存没者晝夜也，何所欣慼'，於臣則不然，遇大道盛君不得久事，有 / 九十五老母不獲送終，追尋二事，實難瞑目，負愧宿願，無詞叩謝，但飲氣太陰之下，/ 結草無何之鄉，不勝戀戀至深，謹拖紳奉辭以聞。"皇上省表嗟悼，中使弔焉，賵絹 / 五十匹，飭終之惠也。翊日[一]大斂，舉衿就棺，若無有物，得真仙尸解矣。尊師時載五十 / 有五，遷化于觀，逾月己酉[二]，窆于細柳原，禮也。嗚呼，雲笙遥遥，瞻望不逮，刊迺幽石，永 / 示下泉。銘曰：

世本有嬀，名揚盛時。一扃泉户，水逝風悲。/

敕道門使翰林供奉興唐觀主撰。/

[一] 天寶六載正月丁丑朔，十二日戊子，十三日己丑。翊日即正月十四日。

[二] 天寶六載二月丁未朔，三日己酉。

七八　韓休妻柳氏墓誌并蓋

唐故相韓公（休）夫人河東郡夫人柳氏墓誌文

國子祭酒趙冬曦撰。

誌高七十六釐米，寬七十五釐米。誌文二十六行，滿行二十七字。

蓋文四行，十六字。篆書：唐故相韓 / 公夫人河 / 東郡夫人 / 柳氏墓誌 /。

柳氏，唐天寶七載（七四八）五月十三日卒。年六十二歲。同年十一月四日合祔。

唐故相韓公夫人河東郡夫人柳氏墓誌文 /

國子祭酒趙冬曦撰。/

皇唐天寶七載五月十三日壬午，故相文忠公、韓公夫人柳氏終於安 / 興里第，春秋六十有二矣。粤以十一月四日庚午，合祔於少陵原之墳，/ 依周制也。夫人字□□，隨熊州司馬斌之曾孫，鄜州别駕客尼之孫，戎 / 州南溪縣令明偉之女。慶承積善，著爲華族。因生賜姓之系，封魯居解 / 之本，士林所知，故可略也。夫人性與道合，自然明晤，事非師訓，動循儀 / 矩，惠心内敏，□容外穆。既笄而歸于韓氏，事姑以孝，接娣以睦。娓君子 / 以從一，誨諸孤以在三，可謂仁之方也已矣。韓公諱休，字良士，昌黎人。/ 世茂衣冠，家標文史。始以秀才入仕，累踐中外。自尚書右丞拜黄門侍 / 郎、同中書門下三品，改工部尚書、太子少師。臨長百僚，彌綸庶績。以貞 / 諒爲珮，而不假韋弦；以清白爲寶，而不藏金璧。榮貴數十載，室無私積，/ 可不謂忠乎！夫人將順其美，幽贊其事。豐賞厚禄，必散於姻戚；重錦縟 / 繡，罔施于林第。有鏘鏘之和，無嗃嗃之厲。公之季曰倩，今爲光禄少卿。/ 業富詞學，志輕軒冕，將拍洪崖之肩，且蹈留侯之跡。公之七子：曰浩，高 / 陵尉；曰洽，監察御史；曰洪，龍門縣令；曰汯，右補闕；曰滉，同官主簿；曰渾，/ 雲陽主簿；曰洄，經明高第。金相並振，玉樹羅生。棣華韡韡，布列於畿甸；/ 螽羽詵詵，差池於省閣。懿夫，有哲夫焉，有令妻焉，有賢季焉，有良胤焉。/ 盛哉一門，備兹四美。夫人晚年好道，深味禪悦。劃塵勞而萬象皆空，解 / 慧縛而十身同現。迨遊魂將變，神氣自若，猶陳命源，載申炯誡，其達者 / 歟。朝發高堂，暮歸同穴；壟霧長苦，松聲半咽；寂歷荒埏，汪洋遺烈。其銘 / 曰：/

翼翼河東，純懿儉慈。始稱女士，終成母儀。穆穆文忠，敏德清規。/ 明王之佐，儲后之師。相攸孔樂，作合惟時。室無及目，饋有齊眉。/ 采藻循度，夭桃是宜。虔脩白業，静習玄爲。鉛華莫御，藻繢無施。/ 猿心已寂，駟隙俄馳。榖也難也，聞禮聞詩。終身之感，寄我哀詞。/

七九　啖彥璡墓誌

唐故衡陽郡攸縣令啖府君（彥璡）墓誌銘并序

小子全用述。

誌高四十八釐米，寬四十八釐米。誌文二十七行，滿行二十七字。

啖彥璡，唐開元二十一年（七三三）四月二十五日卒。年五十七歲。開元二十三年（七三五）八月葬。妻司馬氏，天寶十一載閏三月二十二日卒。年五十二歲。天寶十二載（七五三）正月三十日合祔。

唐故衡陽郡攸縣令啖府君墓誌銘并序

小子全用述。/

先君諱彦璡，京兆雲陽人也。家世儒學，多偃仰於翰林，時不重文，遂逍/遥於巖藪，樂道數世矣。至前秦生鐵，屬民多喪亂，帝業崩離，醜虜憑淩，/王師靡監，乃奮臂起於林莽，耀德静於風塵。王室獲寧，信爲柱石，帝授/金紫，加右將軍，會先帝崩，將軍旋亦即世。時復騷亂，子孫杜門，義不北/面。暨大唐初，天下偃武，才賢閒作，然從薄宦，則鴻漸也。先君即將軍□/二代孫也。祖頤，東平郡録事參軍。父懷度，朝散大夫、安康郡安康縣令。/先君少遭不造，年未志學，則無寬被之恩；昊天不傭，歲在弱年，又失趍/庭之訓。忠孝自我，才名不師。解褐授安西倉曹參軍，以西戎不庭，屢有/侵軼，志静沙漠，永止觀兵，乃欣然是行也。未及莅職，改衡陽郡茶陵縣/丞，亦不以德崇而恥位下，東南之美，匡贊是稱。秩滿，授攸縣令，以政有/方也。夫踠千里而未騁，蓄五音而待扣，有志不就，唯恨終天，嗚呼彼蒼，/其監何昧。開元廿一年四月廿五日，終於長沙郡舟葉之所，亨年五十/七。至開元廿三年八月，葬於河陽縣北嶺山之陽，今天寶十二載正月/卅日，以夫人司馬氏從周合祔。夫人其先河内温人。祖玄力，唐壽春郡/司馬。父再思，左金吾衛兵曹參軍。夫人年十有七配我先君，允關雎之/義也；卅有三則爲釐婦，守共姜之節也。雖承順不及於舅姑，展敬克存/於娣似，男習詩禮，女勤組繡，兩子擢第，一女從夫，不墜門風，實賴/聖善。凡婦人之所能事，夫人莫不備焉。以少罹鞠凶，常苦志節，勤憂損/壽，不保中年。天寶十一載閏三月廿二日，終於河陽别業，年五十二。嗣/子縱、全用等號叩罔極，欲報何階。恨天道之無知，空思負米；痛神明/之有釁，不復綵衣。咸欲煞身，祭祀無主。既浮生易盡，封樹有期，遂刊石/於幽泉，慮變山於寒谷。銘曰：/

鸞鳳戢翼，早棲枳棘。鴻鵠未舉，長鳴枉渚。士有未遇，含光養素。先君雖/曰逢時，流謙自持。位初百里，名播四維。邑小不恥，室闇無欺。身將許國，/好爵永縻。如何神道，有負貞禖。壑舟潛易，隟駟難追。豈謂天地，一朝/永違。何怙何恃，靡瞻靡依。風悲隴樹，雲慘郊畿。千秋萬古，合祔同歸。/

八〇　閻用之墓誌

唐故左金吾衛將軍河南閻公（用之）墓誌銘

尚書禮部員外郎獨孤及撰。

誌高四十八釐米，寬四十八釐米。誌文三十一行，滿行三十一字。

閻用之，唐至德二年（七五七）十二月卒。年五十九歲。妻崔氏，天寶十二載（七五三）四月十六日卒。年五十一歲。大曆元年（七六六）十一月二十日合祔。

唐故左金吾衛將軍河南閻公墓誌銘 /

尚書禮部員外郎獨孤及撰。/

公諱用之。遠祖曰文，周昭王瑕之昭也，生而手文曰“閻”，康王奇之，命封閻城。文四 / 十五代孫滿，仕後魏太祖，爲諸曹大夫，自馬邑家河南。其裔孫慶，在周爲少司空。/ 慶生立德、立本。唐永徽中，立德爲工部尚書，立本爲中書令。立德生邃，以司空尚 / 書之餘裕也，官至澤州刺史。邃生巨源，嘗宰射洪，有仁政。射洪人詠歌之。公射洪 / 第五子也，温毅遜直，廉恪寬信，神圓行方，氣和而仁。讀《論語》《老子》《周易》，被服其教。/ 初仕彭州參軍，嘗攝督郵，一日糾按本州愆謬不法數十事，太守徐知人以爲材。/ 後有詔擇舍人，以公魁偉爽晤有藴藉，乃登其選。會戎師侵我，天子方愛 / 人息戰，將以辭讓屈之，詔公使西域，以王命諭禍福，戎人頓首請罪。犬馬不 / 汗，戈鋋不用，而虜軍却。遷右衛郎將、右監門衛中郎將、知引駕仗。金吾將軍李質 / 上殿不解佩刀，公呵下殿陛，請按以法，左右皆震悚，自是環衛加肅。先是有司以 / 三衛執扇登殿引蹕，公奏曰：“三衛皆趫悍有材力，不當升階陛、邇御座，請以宦 / 者代。”上曰可，遂爲故事。天寶二年，册拜公長女爲皇子義王玼妃，加公左驍衛 / 將軍，遷榮王傅。初玄宗懲諸侯王之國任事，率多驕蹇，不奉法度，而人受其 / 害，故開元之後，皇子皇孫雖荷封建之目，未嘗離阿保之手，悉無出宫閤任卿士 / 者。公以爲王居深宫，則傅相職廢，上疏陳古義，請謁王申輔導之禮。議雖格，/ 上以爲忠。公已白首，位爲將軍諸侯傅，太夫人尚無恙，以銀印赤紱侍朝夕膳，色 / 難無違，時人榮之。太夫人捐館舍，禮五十不毁，公泣血死孝。既免喪，天子復 / 目以端士，俾傅壽王，加朝散大夫。上幸温泉，經時未還宫，京師人望屬車，咸 / 懷怨思。公獻四言詩十二章諷諫，詞多切至。優詔褒歎，後遷左金吾將軍。天寶 / 十五載，二京覆没，公爲虜所獲。明年，戎師奔，然後以初服歸。至德二年十二月，終 / 於京師，春秋五十九。夫人氏雍州司倉參軍博陵崔慎言之女，專静冲懿，慈惠孝 / 愛，用德禮佐君子，有古風烈。亦天鍾其仁，不遠其算，年五十一，天寶十二載四月十 / 六日，歿於第。歿六載而公薨，俱權窆少陵原。初夫人之歿也，縣官歸夫人之賻千 / 段，以妃之故。有子曰：寧、寀、宰、寘。以家之不造，世故之無寧歲也，銜恤茹血，不克襄 / 事者九載。廣德中，寀以監察御史領高陵令，明年解職，始卜葬於故原吉。迺大曆 / 元年十一月廿日，遷兆合祔。嗚呼！惟音形事業，悉與化往，獨陳跡與丘墓存焉爾。/ 匪金石刻無以示久遠，故表而銘之，孝子之志也。其詞云：/

郁郁金吾，洵美且温。事君之忠，資於愛親。以德爲興，其祉宜繁。彼美輔佐，儀形 / 閨門。禮樂是悦，孝慈是敦。百歲之後，合德九原。獨以令軌，垂諸後昆。/

唐故光祿大夫檢校兵部尚書兼衢州刺史充本州團練使贈太子少師上柱國梁國
公李公墓誌銘并序　銀青光祿大夫行尚書工部侍郎集賢殿學士上柱國會稽縣開國公徐浩撰
并書
嗚呼有唐良弼李公諱峴字延鑒　今上之三從叔也曾祖司空吳王諱恪大父
工部尚書贈吳王諱琨烈考兵部尚書朔方河東節度使太子太師贈太尉信安郡王
諱禕代濟盛德是生我公幼有殊量含粹秉哲學以觀略文以足言起家左驍衛兵曹
太子通事舍人鴻臚丞河南府士曹高陵萬年河南令所莅以允興聞遷河南少尹左金
吾將軍將作監出守魏郡零陵長沙江陵鳳翔蜀通潤衢等郡再爲京兆江陵尹初以
江陵兼御史中丞山嶺江南黔中四道都副大使採訪使入宗正卿及爲鳳翔太守又
兼中丞　鑾輿臨幸知側近兵馬粮料加尚書左丞知鳳翔事　車駕還京充知
頓使遷禮部尚書轉御史大夫兼京兆尹加光祿大夫封梁國公按三司獄
帝善其議遷吏部尚書同中書門下平章事貶蜀通潤三爲江陵兼御史大夫充荊南
節度觀察處置等使進禮部尚書兼宗正卿屬犬戎亂華西都失守旋旆京邑又
兼御史大夫充置頓使擢黃門侍郎同中書門下平章事左太子詹事遷無何復檢校
禮部尚書兼大夫充江南西道句當鑄錢使改吏部尚書兼大夫充江南東西福建等
道知選并勸農宣慰使尋檢校兵部尚書餘如故又以尚書兼衢州刺史景命不融以
永泰二年七月八日薨于官舍春秋五十五　皇上軫悼贈太子少師粤以來歲
二月十日歸葬于京兆長安縣高陽原禮也優　詔鹵簿威儀手力㥄慕有加恒數以
帥終焉公凡三縣典九州兩爲江陵再尹京兆五登亞相六拜尚書七擁使車再秉
鈞軸牧寧爲政也持綱也爲國準繩皇華將命也澄汰風俗寧輔致理
也哉成景化公以間氣傑出膺期挺生忠孝代範親賢太名制物可以和義修詞可以
立誠夫其有犯無隱措枉舉直無形骸之私竭股肱之力權貴斂手奸曲沮色是以當
可言而必言再入相而再去良有以也方將燮和元氣弘濟生靈致君唐虞合德周
邵嗚呼東陽出守南國無歸人之云亡吾將安仰公長兄峘故戶部尚書兼御史大夫
江淮南都統節度觀察處置使旅櫬雙旐遠自江鄉高墳兩塋同葬故國榮哀倏忽逢
路悲傷已焉哉嗣子大理司直孝孫等陟岵棘心寢苫血泣思綴遺烈以誌玄堂乃徵
詞於故人庶傳徽於樂石銘曰
蔚間氣兮生哲人卓昭代兮羌良臣麟之趾兮何振振中濟時兮運遘屯家多難兮
經綸使宣風兮牧行春七持憲兮一徵巡六曳履兮二秉鈞亮　帝采兮叙彝倫
唐舊邦兮命惟新孰賢賢兮我親親五列戟兮十朱輪累勳業兮據要津歎世路兮悲
短辰彼穹蒼兮胡不仁如可贖兮百其身哀同氣兮墳相鄰邈千古兮流芳塵

八一　李峴墓誌

唐故光禄大夫檢校兵部尚書兼衢州刺史充本州團練使贈太子少師上柱國梁國公李公（峴）墓誌銘并序

銀青光禄大夫行尚書工部侍郎集賢殿學士上柱國會稽縣開國公徐浩撰并書。

誌高九十一釐米，寬九十一釐米。誌文三十二行，滿行三十三字。

李峴，唐永泰二年（七六六）七月八日卒。年五十五歲。大曆二年（七六七）二月十日葬。

唐故光禄大夫檢校兵部尚書兼衢州刺史充本州團練使贈太子少師上柱國梁國/公李公墓誌銘并序/

銀青光禄大夫行尚書工部侍郎集賢殿學士上柱國會稽縣開國公徐浩撰/并書。/

嗚呼！有唐良弼李公，諱峴，字延鑒，今上之三從叔也。曾祖司空、吴王諱恪。大父/工部尚書、贈吴王，諱琨。烈考兵部尚書、朔方河東節度使、太子太師、贈太尉、信安郡王，/諱禕。代濟盛德，是生我公，幼有殊量，含粹秉哲，學以觀略，文以足言。起家左驍衛兵曹、/太子通事舍人、鴻臚丞、河府士曹、高陵萬年河南令，所莅以尤異聞。遷河南少尹、左金/吾將軍、將作監，出守魏郡、零陵、長沙、江陵、鳳翔、蜀、通、潤、衢等郡，再爲京兆、江陵尹。初以/江陵兼御史中丞、山嶺江南黔中四道都副大使採訪使，入宗正卿，及爲鳳翔太守，又兼中丞。鑾輿臨幸，知側近兵馬糧料，加尚書左丞、知鳳翔事。車駕還京，充知/頓使，遷禮部尚書，轉御史大夫兼京兆尹，加光禄大夫，封梁國公。按三司獄，/帝善其議。遷吏部尚書、同中書門下平章事，貶蜀、通、潤，復爲江陵，兼御史大夫，充荆南/節度、觀察、處置、營田等使，進禮部尚書，兼宗正卿。屬犬戎亂華，西都失守，旋旆京邑，又/兼御史大夫，充置頓使，擢黄門侍郎、同中書門下平章事、左太子詹事。居無何，復檢校/禮部尚書兼大夫，充江南西道勾當鑄錢使。改吏部尚書兼大夫，充江南東西福建等/道知選，并勸農宣慰使。尋檢校兵部尚書，餘如故，又以尚書兼衢州刺史。景命不淑，以/永泰二年七月八日，薨於官舍，春秋五十五，皇上軫悼，贈太子少師，粤以來歲/二月十日，歸葬於京兆長安縣高陽原，禮也。優詔鹵簿威儀，手力幔幕，有加恒數，以/飾終焉。公凡宰三縣，典九州，兩爲江陵，再尹京兆，五登亞相，六拜尚書，七擁使車，再秉/鈞軸。牧宰爲政也，作人父母；台省持綱也，爲國準繩；皇華將命也，澄汰風俗；宰輔致理/也，裁成景化。公以閒氣傑出，膺期挺生，忠孝代範，親賢太名。利物可以和義，修詞可以/立誠。夫其有犯無隱，措枉舉直，無形骸之私，竭股肱之力，權貴斂手，奸回沮色。是以當/可言而必言，再入相而再去，良有以也。方將燮和元氣，弘濟生靈，致君唐虞，合德周/邵。嗚呼！東陽出守，南國無歸，人之云亡，吾將安仰。公長兄峘，故户部尚書、兼御史大夫、/江淮南都統節度觀察處置使，旅櫬雙旋，遠自江鄉，高墳兩塋，同葬故國。榮哀倏忽，途/路悲傷。已焉哉！嗣子大理司直孝孫等，陟岵棘心，寢苫血泣，思綴遺烈，以誌玄堂，乃徵/詞于故人，庶傳于樂石。銘曰：/

蔚閒氣兮生哲人，卓昭代兮羌良臣。麟之趾兮何振振，才濟時兮運邅屯。家多難兮方/經綸，使宣風兮牧行春。七持憲兮一徼巡，六曳履兮二秉鈞。亮帝采兮敘彝倫，/唐舊邦兮命惟新。孰賢賢兮我親親，五列戟兮十朱輪。累勳業兮據要津，歎窄路兮悲/短辰。彼穹蒼兮胡不仁，如可贖兮百其身。哀同氣兮墳相鄰，邈千古兮流芳塵。/

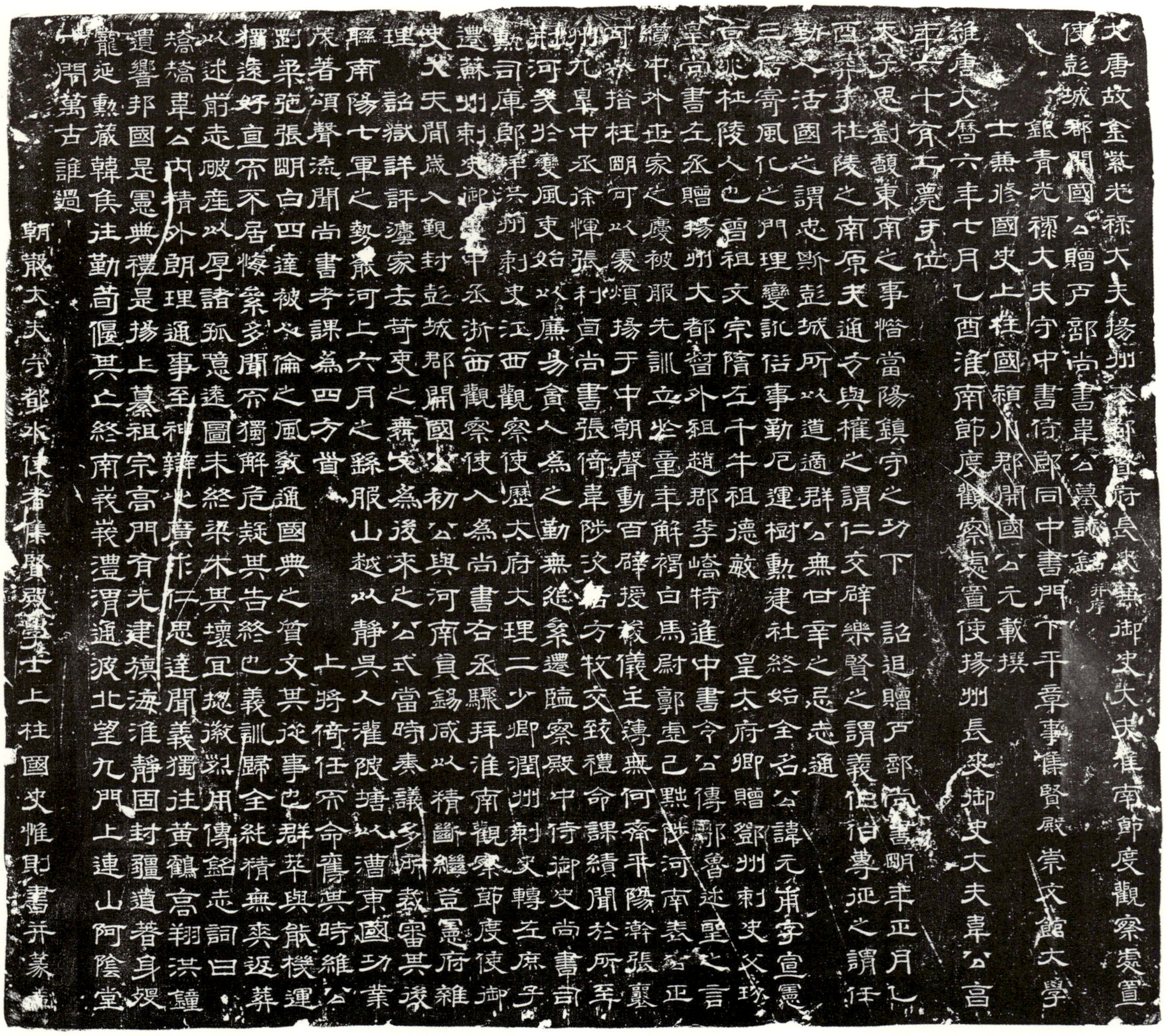

八二　韋元甫墓誌并蓋

大唐故金紫光禄大夫揚州大都督府長史兼御史大夫淮南節度觀察處置使彭城郡開國公贈户部尚書韋公（元甫）墓誌銘并序

銀青光禄大夫守中書侍郎同中書門下平章事集賢殿崇文館大學士兼修國史上柱國潁川郡開國公元載撰。朝散大夫守都水使者集賢殿學士上柱國史惟則書并篆蓋。

誌高七十三釐米，寬七十八釐米。誌文三十行，滿行三十字。

蓋文四行，十二字。篆書：大唐贈 / 户部尚 / 書韋公 / 墓誌銘 /。

韋元甫，唐大曆六年（七七一）七月一日卒。年六十二歲。大曆七年（七七二）正月三日葬。

大唐故金紫光禄大夫揚州大都督府長史兼御史大夫淮南節度觀察處置 / 使彭城郡開國公贈户部尚書韋公墓誌銘并序 /

銀青光禄大夫守中書侍郎同中書門下平章事集賢殿崇文館大學 / 士兼修國史上柱國潁川郡開國公元載撰。/

維唐大曆六年七月乙酉[一]，淮南節度觀察處置使、揚州長史、御史大夫韋公，享 / 年六十有二，薨於位。/ 天子思劉馥東南之事，惜當陽鎮守之功，下詔追贈户部尚書。明年正月乙 / 酉[二]，葬於杜陵之南原。夫通方與權之謂仁，交辟樂賢之謂義，作伯專征之謂任，/ 勤人活國之謂忠。斯彭城所以道適群公，無甘辛之忌；志通 / 三后，寄風化之門。理變訛俗，事勤厄運，樹勳建社，終始全名。公諱元甫，字宣憲，/ 京兆杜陵人也。曾祖文宗，隋左千牛。祖德敏，皇太府卿，贈鄧州刺史。父玢，/ 皇尚書左丞，贈揚州大都督。外祖趙郡李嶠，特進、中書令。公傳鄒魯述聖之言，/ 纘中外世家之慶，被服先訓，立於童年。解褐白馬尉。郭虚己黜陟河南，表公正 / 可以措枉，明可以處煩，揚於中朝，聲動百辟。授浚儀主簿。無何，齊平陽澣、張襄 / 州九皋，中丞徐惲、張利貞，尚書張倚、韋陟，次居方牧，交致禮命。課績聞於所至，/ 荆河幾於變風，吏始以廉易貪，人爲之勤無怨。累遷監察、殿中侍御史、尚書司 / 勳、司庫郎，拜洪州刺史、江西觀察使，歷太府、大理二少卿、潤州刺史，轉左庶子，/ 遷蘇州刺史、御史中丞、浙西觀察使，入爲尚書右丞，驟拜淮南觀察節度使、御 / 史大夫。閲歲入覲，封彭城郡開國公。初，公與河南員錫，咸以精斷，繼登憲府。雜 / 理詔獄，詳評法家，去苛吏之舞文，爲後來之公式，當時奏議，多所裁審。其後，/ 聯南陽七軍之勢，罷河上六月之繇，服山越以静吴人，灌陂塘以漕東國。功業 / 茂著，頌聲流聞，尚書考課，爲四方首。上將倚任，天命奪其時。維公 / 剛柔弛張，明白四達，被人倫之風教，通國典之質文。其從事也，群萃與能，機運 / 獨遠，好直而不居悔累，多聞而獨解危疑。其告終也，義訓歸全，純精無爽。反葬 / 以述前志，破産以厚諸孤。噫！遠圖未終，梁木其壞。宜總徽烈，用傳銘志。詞曰：/

矯矯韋公，内精外朗。理通事至，神辯心廣。求仁思達，聞義獨往。黄鶴高翔，洪鐘 / 遺響。邦國是憲，典禮是揚。上纂祖宗，高門有光。建旗海淮，静固封疆。道著身殁，/ 寵延勳藏。韓侯往勤，荀偃其亡。終南峨峨，灃渭通波。北望九門，上連山阿。陰堂 / 一閉，萬古誰過。/

朝散大夫守都水使者集賢殿學士上柱國史惟則書并篆蓋。/

[一] 大曆六年七月乙酉朔。

[二] 大曆七年正月癸未朔，三日乙酉。

八三　綦毋諠妻蘇淑墓誌

太子司議郎綦毋諠妻大唐故蘇夫人（淑）墓誌銘并序

誌高三十九釐米，寬三十九釐米。誌文二十四行，滿行二十五字。

蘇淑，唐大曆十一年（七七六）十月四日卒。年四十四歲。同年十一月六日葬。

太子司議郎綦毋誼妻大唐故蘇夫人墓誌銘并序 /

夫人諱淑，武功人也。其先出自帝高陽之裔。□生爲司寇，始受周 / □；子卿典屬國，能杖漢節。崇勳令範，光映前史。曾祖榮，儀州刺 / 史。祖味玄，膳部郎中。考儦，岐州司法參軍。並碩材茂德，邦家 / 之光。夫人則岐州府君之長女也。幼而岐嶷，長有令聞，晝勤組 / 紃，夜誦女史。詩書禮樂，有若生知；孝友祗和，居然懸解。年始廿歲，/ 丁府君艱，執喪加等，居毁殆滅，不解帶者六旬，不勺飲者七日。/ 故姻屬以爲敬姜、曹娥生于今矣。既笄歸于我，雞鳴克勤於婦道，/ 螽斯流詠於詩人，雖爲元士之妻，動合先王之典。瑰奇綺繡，不悦 / 於心；絃管繁聲，不嬰於耳。意常澹如也。方期襲餘慶、宜室家，終偕 / 老之言，叶和鳴之兆，猗歟藏舟不固，夜壑潛移，宣尼之夢既徵，潘 / 子之哀俄兆。以大曆十一年十月四日，遘疾終於崇賢里之私第，/ 春秋卌有四。嗚呼哀哉！夫人慶門遺緒，茂族芳華，動必禮樂自 / 資，言必柔嘉可則。晚歲悟道，遺落世塵，知水月之難憑，識夢幻之 / 非實。克脩冥業，遂契禪門。是知色必歸空，生還趣滅。以其年十一 / 月六日，遷窆於長安縣高陽原，禮也。夫人性寡嗜好，志惟簡潔，/ 殮以時服，器用芻靈。惜酆劍之先沉，痛嚴霜之夏墜。追惟疇昔，拂 / 鸞鏡而長號；緬想平生，望繐帷而增慟。赤烏習吉，丹旐戒途也矣。/ 夫人幽明長訣，嗣子倜等泣血茹毒，欒棘其形。恐歲月居諸，陵谷 / 遷革，刻之琬琰，遂爲銘曰：/

鼎鼐傳家，盛勳烈兮。餘慶騰芳，紹前哲兮。婉孌柔嘉，克貞潔兮。內 / 嚴具舉，示織絶兮。中歲悟道，慕禪悦兮。降年不永，舜華折兮。母弟 / 他邦，幽明訣兮。龜謀習吉，泉臺閉兮。薤露虞歌，松風切兮。孤墳突 / 元，迴寒月兮。緬想容光，倏冥滅兮。哀過淚盡，繼以血兮。/

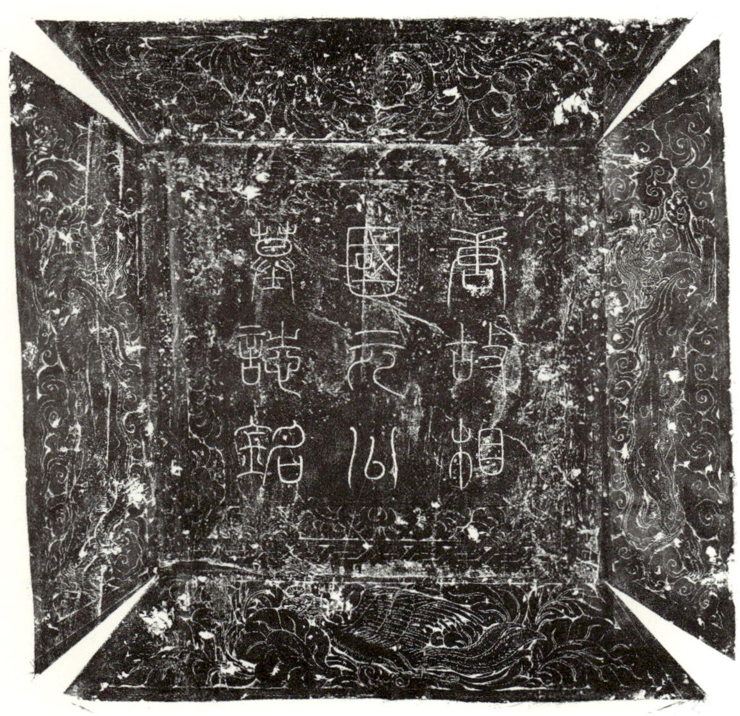

八四　元載墓誌并蓋

唐故中書侍郎平章事潁川郡公元府君墓誌銘并序

誌高七十五釐米，寬七十六釐米。誌文二十八行，滿行二十八字。

蓋文三行，九字。篆書陽文：唐故相/國元公/墓誌銘/。

元載，唐大曆十二年（777）三月二十八日卒。年六十五歲。同年閏十月二日葬。

唐故中書侍郎平章事潁川郡公元府君墓誌銘并序 /

銀青光禄大夫行兵部侍郎李紓撰。/ 朝議郎前行揚州大都督府户曹參軍陰冬曦書。/

大曆十二年三月廿八日，銀青光禄大夫中書侍郎平章事潁川郡公元 / 府君，名載字公輔，受恩而殂於中書下省，時年六十五。至興元元年正月 / 一日，體元宥過，滋液及泉，凡大臣之不終者，皆得以本官歸葬。公之三子 / 伯和、仲武、季能，同在於法，唯少女比丘尼真一，煢然孤藐，能立其家。以其 / 年閏十月二日，與夫人太原王氏，大鴻臚、河、隴等四節度忠嗣之女，合祔 / 於萬年縣洪原鄉少陵原，禮也。夫志大臣之跡，必究其終始，舉其大者，避 / 於賢者，春秋之例也。公始以户部侍郎平章事，不二三月，/ 肅宗上仙。代宗之初，輔國顓命；大曆五祀，朝恩弄兵。公議以正，全 / 謀以奇，合斬艾邪，賚底安穆，清此其犖犖之大者。洎昆夷犯郊，師帥 / 專土。公乃遷子儀於邠畤，移馬璘於涇，密處要擴。狄居師實邊，歷祀浹稔，/ 西人不聳，此其章章之顯者。若乃建築平涼，扼蕃之系，導開朔野，羨塞之 / 饒，成于算中，格於議外，此又可謂任宰臣矣。至若謨明，紫極立定，/ 禁中之策，頓伏青蒲，不摇天下之本，本隱末顯，道秘跡彰，此又可爲大君 / 子矣，於戲！權不與變，期亢則變，至貴不與，侈會久賓，侈生而況。賓客有席 / 寵之嫌，姻族有乘高之責。中己甚去，外可容聲哉！斯所以受恩而終也 /。公氣甚中庸，性通吏理，析疑冰泮，處事風生，蓋時人不之逮也。素工於 / 文，度越均檢，放詞宏達，屬意瑰奇，亦常人不之至也。少以制舉登第，/ 授邠州新平縣尉，以至于御史中丞、户部侍郎，皆連辟盛府，由其損益，擢 / 登清朝，咨以匡拂，舉其大者，故略而不書。公之大王父，揚名魏王文學。王 / 父敬同，贈兵部尚書。先父景昇，贈户部尚書。公即户部之次子也，昔趙大 / 夫肥義有云：死如可生，生者不愧。紓之志也，斯無愧焉，銘曰 :/

秩秩君子溫如玉兮，赫赫師臣司大録兮。宗廟定策薦元福兮，/ 疆宇是謀分九牧兮。動則生悔禍所伏兮，久而益彰恩之複兮，/ 導車隧路恤禮縟兮。玉瓚黄流衮章復兮，涵淳積厚崗原屬兮 / 萬祀千霜松柏獨兮。/

大唐故中散大夫守太子右諭德綦母公墓誌銘并序
季弟朝散大夫檢校尚書户部員外郎兼侍御史賜魚袋上柱國諶撰
維唐貞元二年六月戊午朔廿八日乙酉中散
大夫守太子右諭德綦母公歿于[illegible][illegible][illegible][illegible]春
秋五十八踰月歸葬于長安高陽原從先塋
也府君諱諠字[illegible]諠其先因食邑以命氏世爲儒
門澧州長史諱知節之元孫遂州青石縣令諱
楚珪之長子也惟府君醇懿清貞仁讓廉孝
慈友愛著乎門閭禮樂詩書成於時習弱冠丁
先府君之艱泣血終紀絕食逾旬所爲[illegible]絰毛
剌頂血天寶中孝廉擢第授絳州參軍廬德歲
有詔爰整禁旅出襲北[illegible]軍帥欽府君盛才
狀請掌記奏授左神武軍錄事參軍師旋成功
例賜超改府君謙讓請詣選曹補渭南縣丞牒
書判高等也尋遷大理司直秘書郎司議郎除
左贊善大夫右諭德嗚呼天與仁德而不錫年
壽十一月嗣子倜等卜兆叶吉開拭故夫人塋
銘曰文藝生知垂教至[illegible]親族永思孫泣銘之

八五　綦母諠墓誌

大唐故中散大夫守太子右諭德綦母公（諠）墓誌銘并序

季弟朝散大夫檢校尚書户部員外郎兼侍御史賜魚袋上柱國綦母諶撰。

誌高三十七釐米，寬三十七釐米。誌文十八行，滿行十八字。

綦母諠，唐貞元二年（七八六）六月二十八日卒。年五十八歲。同年十一月葬。

大唐故中散大夫守太子右諭德綦毋公墓誌銘并序 /

季弟朝散大夫檢校尚書户部員外郎兼侍御史賜魚袋上柱國諶撰。/

維唐貞元二年六月戊午朔廿八日乙酉，中散 / 大夫、守太子右諭德綦毋公歿于鳳翔官舍，春 / 秋五十八。踰月，歸葬於長安高陽原，從先塋 / 也。府君諱誼，字誼。其先因食邑以命氏，世爲儒 / 門。灃州長史諱知節之元孫，遂州青石縣令諱 / 楚珪之長子也。惟府君醇懿清貞，仁讓廉素。孝 / 慈友愛，著乎門閭；禮樂詩書，成於時習。弱冠丁 / 先府君之艱，泣血終紀，絶食逾旬，所寫佛經，無 / 剌頂血。天寶中，孝廉擢第，授絳州參軍。廣德歲，/ 有詔爰整禁旅，出襲北夷。軍帥欽府君盛才，/ 狀請掌記奏，授左神武軍録事參軍。師旋成功，/ 例賜超改，府君謙讓，請詣選曹，補渭南縣丞，獎 / 書判高等也。尋遷大理司直、秘書郎、司議郎，除 / 左贊善大夫、右諭德。嗚呼！天與仁德，而不錫年 / 壽。十一月，嗣子倜等，卜兆叶吉，開拭故夫人塋。/ 銘曰：

文藝生知，至孝至慈。親族永思，號泣銘之。/

八六　耿漳墓誌

唐故京兆府功曹參軍耿君（漳）墓誌銘并序

前國子監主簿侯釗撰。

誌高三十九釐米，寬三十九釐米。誌文二十行，滿行二十二字。

蓋文三行，九字。篆書：大唐故/耿府君/墓誌銘/。

耿漳，唐貞元三年（七八七）十一月二十六日卒。年五十二歲。同年十二月三十日葬。

唐故京兆府功曹參軍耿君墓誌銘并序 /

前國子監主簿侯釗撰。/

禾之與與合其穎者，人則靈焉；木之森森連其理者，人瑞 / 焉。鉅鹿耿君，於乎其萃者也。君諱湋，字公利。進士 / 擢第，奏左衛率府倉曹。改盩厔尉，則相國第五公欽百行 / 而薦之；遷左拾遺，則相國王公嘉五言而達之。於戲黃金 / 見鑠，白璧誰辯，貶許州司倉，量移鄭州司倉、河中府兵曹，/ 轉京兆府功曹。時方用武，徒聞懷王，歲如轉軸，坐看去位。/ 祭酒包公佶、兵部李公紓、吏部裴公諝、禮部劉公太真，狀 / 獻君於元輔，諾以尚書郎，頃急戎略，未施 / 朝命，以貞元三年□一月[一]廿六日，暴歿於常樂里私第，享 / 年五十有二。啓手不暇，交臂相失。愛子搥心，莫展孝於嘗 / 藥；哲妻泣血，俄纏毒於唅飯。曾祖暹，皇朝散 / 大夫、彭州司馬。祖欽，皇商州上洛縣令。父琇，/ 皇永王主簿。重芳疊業，特生才子；抱明稟秀，卓膺詩人。姿 / 新鸞鳳，性鮮霜雪。其年十二月卅日，葬於京兆府萬年縣 / 義善鄉清明里鳳棲原，禮也。去華屋兮即荒野，哭青山兮 / 嘶白馬，墳寂寂兮萬鬼鄰，燈沉沉兮九原下。銘曰：/

彭殤共盡，今古皆空。高名早振，下俄終。石火瞥滅，泉燈冥 / 蒙。奇篇邃學，千載清風。/

[一] 原誌殘泐，當爲十一月。

八七　姜邑高墓誌并蓋

唐故朝散大夫殿中丞硤州司馬姜府君（邑高）墓誌銘并序

朝請郎行左神武軍胄曹參軍林賁撰。

誌高四十一釐米，寬四十二釐米。誌文二十八行，滿行二十七字。

蓋文三行，九字。篆書：大唐故/姜府君/墓誌銘/。

姜邑高，唐貞元十二年（七九六）五月十五日卒。年六十二歲。貞元十三年（七九七）二月二十八日葬。

唐故朝散大夫殿中丞硤州司馬姜府君墓誌銘并序/

朝請郎行左神武軍胄曹參軍林賁撰。/

公諱邑高，字季封，本天水人也，自大父因官而家于京兆焉。曾祖簡，皇/雲麾將軍、守左領軍衛大將軍。祖韶，皇汴州司法參軍。父立祐，皇殿中/侍御史、贈大理正。公年纔十四，以經業及第。至德初，補岐州麟遊尉，尋/改天興尉，歷奉天丞。魏少遊尚書之任京尹，奏公尉長安。黎幹後尹京/邑，復奏爲長安丞，依前掌賊曹，從人望也。名聲籍甚，獨步當時，議者僉/以尹京郡守十數年閒，公皆指期可至。尋則辭滿，杜門優游，向晦旬歲。/之後俛隨常調，授峽山令，二年，理化著聞。鳳翔尹兼御史大夫李忠誠/表公爲殿中侍御史，充京西神策軍使判官，尋轉侍御史，加朝散大夫。/戎務軍儲，委積公府，上連禁署，決在宸聰，公皆酌其損益，事舉得中，/歲終成績，仰公克辦。俄丁尊夫人憂，哀毀過制，士君子美之。建中初，外/除，明年，使下臺省官，有詔丞相冢宰詣都堂試利害狀，由是得公/於群萃之中，拔爲上等，拜殿中丞。其冬鑾駕蒙塵近郊，賊泚僭竊/神器，署置僚品，脅公長安令、司勳郎中。若龔勝見迫於新室，盧諶受/汙於石氏。履險低徊，方伺其便，旋屬聖上返正宮闈。三司議罪，/遂謫公爲潮州司户，尋移鄂州，復改豪州司馬。閲舊史以遣時，探易象/而知命，嗜慾成室，不交流俗，澹然無營，翱翔物表，凡七稔于兹。復改硤/州司馬。方理舟檝，達乎廣陵，素染風痺，至是增劇。令弟贊善大夫邑慶/掌臨平監鹽務，迎就官署，求醫理疾。以貞元十二年五月十五日，奄從/物化，春秋六十二，嗚呼哀哉！夫人濟南林氏，無子，以猶子宗儉繼襲，護/喪而歸。即以十三年二月廿八日甲申，遷祔於萬年縣少陵原，次先塋/之後，禮也。夫人則余之伯姊，承命敘述，琢石志美，銘曰：/

矯矯良士，量弘識敏。嗣續材賢，積德不隕。先君文行，端莊明允。再列□/臣，餘芳未泯。維公純懿，才茂學優。佐戎主書，盛幕嘉謨。亟參朝列，/殿省優遊。末路轗軻，時方阻脩。播遷嶺嶠，涉歷蠻陬。移袟淮澨，幾變春/秋。伏膺易象，棲志林丘。得喪榮賤，視之若浮。三硤方阻，寸晷可惜。沉痾/淹時，壯圖虚擲。悠悠丹旐，片帆遠□。萬里主喪，歸乎幽穸。/

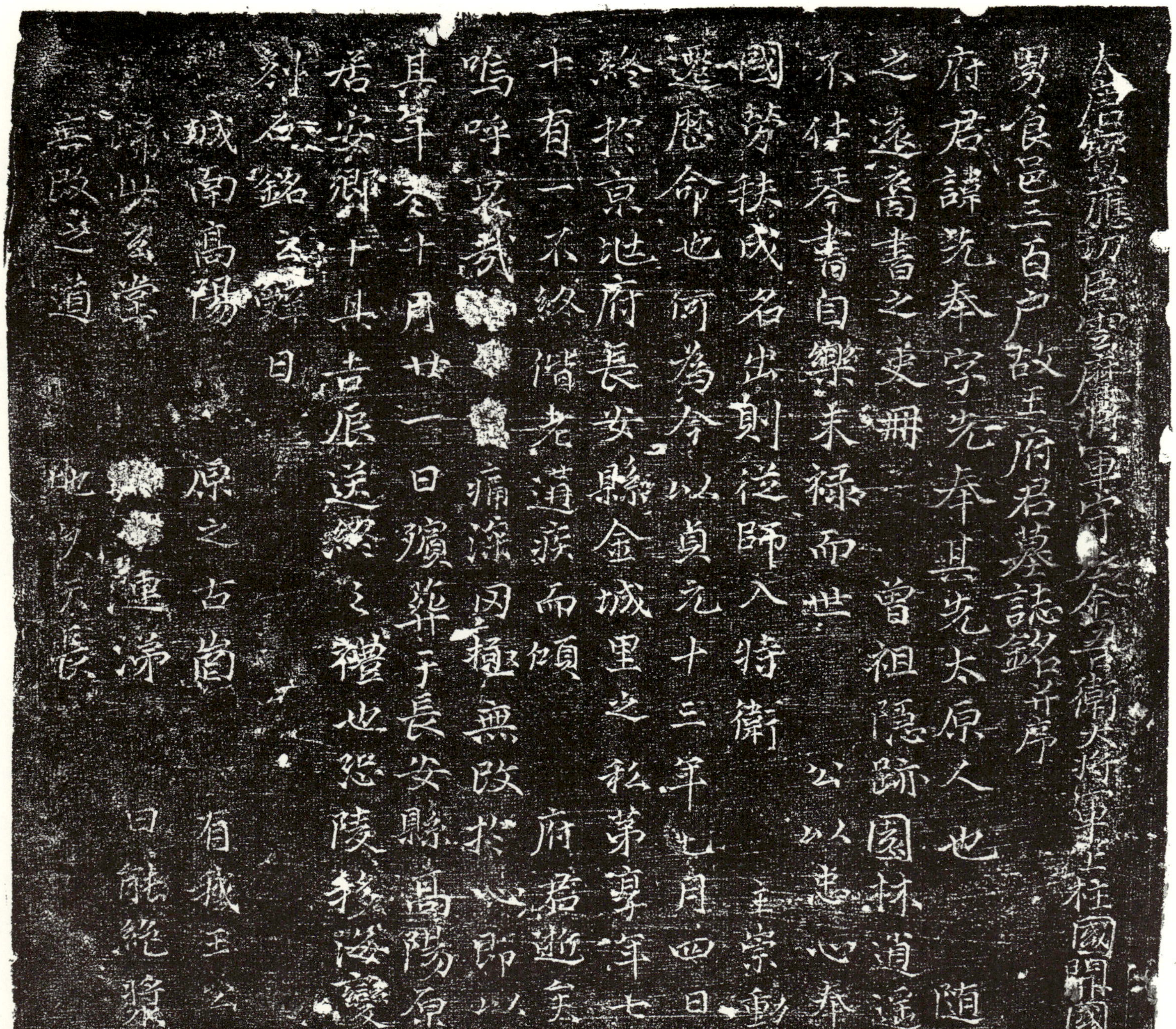

八八　王先奉墓誌

大唐寶應功臣雲麾將軍守左金吾衛大將軍上柱國開國男食邑三百户故王府君（先奉）墓誌銘并序

誌高三十四釐米，寬三十六釐米。誌文十六行，滿行十七字。

王先奉，唐貞元十三年（七九七）七月四日卒。年七十一歲。同年十月二十一日葬。

大唐寶應功臣雲麾將軍守左金吾衛大將軍上柱國開國/男食邑三百户故王府君墓誌銘并序/

府君諱先奉，字先奉，其先太原人也。隨/之遠裔，書之史册。曾祖隱跡園林，逍遥/不仕，琴書自樂，未禄而世。公以忠心奉/國，勞扶成名，出則從師，入特衛主。崇勳/遷歷，命也何爲。今以貞元十三年七月四日，/終於京兆府長安縣金城里之私第，享年七/十有一。不終偕老，遘疾而傾，府君逝矣，/鳴呼哀哉！□□□痛深罔極，無改於心。即以/其年冬十月廿一日，殯葬於長安縣高陽原/居安鄉，卜其吉辰，送終之禮也。恐陵移海變，/刻石銘之，辭曰：/

城南高陽，原之古崗。有我王公，/歸此玄堂。□□連涕，曰能絶漿。/無改之道，地久天長。/

八九　焦子昂墓誌

唐故内飛龍副大使元從朝散大夫守内侍省内□□□□□□□□袋贈内侍廣平郡焦公（子昂）墓誌銘并序

文林郎守左威衛長史張璿□。

誌高五十二釐米，寬五十二釐米。誌文二十八行，行二十五至三十五字不等。

焦子昂，貞元十五年（七九九）九月二十二日卒。年五十七歲。同年十月二十七日葬。

唐故内飛龍副大使元從朝散大夫守内侍省内□□□□□□□/袋贈内侍廣平郡焦公墓誌銘并序/

文林郎守左威衛長史張璿□。/

竊聞純臣匡濟，輔佐大邦，感主上稱賢，人倫欽贊，則有廣平焦公/焉。性禀奇特，心閑禮儀，負英威之名，立貞幹之節。先管，雲陽人也，/曾諱朝，祖諱會，父諱俊，皆習鄉教，芳猷著聞，志厭浮華，暢乎閭井。焦□/諱子昂，即府君之嗣胤也。頃曾奉使馳慰殊方，氣爽風神，挺然高朗，才□/雅□，人所共推。特沐寵光，早宣王命，綿曆險阻，犯難輕生。播黄花□/美聲，授朱紱之崇貴。扈蹕元從，頗效勳庸，惟力戴君，德参十亂，前/後登仕，虔奉三聖，拜官之數任矣。去大曆四年，超加元從宣議郎、行内/侍省掖庭局監作。又去建中元年，賜朝議郎、内給事、上柱國。帝自見公，/堪乎委寄，乃参侍丹禁，謹恪温恭，夙□輸誠，勞無告倦。然後，詮爲染坊使/焉。每能冰潔，心不逾規，事恐屈其牛刀，遂見申於驥足。去貞元十年十二/月廿七日，特敕擇任内飛龍副大使，加金印紫綬，遷朝散大夫、内侍省正/員、内給事，權掌北門。人皆仰止，威肅臨政，撫字有方，創意增修，觀之一變。/蓄積倉廪，厩無闕供，王者言其得仁，中外賀其稱職。儔之先哲，孰比/公歟？自初及終，向五年矣。中間嬰疹，頻軫聖情，天醫曲臨，寵臣親問，/恩渥之重，今古難偕。雖居患中，扶疾猶理，至于不逮，詔命放歸。何期荷/禄匪長，奄辭明代，以卯之歲季秋之月廿二日，薨逝於長安脩德里之私第也，享/年五十七矣。人主悲悼，哀念舊勳，賻帛一百段，追贈内侍省内侍，以旌公之平/生之厥德也。即以其年孟冬之月廿七日，厚葬於長安龍首鄉之禮也。爰有令嗣，長/曰雲，次曰讓。皆純行韞躬，幼奉庭訓，言能謹守，以代高門胙者。號慕几筵，追/思罔極，遂習筮龜兆，卜遷松塋，知與不知，莫不垂涕。復感情志，孝起因心，乃請述文，/傳之貞石，雖則閟閟泉路，終能啓迪後人。遂爲銘曰：/

猗歟焦公，識監清通。褒然獨立，聞拔英雄。光輔王國，能衛皇風。堂堂廓落，懍懍威稜。主上/倚賴，任使摧兇。侍衛戡難，建致勳庸。曆事三聖，八表吹噓。雲間見有，日下稱無。驟遷榮/職，人賀來蘇。何圖天不憖遺，倏變今古。皇帝慟懷，君子增慕。賻帛盈庭，贈官慰壤。叶筮窀/期，嗣感悽愴。輀車楚挽，丹旐悲望。述盛德於斯文，記一時之厚葬。

貞元十五年歲在己卯。/

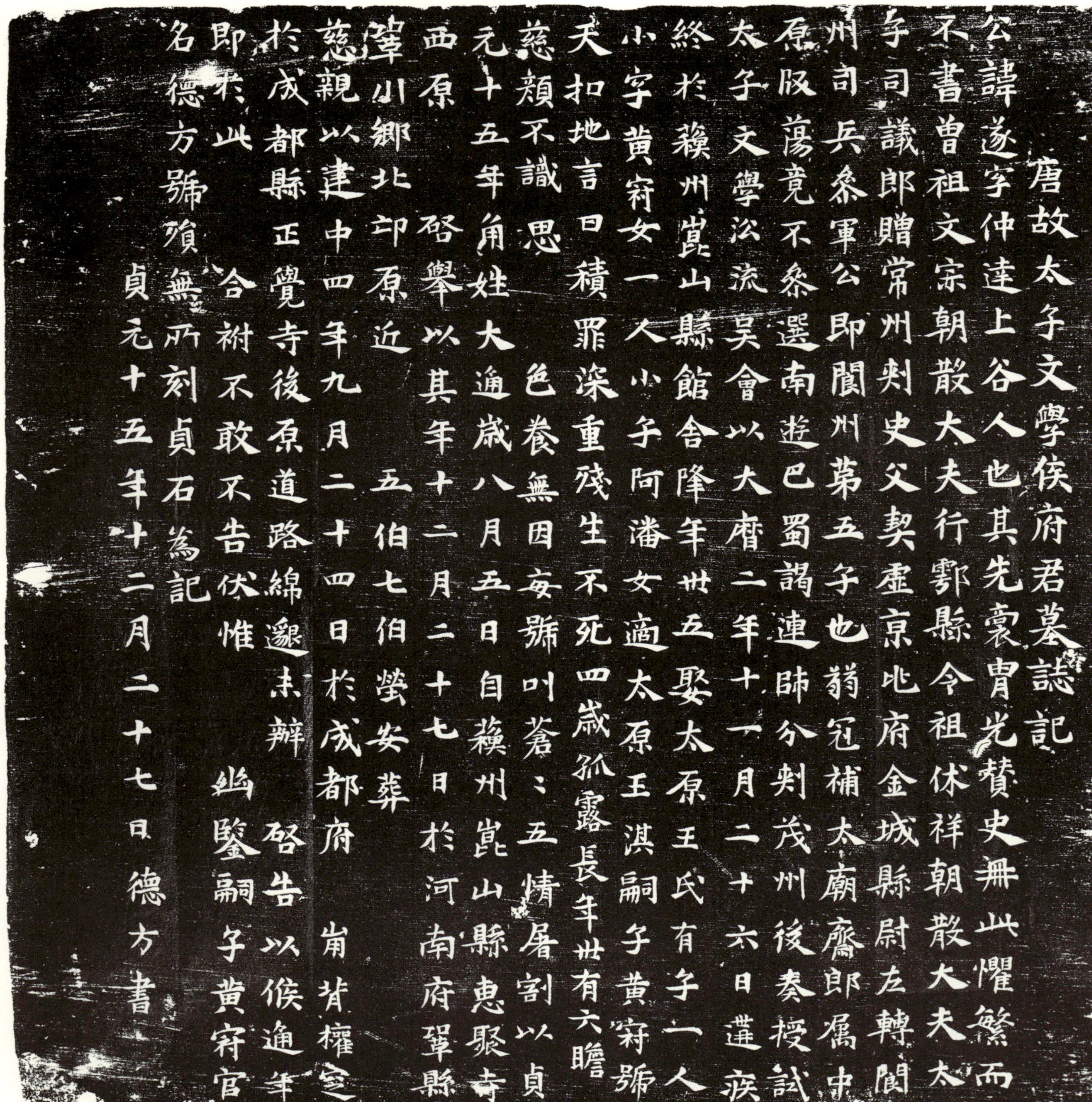

九〇　侯遂墓誌

唐故太子文學侯府君（遂）墓誌記

嗣子德方書。

誌高四十八釐米，寬四十七釐米。誌文十九行，滿行二十二字。

侯遂，唐大曆二年（七六七）十一月二十六日卒。年三十五歲。妻王氏，建中四年（七八三）九月二十四日卒。貞元十五年（七九九）十二月二十七日合祔。

唐故太子文學侯府君墓誌記 /

公諱遂，字仲達，上谷人也。其先裔胄，光贊史册，此懼繁而 / 不書。曾祖文宗，朝散大夫、行鄠縣令。祖休祥，朝散大夫、太 / 子司議郎，贈常州刺史。父契虚，京兆府金城縣尉，左轉閬 / 州司兵參軍。公即閬州第五子也。弱冠補太廟齋郎，屬中原版蕩，竟不參選，南遊巴蜀，謁連帥，分刺茂州，後奏授試 / 太子文學。沿流吴會，以大曆二年十一月二十六日，遘疾 / 終於蘇州崑山縣館舍，降年卅五。娶太原王氏。有子一人，/ 小字黄冠。女一人，小字阿潘，女適太原王淇。嗣子黄冠號 / 天扣地，言曰：積罪深重，殘生不死，四歲孤露，長年卅有六，瞻 / 慈顔不識，思色養無因，每號叫蒼蒼，五情屠割。以貞 / 元十五年角姓大通歲八月五日，自蘇州崑山縣惠聚寺 / 西原啓舉，以其年十二月二十七日，於河南府鞏縣 / 鞏川鄉北邙原，近五伯、七伯塋安葬。/ 慈親以建中四年九月二十四日，於成都府崩背，權窆 / 於成都縣正覺寺後原，道路綿邈，未辦啓告，以候通年。/ 即於此合祔，不敢不告，伏惟幽鑒。嗣子黄冠，官 / 名德方，號殞無所，刻貞石爲記。/

貞元十五年十二月二十七日德方書。/

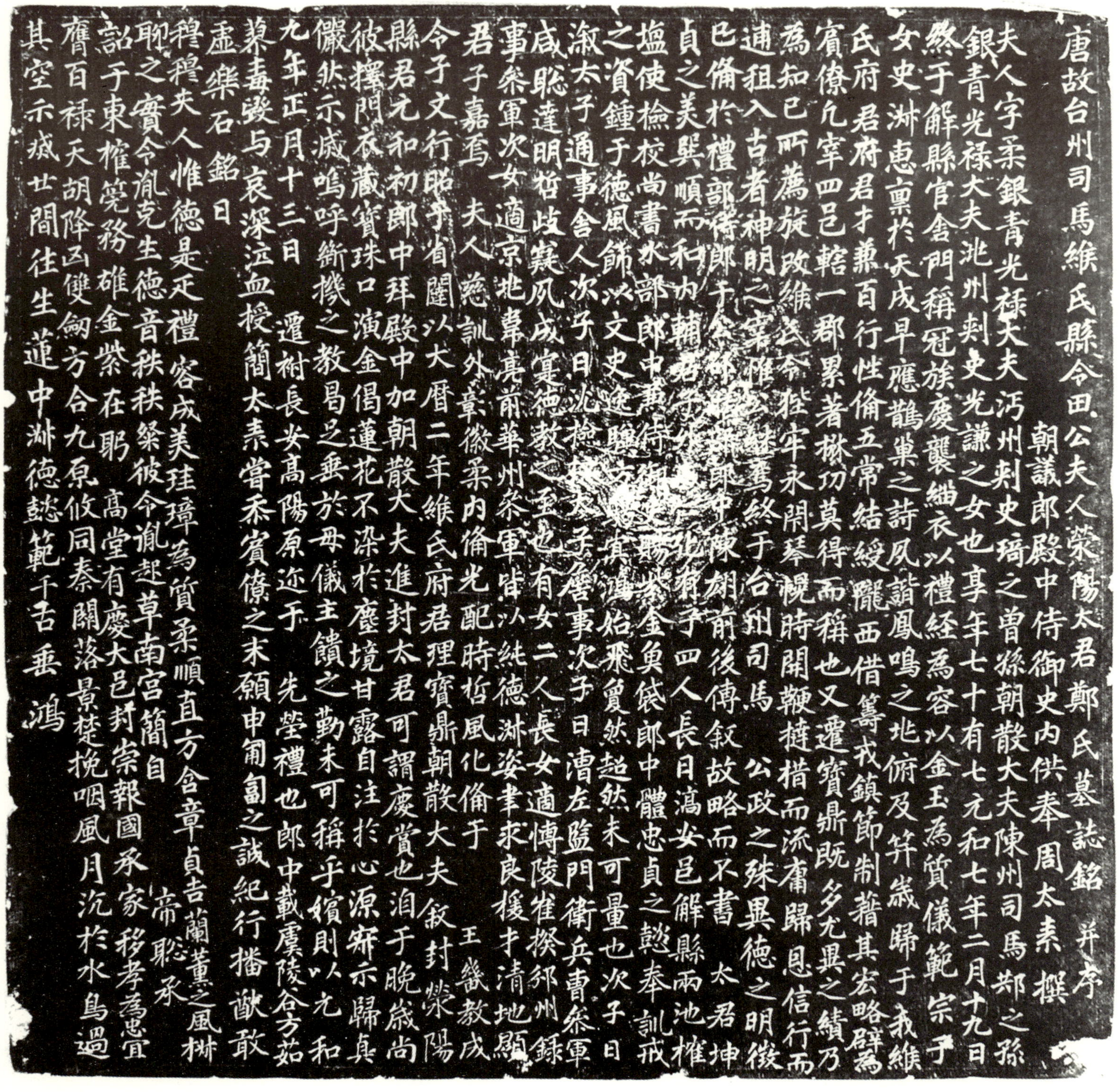

九一　田澋母鄭柔墓誌并蓋

唐故台州司馬緱氏縣令田公夫人滎陽太君鄭氏（柔）墓誌銘并序

朝議郎殿中侍御史内供奉周太素撰。

誌高五十一釐米，寬五十一釐米。誌文三十行，滿行二十九字。

蓋文四行，十二字。篆書：唐故滎 / 陽太君 / 鄭氏夫 / 人墓誌 /。

鄭柔，唐元和七年（八一二）二月十九日卒。年七十七歲。元和九年（八一四）正月十三日葬。

唐故台州司馬緱氏縣令田公夫人滎陽太君鄭氏墓誌銘并序 /

朝議郎殿中侍御史内供奉周太素撰。/

夫人字柔，銀青光禄大夫、沔州刺史琦之曾孫，朝散大夫、陳州司馬郟之孫，/ 銀青光禄大夫、洮州刺史光謙之女也。享年七十有七，元和七年二月十九日，/ 終于解縣官舍。門稱冠族，慶襲緇衣，以禮經爲容，以金玉爲質，儀範宗于 / 女史，淑惠禀於天成。早應鵲巢之詩，夙諧鳳鳴之兆。俯及笄歲，歸于我緱 / 氏府君。府君才兼百行，性備五常。結綬隴西，借籌戎鎮。節制藉其宏略，辟爲 / 賓僚。凡宰四邑，轄一郡，累著楙功，莫得而稱也。又遷寶鼎，既多尤異之績，乃 / 爲知己所薦，旋改緱氏令。狴牢永閉，琴幌時開。鞭撻措而流庸歸，恩信行而 / 逋租入。古者神明之宰，惟公繼焉。終于台州司馬，公政之殊異，德之明徵，/ 已備於禮部侍郎于公邵、膳部郎中陳翃前後傳敘，故略而不書。太君坤 / 貞之美，巽順而和，内輔君子，外成仁化。有子四人。長曰滈，安邑、解縣兩池榷 / 鹽使，檢校尚書水部郎中，兼侍御史，賜紫金魚袋。郎中體忠貞之懿，奉訓戒 / 之資，鍾于德風，飾以文史，逸驥方騁，冥鴻始飛，敻然超然，未可量也。次子曰 / 潊，太子通事舍人。次子曰沇，檢校太子詹事。次子曰漕，左監門衛兵曹參軍。/ 咸聰達明哲，岐嶷夙成，寔德教之至也。有女二人：長女適博陵崔揆，邠州録 / 事參軍；次女適京兆韋亮，前華州參軍。皆以純德淑姿，聿求良援，才清地顯，/ 君子嘉焉。夫人慈訓外彰，徽柔内備。光佩時哲，風化備于王畿；教成 / 令子，文行昭乎省闥。以大曆二年，緱氏府君理寶鼎、朝散大夫，敘封滎陽 / 縣君。元和初，郎中拜殿中，加朝散大夫，進封太君，可謂慶賞也。洎于晚歲，尚 / 彼釋門，衣藏寶珠，口演金偈，蓮花不染於塵境，甘露自注於心源。寂示歸真，/ 儼然示滅。嗚呼！斷機之教，曷足垂於母儀；主饋之勤，未可稱乎嬪則。以元和 / 九年正月十三日，遷祔長安高陽原，邇於先塋，禮也。郎中載虞陵谷，方茹 / 蓼毒，毁與哀深，泣血授簡。太素嘗忝賓僚之末，願申匍匐之誠，紀行播猷，敢 / 虚樂石。銘曰：/

穆穆夫人，惟德是疋。禮容成美，珪璋爲質。柔順直方，含章貞吉。蘭薰之風，椒 / 聊之實。令胤克生，德音秩秩。粲彼令胤，起草南宫。簡自帝聰，承 / 詔于東。榷筦務雄，金紫在躬。高堂有慶，大邑封崇。報國承家，移孝爲忠。宜 / 膺百禄，天胡降凶。雙劍方合，九原攸同。秦關落景，楚挽咽風。月沉於水，鳥過 / 其空。示滅世間，往生蓮中。淑德懿範，千古垂鴻。/

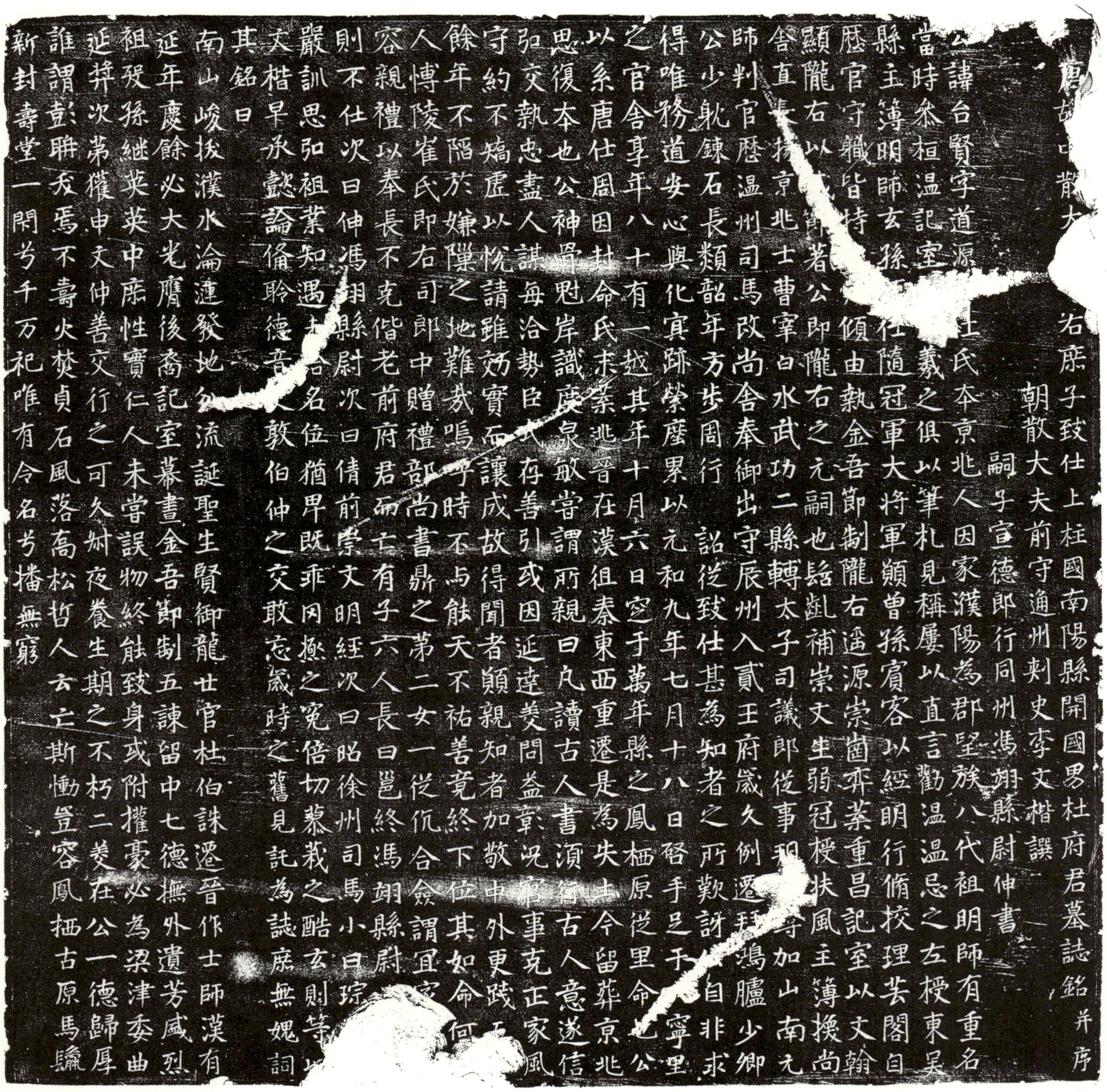

九二　杜台賢墓誌并蓋

唐故中散大□□右庶子致仕上柱國南陽縣開國男杜府君（台賢）墓誌銘并序

朝散大夫前守通州刺史李文楷撰。嗣子宣德郎行同州馮翊縣尉伸書。

誌高六十五釐米，寬六十五釐米。誌文三十行，滿行三十字。

蓋文三行，九字。篆書：大唐故 / 杜府君 / 墓誌銘 /。

杜台賢，唐元和九年（八一四）七月十八日卒。年八十一歲。同年十月六日葬。

唐故中散大□□右庶子致仕上柱國南陽縣開國男杜府君墓誌銘并序 /

朝散大夫前守通州刺史李文楷撰。/ 嗣子宣德郎行同州馮翊縣尉伸書。/

公諱台賢，字道源，□杜氏，本京兆人，因家濮陽，爲郡望族。八代祖明師，有重名 / 當時，參桓温記室，□□羲之俱以筆札見稱，屢以直言勸温，温忌之，左授東吴 / 縣主簿。明師玄孫願，仕隋冠軍大將軍。願曾孫賓客，以經明行脩校理芸閣，自 / 歷官守職，皆持□□，傾由執金吾節制隴右。遥源崇崗，弈葉重昌，記室以文翰 / 顯，隴右以□節著。公即隴右之元嗣也。髫齓，補崇文生。弱冠，授扶風主簿，换尚 / 舍直長，掾京兆士曹，宰白水、武功二縣，轉太子司議郎從事□□，尋加山南元 / 帥判官，歷温州司馬，改尚舍奉御，出守辰州，入貳王府，歲久例遷，拜鴻臚少卿。/ 公少耽鍊石，長類韶年，方步周行，詔從致仕，甚爲知者之所歎訝。□自非求 / 得，唯務道安，心與化冥，跡縈塵累。以元和九年七月十八日，啓手足于□寧里 / 之官舍，享年八十有一。越其年十月六日，窆於萬年縣之鳳棲原，從里命也。公 / 以系唐仕周，因封命氏，末葉逃晉，在漢徂秦，東西重遷，是爲失土，今留葬京兆，/ 思復本也。公神骨魁岸，識度泉敏，嘗謂所親曰："凡讀古人書，須行古人意。"遂信 / 弘交執，忠盡人謀，每洽勢臣，式存善引，或因延達，美問益彰。況官事克正，家風 / 守約，不矯虚以悦請，雖效實而讓成，故得聞者願親，知者加敬。中外更踐五□ / 餘年，不陷於嫌隟之地，難哉。嗚呼，時不與能，天不祐善，竟終下位，其如命何。夫 / 人博陵崔氏，即右司郎中、贈禮部尚書鼎之第二女。一從伉合，僉謂宜家，□□ / 容親，禮以奉長，不克偕老，前府君而亡。有子六人：長曰邕，終馮翊縣尉；□□□ / 則不仕；次曰伸，馮翊縣尉；次曰倩，前崇文明經；次曰昭，徐州司馬；小曰琮。□□ / 嚴訓，思弘祖業，知遇未合，名位猶卑，既乖罔極之冤，倍切蓼莪之酷。玄則等□，/ 文楷早承懿倫；備聆德音，□敦伯仲之交。敢忘歲時之舊，見託爲誌，庶無媿詞。/ 其銘曰：/

南山峻拔，濮水淪漣。發地分流，誕聖生賢。御龍世官，杜伯誅遷。晉作士師，漢有 / 延年。慶餘必大，光膺後裔。記室幕書，金吾節制。五諫留中，七德撫外。遺芳盛烈，/ 祖殁孫繼。英英中庶，性實仁人。未嘗誤物，終能致身。或附權豪，必爲梁津。委屈 / 延奬，次第獲申。文仲善交，行之可久。叔夜養生，期之不朽。二美在公，一德歸厚。/ 誰謂彭聃，夭焉不壽。火焚貞石，風落喬松。哲人云亡，斯慟豈容。鳳棲古原，馬鬣 / 新封。壽堂一閉兮千萬祀，唯有令名兮播無窮。/

九三　李方乂墓誌

唐故試秘書省秘書郎兼河中府寶鼎縣令趙郡李府君（方乂）墓誌銘并序

再從弟京兆府藍田縣尉武騎尉虞仲撰。

誌高四十七釐米，寬四十七釐米。誌文二十八行，滿行三十字。

李方乂，唐元和九年（八一四）二月二十二日卒。年四十六歲。同年十一月十七日葬。

唐故試秘書省秘書郎兼河中府寶鼎縣令趙郡李府君墓誌銘并序 /

再從弟京兆府藍田縣尉武騎尉虞仲撰。/

公諱方乂，字安道，趙郡贊皇人也。其先出自帝顓頊之裔，歷虞夏，世爲理官，/ 因以命氏。惟咎繇齊聖之德，惟柱史非常之道。書則曰大禹讓，史則曰仲尼 / 師，宜爲氏族之望也。蟬聯世禄，負荷天爵。傳龜襲紫，幹禮任仁。爲公爲侯，燭曜 / 前史。自周廣門先生五世至魏文侯師，文侯師四世至趙相武安君，武安君 / 三世至漢淮陰侯師，淮陰侯師十三世至有道大夫，有道大夫八世至平棘 / 君宣王，功蓋一時，名動四海，後魏君臣閒，稱之爲清德重臣。討赫連，拜沮渠，/ 實我力也。宣王生濮陽侯，濮陽侯生文静公。濮陽之吉凶儀軌，文静之氣度 / 清粹，皆當時史臣之所歸譽也。文静公生豫州刺史諱希禮，與邢邵等議定 / 禮律。豫州生北齊黄門侍郎、隋上儀同三司諱孝貞，黄門生贈散騎常侍諱 / 來王，常侍生倉部郎中諱思諒，郎中生許王府参軍諱敬中，参軍生都水使 / 者諱暕，都水生倉部員外郎諱昂，即公之大父也。天寶中，以文章家法爲世 / 祖尚。員外生刑部郎中諱胄，公之烈考也。劉穆之之謀猶，袁方平之軌素，兼 / 之者我也。公幼以閨門雍肅，聞於姻族間，時人方之于馮檀之之流也。及長，/ 以吏事自許，累爲鹽鐵使辟署，大著功效。後應涇原連帥之命，改授監察御 / 史、充節度判官。府罷，授陝州靈寶縣令。趙嘉之理劇，周紆之威名，百里之内，/ 凞凞如也。廉使具以政績上聞，朝廷方議超拜，屬今□府河東公作鎮 / 蒲津，請惠所部，遂兼秘書郎，爲寶鼎令。讎猾吏，息疲民，猶前政也。又攝理解 / 縣，未浹日，遇暴疾而殁。嗚呼痛哉！兩邑之人，遑遑然如喪慈母。噫夫，天之不 / 愛人也如此，不然，胡爲遽奪公乎！享年四十有六，時元和九年二月庚子[一]，終 / 於解縣之官舍。以其年十一月十七日，歸葬於東都河南縣伊汭鄉，祔於先塋，禮也。夫人滎陽鄭氏，御史大夫、東都留守叔則之孫，洛陽縣主簿約之 / 女。百氏之令族，六姻之順婦。晝哭之外，奉公之遺訓，以訓諸孤，賢乎哉！男長 / 曰珣，次曰璋，曰邵，曰鄂。女長曰郭九，次曰党八，曰党十，曰多宜。年未勝纏，孩 / 稚肩次。痛矣夫斯人也，而有斯命也。泣爲銘曰：/

龍門之南，伊水之西。脩壟峨峨，祖兮父兮。青松白楊，寒山之趾。千秋萬 / 歲，託體于此。/

[一] 元和九年二月己卯朔，廿二日庚子。

九四　楊卓墓誌

唐故朝散大夫權知吉州長史翰林待詔上柱國賜紫金魚袋楊公（卓）墓誌銘并序

承務郎前都水監丞上騎都尉鄭義方撰。

誌高四十七釐米，寬四十七釐米。誌文二十六行，滿行二十五字。

楊卓，唐元和十五年（八二〇）八月二十一日卒。年五十七歲。同年十月二十七日葬。

唐故朝散大夫權知吉州長史翰林待詔上柱國賜紫金魚/袋楊公墓誌銘并序

承務郎前都水監丞上騎都尉鄭義方撰。/

公諱卓，字執禮。其先周宣王子尚父，受封諸陽，寔曰楊侯，晉滅其/國，因以爲氏。厥後代濟勳德，遂爲名家。源流廣派，遠矣盛矣。於是/根蒂旁簿，枝葉蕃昌，有望表弘農，或居天水，則公之先弘農人也。/曾祖思齊，銀青光禄大夫、嬴州刺史。祖古期，雅性閑逸，道高不/仕。父頵，朝散大夫、殿中省尚藥奉御，賜緋魚袋。公即奉御之長/子也。少有名譽，雅量冲和，静然居貞，風塵不雜。解褐試太子家令/寺主簿。早歲好屬文，意在典籍，晚年尤善陰陽懸藝，爲時輩之先。/至於辯别山川形勝，相識崗原氣候，時所比量，未之有也。貞元中，/德宗皇帝聞而嘉之，召入翰林祗奉詔命，授夔州都督府倉曹/參軍。元和元年，以順宗皇帝山陵優勞，授洪州都督府兵曹/參軍，賜緋魚袋，秩滿，改岳州長史，又拜右金吾衛長史，轉袁州司馬。/今上御宇，特奉詔命，按幸憲宗皇帝山陵事，勳績轉著，/渥澤彌深，特恩錫以紫綬金章，旋又拜吉州長史。聲價振揚，鬱/爾芳茂。方將整轡長衢，逸翮雲漢，無何遘疾有加，無瘳，以八月廿/一日終於勝業里之私第，享年五十有七。皇上稱念，中外驚/嗟。以其年十月廿七日[一]，歸葬於長安縣龍首鄉，祔於先塋，禮也。/夫人隴西李氏，即故左衛率府長史勛之女也。習訓成性，稟和德/柔，志在女功，婉修婦道，宜媲賢哲，實其禍也。有子三人：長曰師周，/前試太常寺奉禮郎；次曰師素，前洋王府參軍、翰林待詔；季□/師簡，纔始弱冠，未有禄仕。皆泣血盡哀，披榛卜兆。以余曾陪攸□，/行義素諳，見託斯文，敢不書實。銘曰：/

嶽瀆鍾秀，代有其倫。克生楊公，爲國之珍。二紀盡萃，三朝□/臣。懸藝獨步，無與比鄰。如何不淑，天奪斯人。及葬有期，夜臺無春。/千載之後，道存貞珉。/

[一] 此處未載何年，因上文“今上御宇”，姑認爲元和十五年。

九五　宇文仲逵墓誌并蓋

襲介國公宇文府君（仲逵）墓誌銘并敘

朝議郎行秘書省著作佐郎王庇奉敕撰。

誌高五十八釐米，寬五十七釐米。誌文十九行，滿行二十一字。

蓋文三行，十二字。正書：唐襲介國/公宇文府/君墓誌銘/。

宇文仲逵，唐元和十五年（八二〇）正月三日卒。年七十八歲。同年十一月四日葬。

襲介國公宇文府君墓誌銘并敘 /

朝議郎行秘書省著作佐郎王庇奉 / 敕撰。/

襲介國公食邑三千户，諱仲逵，字長儒，元和十五年正 / 月三日，薨於京兆府富平縣之私第，春秋七十八。公代 / 郡武川人也，遷籍大鴻臚。曾祖離，祖超，父晏，三代并 / 襲介國公，食邑三千户。其先以玉璽之瑞，爲上天之所授，/ 故國號宇文，因而爲□□周末知曆數有歸，遂禪於隋，/ 隋封萬户以爲介公，公□□後也。公博厚寬仁，孝友貞儉，/ 朴而從愿，恭而守禮，未嘗重名，頗樂閑曠。每以丘壑爲 / 意，遂於縣内郊居，二紀於兹，不屆城市，怡怡然，欣欣然，/ 與兄弟相視而已也。公年邁懸車，奄忽殂謝，始惻愴於 / 明執，終念悼於宸衷，賵賻獨加於等輩，葬事俾辦 / 於有司。公無嫡嗣，有庶子三人：長曰士元，忻王府功曹 / 掾；次曰士偕；次曰士則。皆寢苫食粥，毁過乎哀。爰求著 / 龜，以十一月四日壬寅，遷祔於萬年縣洪原鄉少陵原 / 之舊塋，禮也。嗚呼，永安宅兆，謹爲其墓。銘云：/

二王之後兮，大封其國。千秋萬歲兮，神其不惑。/ 永久無變兮，熟云取則。弟士常存兮，是亦觀德。/

九六　田滈墓誌并蓋

唐故太中大夫前使持節濮州諸軍事守濮州刺史兼御史中丞上柱國賜紫金魚袋田公（滈）墓誌銘并序

尚書虞部員外郎賜緋魚袋陳鴻撰。

誌高六十釐米，寬六十一釐米。誌文四十一行，滿行四十字。

蓋文三行，九字。篆書：唐濮州/刺史田/公墓銘/。

田滈，唐長慶二年（八二二）五月二十二日卒。年六十九歲。同年八月三日葬。

唐故太中大夫前使持節濮州諸軍事守濮州刺史兼御史中丞上柱國賜紫金魚袋田公墓誌銘并序 /

尚書虞部員外郎賜緋魚袋陳鴻撰。/

長慶二年五月廿二日壬子，太中大夫、前使持節、濮州諸軍事、守濮州刺史、兼御史中丞、上柱國、賜紫金 / 魚袋田公，終於萬年縣安邑里私第，享年六十九，其年八月三日辛酉，葬於萬年縣高陽原，祔 / 先公寢。公諱滈，字泌之，京兆茂陵人也。受姓之源，因封祀舜，洎完子奔齊，易之筮“鳳皇於飛，和鳴鏘鏘，/ 五世之後，將育於姜”，成子代齊有國，田氏始大。子孫繩繩，蔓于四海，明哲貫聞，代有其人。單守即墨，復齊 / 國；横二客從葬，五百人死海島中。叔赭衣髡鉗，從趙王張敖至長安，故趙王事白得出。舉名義之大者，順 / 而下之。至公曾祖仁幹，皇朝光禄大夫、司農卿。祖端，皇朝太子司議郎。父隨，皇朝 / 朝散大夫、台州司馬。三世以文行脩飾，而司議府君、司馬府君涵泳道德，優游儒術，不登高位，流芳於 / 公。司馬府君元和中以公爲亞卿，贈大理卿，先夫人追封滎陽縣太君。公即大理元子。弱歲 / 好書，十七明經及第，釋褐絳州参軍，次補右神武軍兵曹。建中末，天子在梁，咸寧王領京畿觀察，辟 / 爲京畿觀察判官，授大理評事，轉陜州陜縣令，遷大理司直，攝監察御史，知京西鳳翔度支木炭院。以 / 外艱去職，居倚廬寢苫，三年言不露齒。免喪，復領舊職，凡十一年，西農利利，西軍飽食。征西大將軍愛其和 / 而集事，故前後度支使因而留之，改鳳翔觀察判官。永貞中，丞相司徒公奏授殿中侍御史、東渭橋給納使。/ 江淮郡國貢糙米實關中，輸於河上，歲終，網吏篙工逋責，繫倉獄數百人，半死渭城。公嚴令誡納吏，均量 / 器，平出入。歲終，無一人繫獄，創廥廩二百間樓，倉門觀出入，置河上新亭，以食公賓。就加朝散大夫、侍御史、/ 内供奉、上柱國、檢校尚書工部員外郎，轉尚書水部郎中，兼知水陸院事。自天寶後，國用不足，管山澤利 / 以佐經費，安邑、解縣兩池榷鹽，當國賦五分之一，朝廷選榷鹽使之難，次於度支使。詔加兼侍 / 御史，賜紫金魚袋，充安邑、解縣兩池榷鹽使。歲課利入登常數二百萬息，鹽十五萬石，公所至以清白聞。/ 明年，丁太夫人憂，徒跣袚袨之日，家無尺布斗粟，凡水漿粥飲棺槨衣衾，皆陜牧蒲守奔走營辦，奉 / 太夫人裳，惟歸先府君寢，哀號孺慕，孝達鄉里。外除，拜朝請大夫、宿州刺史、本州團練使。元和初，/ 憲宗皇帝欲保固運路，制河上諸侯，析徐之符離、蘄，泗之虹，置宿州，理於符離新造之邦，吏未習事，農未 / 安業，兵未利用，公理三載，吏平農富兵强，以理行聞，徵爲太府少卿，明年，轉司農少卿。時闕大司農，/ 權領寺事，雍州麥卅五萬石輸司農，歲赢一萬二千石，號斗餘加耗，公上聞以平量入除赢數，/ 甸民賦車輦麥者行貨縣吏求輸司農。自李正己跋扈平盧，傳封五十年，東郡已東太守不自 / 朝廷出，元和十三年，鄆州平，制丞相擇中朝能吏，理東平支郡，公由前最授中散大夫、濮州 / 刺史。大兵之後，仍歲水旱，公之理，寬而民附，威而吏肅。搜故府，得廢鏃刃三萬餘斤，鑄農器給郡民，荒田 / 盡闢。/ 天雨絲於境内，蠶大登歲大熟，歸流庸一萬八千户，復紫極宫，建玄元真容，修文宣廟，備俎豆 / 荼祭器，置黌舍，教生徒百人，洙泗之風，行于濮上。璽書勉勞，就加太中大夫，兼御史中丞。長慶元年，薊人囚帥、/ 鎮人煞帥，詔徵天下兵，山東騷然，男負戈女調兵食，饋餫使多以不稱職免。二年正月，/ 丞相請公守本官爲鎮州東道運糧使，制下之日，三軍望風而飽。三月，鎮州賊雪，公還京師。一見 / 朝廷，而疾作，未王命而歿。朝廷惜其用，朋友惜其仁，親族惜其孝愛。前夫人清河崔氏。/ 曾祖庭玉，皇朝右金吾衛將軍、東都留守。祖孝童，皇朝魏州莘縣令。父習悟，皇朝左千牛 / 衛長史。貞元十四年二月廿三日，終於鳳翔府寶鷄縣官舍，祔於高陽原，從先舅封域。北州大族，婦道光明。/ 後夫人雁門郡君平涼員氏。曾祖太一，皇朝寧州别駕，賜緋魚袋。祖錫，皇朝正議大夫、大理少卿、/ 越州刺史、浙江東西兩道觀察使、租庸鹽鐵使。父禹，皇朝侍御史。服澣濯之衣，以禮法佐君子，盡誠敬 / 於伏臘，恭愛周于六親，故田君家道理。今爲未亡人，奉夫喪，盡家有無，哀有餘而禮亦至。嗣子承務郎、前 / 宗正寺永康陵丞、驍騎尉君儒，孝愛自天，誠明坦夷，執親之喪，哀貫神明。日時未叶，龜筮未從，/ 崔夫人不剋從公寢，昔魯人之祔也合之，衛人之祔也離之，公生理濮陽，殁用衛禮。銘曰：/

世道衝衝，人川濛濛。嗚呼田君，壽運數終。素車一乘，高原新墳。/ 刊石表墓，平生故人。/

九七　哥舒洩墓誌

唐故哥舒府君墓誌銘并序

鄉貢進士蘇文玄撰并書。

誌高三十五釐米，寬三十五釐米。誌文十八行，行十八至二十三字不等。

哥舒□，唐長慶四年（八二四）五月二十五日卒。年六十歲。寶曆二年（八二六）五月二十三日葬。

唐故哥舒府君墓誌銘并序 /

鄉貢進士蘇文玄撰并書。/

夫誌者，本述其德而記貫之州縣，次及祖宗之名 / 諱，塋域之去處，以彰子孫他時之別也。公諱洩，本 / 陰山之貴族，寄家闕上，乃徙籍於京兆府長 / 安縣懷音鄉食椹里，遂爲此人。公曾祖道元，皇朝 / 河西節度副使、□□將軍、右羽林將軍、天水郡公，贈開府□□□。祖翰，皇朝尚書左僕射、同中 / 書門下□□□□道兵馬元帥、西平郡王，贈太尉 / □有戰略之勳迹，寵寄冠於當時，位列諸侯之右，/ 並全忠孝之節，垂芳於後世，示今古之未有也。父□，歷官奉禮，中年而亡，不振其名。公將相之後，身有奇 / 才，□□能仕，而遂情性，□門自怡。上之不福，喪此賢 / 哲，時年六十，以長慶四年五月廿五日，卒於群賢坊之 / 舊室，以寶曆二年五月廿三日，葬於平原先塋之側，□□□ / 奉喪□□有□□乃爲銘□：

□□不□，□我□人。/ 不事□□，守道安貧。□□□□，□默修□。□□得全，/ □□□□。□□□□，□□□□。/

九八　源序墓誌并蓋

唐故朝議郎行司農寺丞兼監察御史裏行上柱國源府君（序）墓誌銘

劍南東川節度參謀朝議郎監察御史裏行上柱國周魯賓撰。進士李暨書。

誌高五十二釐米，寬五十二釐米。誌文二十四行，行二十至四十一字不等。

蓋文三行，九字。正書：大唐故/源府君/墓誌銘/。

源序，唐寶曆二年（八二六）三月十一日卒。年六十九歲。同年七月八日葬。

唐故朝議郎行司農寺丞兼監察御史裏行上柱國源府君墓誌銘 /

劍南東川節度參謀朝議郎監察御史裏行上柱國周魯賓撰。/

源實與元同族，其先鼻祖於後魏，今則代爲河南人也。公諱序，字有倫，以寶曆景午歲三月十有一日，終於 / 長安城靖恭里私第，享年六十有九。開元中，侍中乾曜即公曾王父之父也。世傳儒禮，子孫絪續，公奉 / 家法，不忝前人。朝散大夫、鄭州别駕晉賓之曾孫，朝散大夫、相州臨河縣令泌之孫，試大理評事兼 / 京兆府櫟陽縣主簿邈之元子。公少丁大理之艱，事季父建，有孝行，聞於宗族鄉黨。弱冠，以門 / 蔭調補潤州參軍事，累授下邽、櫟陽二縣尉，又拜監察御史，充邠帥僚客，至府未久，長揖罷歸，/ 以軍旅之事雅非好也。尋爲朝之賢士大夫冬薦其行能者，改授司農寺丞。爲官清檢，行己端操，/ 内行無玷，外物不干。公立性剛謇，著誠曠邁，措履中正，不事文飾，未嘗以榮宦浮名繫於 / 俯仰，未嘗以曲辭取容混於進退。常體道自適，落落然無他腸，亦不知危冠華纓之爲 / 貴也，亦不知藍杉文竹之爲賤也，君子哉！若人年未及中壽，位不至於下大夫，悲夫！娶隴西牛 / 氏，弈世名儒之族，夫人即今相國祈章公伯姊也。生六男、四女：男曰應，廷尉評；曰庇，衛 / 軍掾；曰庠，四門博士；曰巽，舉孝廉上第。皆儒雅温敏，器業遠大，二人年方童丱，有 / 老成風。長女適汝南周魯賓，次女適河東薛用弱。兩壻皆射策，累中甲科，或 / 假名柏臺，或試吏芸閣，皆爲大諸侯府從事；二女年未及笄，容德兼備。可謂福隆 / 家肥矣，時人榮盛之歎莫及也。嗚呼！後嗣其昌，積善之慶矣，公之善積慶得不大 / 歟。應等皆立誠修詞，佩仁服義，異日當光啓門族，顯揚先德，其誰曰不然。以其年七 / 月八日甲子[一]，葬於萬年縣鳳棲原，禮也。夫人以晝哭之辰收淚，命子壻周魯賓 / 爲其誌，以銘其德。曰：/

達德不羈，大量不器。嗚呼源公，才屈於位。世懸珪組，/ 人趍富貴。我獨恬然，道勝而已。奉公清白，居家曠逸。/ 寵辱孰優，屈伸無必。鬱鬱松楸，青青陵陂。兆恊於象，/ 墨食其龜。嗚呼源公，歸全於斯。/

寶曆貳年柒月叁日進士李曁書。/

[一] 寶曆二年歲次丙午，七月丙寅朔，無甲子，八日癸酉。

九九　楊卓妻李氏墓誌并蓋

唐故翰林待詔朝散大夫吉州長史賜紫金魚袋楊府君（卓）故夫人趙郡李氏墓誌銘并序

外生鄉貢進士姚旴撰并書。

誌高四十七釐米，寬四十七釐米。誌文二十四行，滿行二十四字。

蓋文四行，十六字。篆書：大唐故弘 / 農楊公李 / 氏夫人合 / 祔墓誌銘 /。

李氏，唐大和元年（八二七）二月二十八日卒。大和三年（八二九）正月二十八日合祔。

唐故翰林待詔朝散大夫吉州長史賜紫金魚袋楊府君 / 故夫人趙郡李氏墓誌銘并序 /

外生鄉貢進士姚旷撰并書。/

大凡天地之間，逝謝可銘者，以其有美稱焉，後昆是誌之，爲不 / 朽傳也。/ 夫人姓李，以遠祖所封，子孫居其地，今爲趙郡人也。自秦迄 / 唐，簪裾相繼，代有時名。皇朝虢州金門府折衝原之曾孫，朝散大 / 夫、池州司馬令□之孫，朝議郎、左衛率府長史諱助之女，翰林 / 待詔、朝散大夫、吉州長史弘農楊公諱卓之室。夫人天資惠 / 和，行淑言順，居家孝友，禮則其常。未笄之年，歸於長史。穆穆終 / 日，以親九族；孜孜夙夜，以顯七備。如賓相敬，僅四十年，詩所謂 / 和鳴喈喈，夫人繼之矣。洎長史歿後，勤儉承家，恭敏其度，庭闈 / 禀訓，風規藹然。嗚呼！昊天不惠，厥疾是遘，□終乃限，醫禱無徵。/ 大和始祀仲春廿八日，終於興道里之私第，享年不逾於耳順。/ 有三嗣，長曰衮，前德州參軍。次曰師素，前少府監丞。次曰師復，/ 方專業之年。其爲人也，皆脩己以敬，器用可觀。居喪三年，口不甘 / 味，哀毁過禮，孝矣哉若人。以三年建寅月廿八日，奉夫人之喪 / 葬於長安縣龍首鄉合祔，禮也。旷顧忖蒙□，靡可藻飾，以弘農 / 昆季，謂忝生列，俾膺著絹。斯乃仁人之親，欲之無言，敢默厥美，/ 且述聞見，罔求備歟。銘曰：/

君子所貴乎，德唯仁淑。宗黨所重乎，睦我親族。/ □曷不從乎，人之所欲。謂不其然乎，禍來圮福。/ □□封壠乎，周之風俗。遺□□□乎，貞石是録。/ □□□常乎，陵岸爲谷。□□□□乎，千古攸燭。/

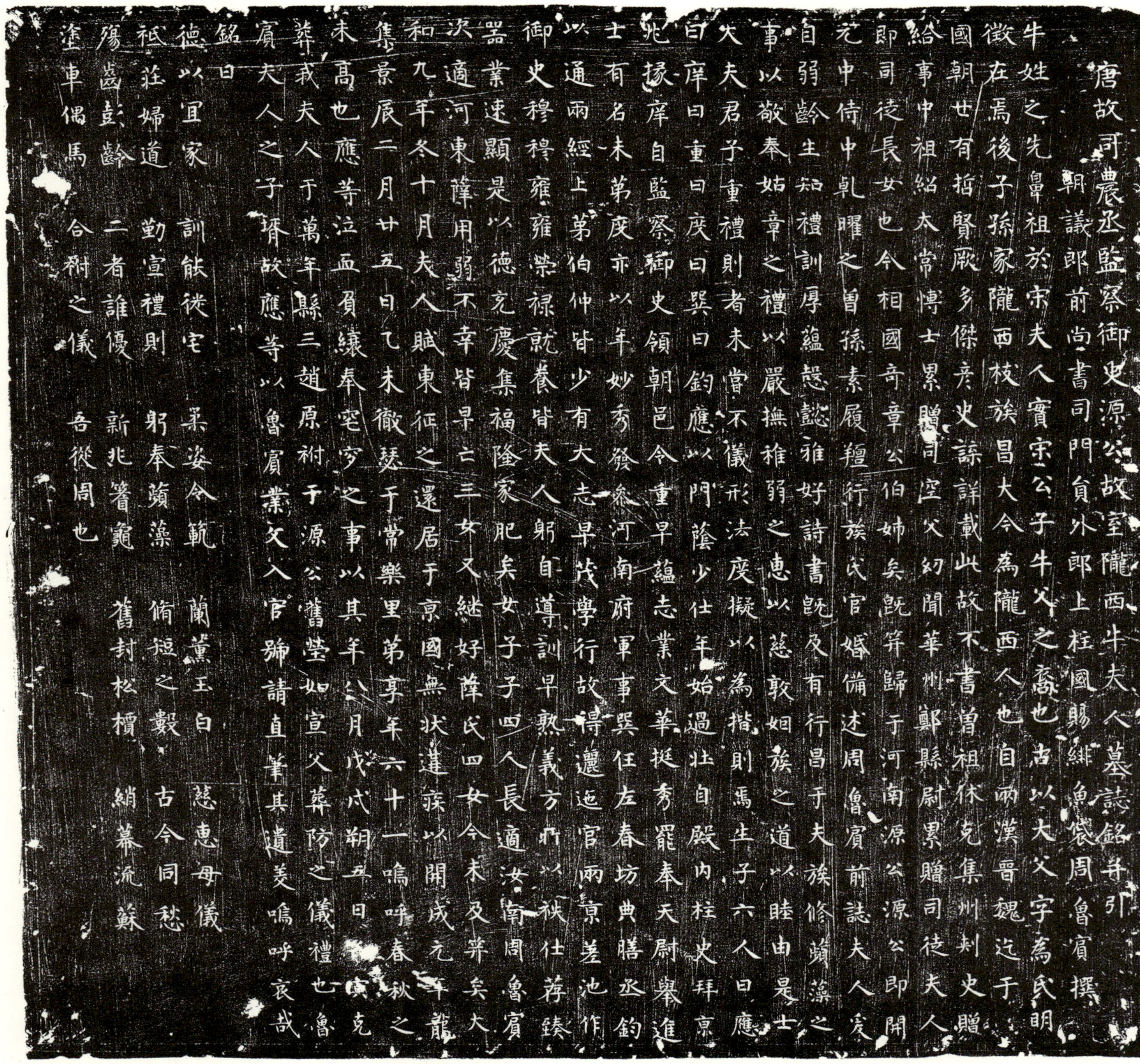

一〇〇　源序妻牛氏墓誌并蓋

唐故司農丞監察御史源公（序）故室隴西牛夫人墓誌銘并引

朝議郎前尚書司門員外郎上柱國賜緋魚袋周魯賓撰。

誌高六十釐米，寬六十一釐米。誌文二十八行，滿行二十七字。

蓋文三行，九字。正書：唐故隴/西牛夫/人墓誌/。

牛氏，唐開成元年（八三六）二月二十五日卒。年六十一歲。同年八月五日祔葬。

唐故司農丞監察御史源公故室隴西牛夫人墓誌銘并引 /

朝議郎前尚書司門員外郎上柱國賜緋魚袋周魯賓撰。/

牛姓之先，鼻祖於宋，夫人實宋公子牛父之裔也。古以大父字爲氏，明 / 徵在焉。後子孫家隴西，枝族昌大，今爲隴西人也。自兩漢晉魏迄於 / 國朝，世有哲賢，厥多傑彦，史諜詳載，此故不書。曾祖休克，集州刺史，贈 / 給事中。祖紹，太常博士，累贈司空。父幼聞，華州鄭縣尉，累贈司徒。夫人 / 即司徒長女也，今相國奇章公伯姊矣。既笄，歸于河南源公，源公即開 / 元中侍中乾曜之曾孫。素履蘊行，族氏官婚，備述周魯賓前誌。夫人爰 / 自弱齡，生知禮訓，厚蘊懿懿，雅好詩書。既及有行，昌於夫族。修蘋藻之 / 事以敬，奉姑章之禮以嚴，撫稚弱之惠以慈，敦姻族之道以睦。由是士 / 大夫君子重禮則者，未嘗不儀形法度，擬以爲楷則焉。生子六人，曰應，/ 曰庠，曰重，曰度，曰巽，曰鈞。應以門蔭，少仕，年始過壯，自殿内柱史拜京 / 兆掾。庠自監察御史領朝邑令。重早蘊志業，文華挺秀，罷奉天尉，舉進 / 士有名未第。度亦以年妙秀發，參河南府軍事。巽任左春坊典膳丞。鈞 / 以通兩經上第。伯仲皆少有大志，早茂學行，故得邐迤官兩京，差池作 / 御史，穆穆雍雍，榮禄就養，皆夫人躬自導訓，早熟義方，所以祑仕薦臻，/ 器業速顯，是以德充慶集，福隆家肥矣。女子子四人。長適汝南周魯賓。/ 次適河東薛用弱，不幸皆早亡。三女又繼好薛氏。四女今未及笄矣。大 / 和九年冬十月，夫人賦東征之還居於京國，無狀遘疾，以開成元年龍 / 集景辰二月廿五日乙未，徹瑟於常樂里第，享年六十一。嗚呼！春秋之 / 未高也。應等泣血負縗，奉窀穸之事，以其年八月戊戌朔五日壬寅，克 / 葬我夫人於萬年縣三趙原，祔於源公舊塋，如宣父葬防之儀，禮也。魯 / 賓，夫人之子壻，故應等以魯賓業文入官，號請直筆其遺美。嗚呼哀哉！ / 銘曰：/

德以宜家，訓能徙宅。柔姿令範，蘭薰玉白。慈惠母儀，/ 袛莊婦道。勤宣禮則，躬奉蘋藻。脩短之數，古今同愁。/ 殤齒彭齡，二者誰優。新兆蓍龜，舊封松檟。綃幕流蘇，/ 塗車偶馬。合祔之儀，吾從周也。/

一〇一　崔郞墓誌并蓋

唐試太子司議郎兼侍御史知度支東都擇善院事清河崔府君（郞）墓誌銘并敘

朝散大夫守將作少監上柱國分司東都李林宗撰。

誌高七十八釐米，寬七十八釐米。誌文四十五行，滿行四十五字。

蓋文三行，九字。篆書：有□侍 / 御史崔 / 君之墓 /。

崔郞，唐開成三年（八三八）八月九日卒。年五十七歲。妻李氏，開成二年（八三七）卒。開成三年（八三八）十月十三日合祔。

唐試太子司議郎兼侍御史知度支東都擇善院事清河崔府君墓誌銘并敘 /
朝散大夫守將作少監上柱國分司東都李林宗撰。/

君諱郎，字郎，清河人。其先自虞已上爲姜姓，虞夏之際封於吕，在夏殷爲吕姓，殷之衰也，周西伯獵於渭濱，獲其裔太 / 公望以歸，武王師之而剋商，遂有天下，以功封於齊。太公終，丁公汲立，丁公子食菜於崔，因邑命氏，始姓崔氏。有博陵 / 清河二望，其出清河者，或在俞，或在東武城，與盧、鄭、李皆源流長遠，貴相連絡。其男娶其女嫁，必越國以求之，比之晉 / 匹秦，他姓雖大，皆謂非吾偶也。其或與他姓合者，每聚族而談，其意頗卑之。秦漢已後，關中亟戰争，衣冠悉徙山東以 / 避亂。選其族望極顯者，則與之婚嫁，其未顯者，輒拒之。至魏晉間始大，其在魏有林爲司空、安陽侯，琰爲中尉。其在晉 / 有諒爲尚書、大鴻臚。自齊已降益大，其在齊有祖思爲征虜將軍，耶利爲魯郡太守，其子懷慎，以孝行聞。其在梁有靈 / 恩，爲國子博士。元魏時有玄伯爲吏部尚書、贈司空，光爲太保，敬爲梁郡守，休爲殿中尚書，浩爲司徒，逞、鴻並爲黄門 / 侍郎。有詔遣諸儒第氏族，皆以崔氏首出諸姓。國朝嘗以其族望高，又薄他姓，及遺近不與通婚，乃禁崔氏等四 / 姓不得自相嫁娶，又不得厚問遺以相高大。後有求婚者，告之禁婚，其望益高，遂不禁。曾祖紹，爲鄆州 / 刺史。以廉直臨下，加之以明恕；以敦厚易俗，導之以禮讓。入其境者，知道化行於鄆矣。祖顔，爲大理正。/ 察小大之獄，必原始而究；終苟窮其理，則哀矜以色。後以子貴，贈祕書監。父謙，自宣武從事兼中丞，除 / 太子率更令，歷庶子、少詹事，拜大詹事，其始至周行，遂爲宫僚。不以在散地而厭趍於朝，不以非劇職而倦司其扃。其 / 接公卿、大夫、士，登降俛仰，無不宜之。元和初，懸車告老，憲宗嘉之，許以祕書監就第。君即祕監第六子，生於 / 令族，少而聞道，至柔而臨事能立，雖窮而有所不爲。年十六，丁太夫人憂。其居喪也，終日銜哀；既除也，踰月 / 猶哭。貞元末，祕監以關中夏大旱、秋多雨，芻米與生生之物日踴騰糴，命諸子當調者，皆吏遠郡，以其入爲水旱 / 備。君以齒尚少，獨留京師。自崇文館明經，解巾爲東宫率府掾，頗自喜。官司雖存，僚吏皆備員而已，無所剖決，得竭己 / 力以奉温清，此官在我，乃愈於他官。晝則量入以制其用，節費以足其家，其爲甘滑可適於口者，則未嘗一日二日而 / 無其備。夜則焚膏油以閲群書，而攻草隸，數年間，經史大義無不該覽，尤善尺牘。元和六年丁祕監憂，日號呼於 / 蒼穹，若有望而不至。逮終喪，毁將滅性。明年，調爲右衛胄曹參軍，名登上臺，其實沉之下位。雖有藴蓄，無由而發矣。秩 / 滿，爲汝州葉縣宰。以至仁馭其下，作法不敢犯；以至誠待其吏，獻藉不忍欺。凡邑皆以夏秋征其民，日撻於庭，以媿恥 / 之，猶不克集。君之在葉也，以折簡告其期，民皆駕肩而前，唯恐其後。三載刑罰不用於葉，雖古之循吏，無以加之。開成 / 元年，授河南府士曹掾，統百工，備群材，以需其用。遇啓閉津梁之急，朝受命而夕已見功，君子謂貞而固，其幹也宜哉。/ 計司聞其名，奏授試太子司議郎兼侍御史、知度支陝州院事。君以其地據天下要會，水陸所經，貢獻之厚薄，漕輓之 / 淹速，由我而后聞於有司，我不職，職其何以報有司之知？乃勸其廉者，劾其濫者，褒其勤者，戒其墮者。後省司校諸州 / 之征，由陝而至者，不耗蠹其物，不淹恤于道。三年五月，以其績用成，改知度支東都擇善院事，旌其能也。君常晨而興，/ 夜而寐，以勤厥職，遂爲寒暑所侵，比入洛，已不及常寢食矣。其於閲簿書，舉枉直，則精爽猶在。秋八月，厥疾有加，甲午[一]，/ 終於東都擇善里官舍，享年五十七。嗚呼哀哉！時方貴琢琱，尚澆醨，君獨保大和，守大樸，終爲風波所汨没，蓋薄者醜 / 其厚也。由是有識之士，無不感憤而傷嗟，豈天道惡盈耶，不然，何高其族而抑其冠冕？夫人隴西李氏，故 / 華陰尉戡之第二女，行婦道，肅母儀，爲士大夫家式刑者廿年矣。訖不克偕老，豈其命歟，先崔君一年而終。有二子：長 / 曰墀，明經擢第，先崔君二月而夭；少曰坤，舉明經未第。六女：其長適趙郡李懽，其第二女與少女始華而落，第三女適 / 范陽盧景南，亦青春而凋，第四女適趙郡李儋，第五女適滎陽鄭孺融。其長男與長女皆夫人母之，非其出也。少男與 / 五女乃出於夫人。嗚呼哀哉！遺令："既啓手足，必以時服殮我姑，務速得祔先塋，葬不必備。"子坤抑情稟命，即以其年十 / 月丁酉[二]於偃師縣亳邑鄉祁村，與夫人李氏合祔於先祕監之塋，禮也。其子又慮一旦陵其谷，川其高岸，後有展 / 先人之墓者，則無由而知，乃請余刻石以誌之。君爲余異姓昆弟從外祖也，故君之所履，余能言之。及 / 君之喪，余哭之慟者數四，已而乃銘其本系與所行事于墓。銘曰：/

厥系在唐，源澄而流。或典三禮，或平九州。封吕於夏，爲師於周。其處于齊，嗣世則侯。支子食菜，克大其名。厥氏以崔，由 / 邑而更。魏晉已還，乃公乃卿。至于 / 我唐，其誰與京。昔君之初，既沉而深。悌不師師，孝亦因心。力養之餘，思鑒古今。室聚群書，是繹是尋。及其既孤，始卒其 / 業。乃官於衛，乃令於葉。吏以誠待，僚以禮接。臨莅鞫按，如已經涉。秩滿而歸，幾更寒暑。始掾東府，卑以自處。頽綱墜典，/ 咨咨以舉。苟或吐茹，亦適其所。人以其能，揚於計司。方易陝吏，因命主之。曷示其崇，議郎以基。曷示其威，御史以資。閲 / 賦校程，不遑寧居。既褒其疾，亦誅其徐。使及其期，以足其儲。及歲之終，歲則有餘。主司嘉之，移職洛師。霜露所蒙，筋骸 / 已羸。其於在公，猶不負知。奄然而終，若有其期。惸惸遺孤，言遵先旨。乃筮乃卜，於祁之里。地非延陵，墓實君子。大隧一 / 閉，千秋已矣。/

[一] 開成三年八月丙戌朔，九日甲午。
[二] 開成三年十月乙酉朔，十三日丁酉。

一〇二　柏玄楚墓誌

唐故承務郎行內侍省掖庭局監作員外置同正員上柱國魏郡柏府君（玄楚）墓記銘并序

文林郎試太常寺奉禮郎李遇撰。朝散大夫試穎州司馬上柱國李景諒書。

誌高六十一點五釐米，寬六十一點五釐米。誌文二十九行，滿行三十字。

柏玄楚，唐會昌二年（八四二）十一月九日卒。年四十一歲。會昌三年（八四三）二月十三日葬。

唐故承務郎行内侍省掖庭局監作員外置同正員上柱國/魏郡柏府君墓記銘并序/

文林郎試太常寺奉禮郎李遇撰。/

府君諱玄楚，字郢宣。本家柳州，今寄貫京兆，即京兆人也。其先楚國之裔，因附/庸而姓焉，歷代或將或相，史諜備書，今闕而不録。公曾祖文達，皇右監門/衛將軍。祖惟貞，皇内給事，賜紫金魚袋，客省使。父常志，皇右監門衛將軍。/並河嶽間生，代爲英傑，道藝宏贍，寵遇當時，令望令問，雖歿而不泯。惟公弓/裘不墜，忠孝沿流，抱不器之量，藴博識之鑒，自明而誠，罕有儔匹。元和中，釋褐/從仕，便侍玉階，聲華益振，英雄果斷，器宇高明，閲禮聞詩，入孝出悌，捐小/人之僻行，懷君子之德風。洎大和四祀，因南郊展禮，公主務尤重，事無巨/細，皆悉經心。文宗酬勞，因賜藍緑，兼授掖庭局監作，拜東宫判官。/行不苟合，性唯孤潔，聲聞遐邇，無不仰止。頃大和七祀，嶺南都監齊内侍美/公聲價，渴公嘉謀，表奏邀爲小判官。帝乃俞之，果爲大用，委海門巡/舶。罔不欽畏，臨事制斷，皆叶物情，人之所難，公則爲易。星霜未幾，荆南監軍/吕常侍又奏充小判官，敷奏闕庭，不辱君命。旋開成五祀，左神策軍容/特薦委公監馬步木場，託以心腹，一心奉國，不顧私家。豈料暫臥漳濱，奄/忽逝川之歎，千里之足未展，其誰不哀。會昌二年十一月九日，終於輔興里之/私第，享齡卌有一。嗚呼，天何爲乎，假公之聰，不假公壽，則脩短休咎，蓋命矣夫。/遂以明年二月十三日，龜筮叶從，遷窆於長安縣昆明鄉小馮村先塋，禮□。/夫人樂安郡孫氏，痛絲蘿無託，悲鸞鏡生塵，晝哭不絶，哀感行路。嗣子三人，□/曰師古，仲曰師佶，季曰師仁。久承嚴訓，禮樂生知，丹穴鳳鶵，咸稱有後。並柴□/泣血，毁瘠絶漿，縈縈棘心，以護喪事。陵谷是慮，勒嘉珉以銘之。/銘曰：/

赫矣府君，邦家藎臣。才藝夙著，德行日新。或出□□，/踰艱歷險。或入近侍，唯密唯親。哀哉盛年，歸於下泉。天乎不憖，喪我忠賢。豈料國禎，翻成夢奠。命也矣夫，藥不□□。/哀哉鏘玉，溘瘞泉扃。輀車痛見，笳管愁聽。奄泉壤兮已矣，□□□/兮唯馨。/

朝散大夫試穎州司馬上柱國李景諒書。/

一〇三　李佑墓誌并蓋

唐故宗正卿致仕嗣郢王（李佑）墓誌并序

外甥朝散大夫守尚書工部郎中史館修撰上柱國仲無頗撰。

誌高六十釐米，寬六十一釐米。誌文二十九行，滿行二十九字。

蓋文三行，九字。正書：唐故宗/正卿郢/王墓誌/。

李佑，唐會昌四年（八四四）十月九日卒。年七十八歲。會昌五年（八四五）二月十九日葬。

唐故宗正卿致仕嗣郢王墓誌并序 /

外甥朝散大夫守尚書工部郎中史館修撰上柱國仲無頗撰。/

王諱佑，字元吉。其先出自神堯皇帝第十八子，曰元名，始封于舒，生二 / 子，曰昭，曰亶。昭繼代而立，天后朝遇禍，其國不嗣。暨中宗反正，興滅繼絶，得亶之子於民間，諱津，俾之嗣守，官至右威衛大將軍。生 / 世子諱適，無禄短世。適生太子詹事諱藻，好學樂善，與游甚高，/ 德宗朝既嗣襲，與親王同其國號，詔命改封于郢。王即詹事元子 / 也。始以門蔭爲千牛備身，調補興元府西縣尉、褒城縣丞。廉潔公方，敏於從政。/ 憲宗立極之初年，思古維城之義，凡嗣王國絶者，皆紹封。王始開 / 舊國，拜簡王府諮議，歷恭府諮議、元寢令、衡王府長史，優游散位，未嘗 / 以進取爲心。俄拜左千牛衛將軍，趍侍丹墀，既近且貴，交修職業，亟换 / 星歲。無何，中飛語得罪，竄逐朱崖郡，滯留荒徼，推倚伏否泰之數，無所介懷。既 / 而天波昭洗，累遷安王傅，留司洛邑。年未期頤，道在止足，因上疏乞骸骨。/ 優詔許之，拜衛尉卿致仕，亦既得謝燕處，翛然以樽酒博弈自娱焉。知夫世事 / 年華，如道飆石火之不留也。會昌元年，上郊祀畢，加 / 恩舊老，轉宗正卿致仕。四年甲子十月戊子[一]，寢疾薨於東都康俗里之僦第，享 / 年七十八。廢朝一日。以明年二月丙申[二]，窆於河南縣之伊芮鄉，從理命也。前妃 / 范陽盧氏，先殁，餘四十年，假葬褒中，未克歸祔。生一女，適南陽張凖。後妃馮翊 / 嚴氏，殁于東洛，迨將一紀，今從魯禮祔焉。生三女，長適太原王丹，次適馮翊嚴 / 洎，季適京兆田憲。嗚呼！以王之天潢派分，茅土位重，趨 / 庭稟訓，開國承家，宜其子孫蕃衍，門户昌熾，而執喪無主，行路所哀，天之福善，/ 何其盭也。無頗謬齒斑列，愧非宅相，執紼望斷，援毫涕零，敘其徽 / 猷，永識泉壤。銘曰：/

惟天祚唐，帝系繁昌。别子爲祖，裂地封王。慎固磐石，/ 作爲藩屏。唯德與賢，改舒傳郢。王之嗣守，稟命益恭。/ 懸車告老，善始令終。何謂臧孫，翻同伯道。喪也無主，/ 天乎不造。洛城南下，宅兆載安。全歸幽穸，事已闔棺。/ 壽夭同塵，古今何有。唯此貞石，可以長久。/

會昌五年二月十九日□□□□書。/

[一] 會昌四年歲次甲子，十月庚辰朔，九日戊子。

[二] 會昌五年二月戊寅朔，十九日丙申。

一〇四　李眈妻韓氏墓誌

唐隴西李氏（眈）夫人昌黎韓氏墓誌銘并序

良人檢校司門郎中攝御史中丞李眈自爲銘。

誌高六十釐米，寬五十九釐米。誌文二十五行，滿行二十五字。

韓氏，唐大中十一年（八五七）六月二十六日卒。咸通三年（八六二）四月二十三日葬。

唐隴西李氏夫人昌黎韓氏墓誌銘并序/

夫人昌黎韓氏，唐宰相諱痳玄孫，宰相、晉國公諱滉曾孫，正省/僕射諱皋孫，度支郎中諱益長女。兄愓，小字牛兒，見任商州商洛/縣尉。妹號知微，小字端郎，尚未適人。/夫人生以著族顯爵，赫弈中外，禀坤珍水德，祥而爲人。在乳保，言/未分臆，指而物辨。及齠亂，若雕玉像，範金磬花，英發瓊樹，日見其/聲容。質態清雅，貞芳標慓，温融風和，光射於閨閾也。洎有行，辭家/而女儀雲卷，入門而婦道綱舉，奉承尊大，安悦少幼，緝生緒/運，家軸睦睦，親友嬉嬉，徒隸致其皆在。飫珍酣酎，眠春日鄉中，彼/我相忘於旦昏矣。從夫宦游，纔踰三載，自廟覲逮于降牀撤寢，興/庶務外，不嗜愛珠翠綺羅玉帛爲已蓄，間則以嵇琴孔藉老氏教/爲遵尚，奉盥鑪齋戒而已。時或垂言於衆曰：“簪珥襦璫，女子之外/飾，苟不以恭順，孝睦慈愛，仁惠寬恕，勤勞蚤夜，以焕於衷，則彼飾/之耀盛，不能蔽覆其涼德，均是而推還，吾袪靚灼灼，楚於衷行也，/唯荆布之節，庶歿無憾。”卒如言。繇是三族九派，賓友鄉黨，女處婦/適，聞之者莫不若持籩豆，知歸於孔氏教，故其德與道挹源而酌/之。則有相揆省郎之澤流焉，有外門之慶夫家之幸存焉，有福貽/後嗣之賀彰焉，有光昭簡册之裕垂焉。所謂爲人女、爲人婦、爲人/母，上不畏於天，中不愧於人，下不怍於地，憲繩人道也。大中十一年六/月廿六日，疾厭世於廬州官舍，以咸通三年四月廿三日，卜藏於河南府偃師/縣亳邑鄉祁村里山原，禮也。將窆之夕，良人檢校司門郎中攝御/史中丞李眈，藏事親臨，罔不哀備，乃自爲銘曰：/

壽不必脩，生不必貴，唯才賢而已，彭殤一致。/昧不可知，明不可質，唯哀誄而已，欣戚何疾。/烏乎夫人，享兹貞謚，洛陵邙谷，不泯其誌。/

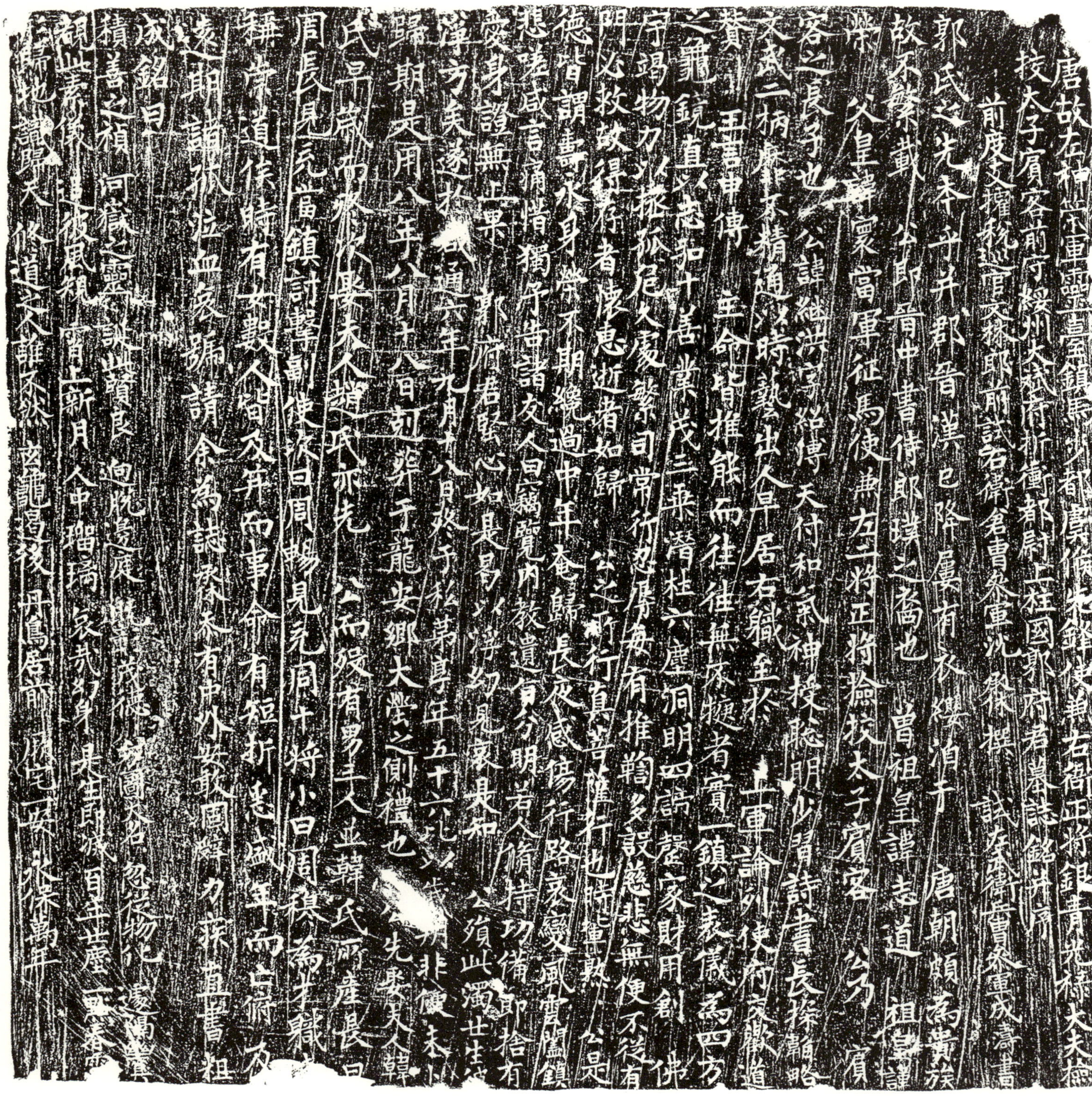

一〇五　郭繼洪墓誌

唐故左神策軍靈臺鎮馬步都虞候先鋒使兼右衙正將銀青光禄大夫檢校太子賓客前守綏州大斌府折衝都尉上柱國郭府君（繼洪）墓誌銘并序

前度支榷税巡官文林郎前試右衛倉曹參軍沈承休撰。試左武衛兵曹參軍成濤書。

誌高五十二釐米，寬五十二釐米。誌文二十六行，行二十四至三十二字不等。

郭繼洪，唐咸通六年（八六五）九月十八日卒。年五十六歲。咸通八年（八六七）八月十八日葬。

唐故左神策軍靈臺鎮馬步都虞候先鋒使兼右衙正將銀青光禄大夫檢 / 校太子賓客前守綏州大斌府折衝都尉上柱國郭府君墓誌銘并序 /

前度支榷税巡官文林郎前試右衛倉曹參軍沈承休撰。/ 試左武衛兵曹參軍成濤書。/

郭氏之先，本乎并郡，晉漢已降，屢有衣纓，洎于唐朝，頗爲貴族，/ 故不繁載。公即晉中書侍郎璞之裔也。曾祖皇諱志道。祖皇諱 / 榮。父皇諱寰，當軍征馬使、兼左二將正將、檢校太子賓客。公乃賓 / 客之長子也。公諱繼洪，字紹溥。天付和氣，神授聰明，少習詩書，長探韜略，/ 文武二柄，靡不精通。以時藝出人，早居右職，至於上軍，論列使府，交歡道 / 贊，王言申傳主命，皆推能而往，往無不捷者。實一鎮之表儀，爲四方 / 之龜鏡。直以志弘十善，業茂三乘，潛杜六塵，洞明四諦，罄家財用創佛 / 宇，竭物力以拯孤危。久處繁司，常行忍辱，每有推鞫，多設慈悲，無便不從，有 / 門必救，故得存者懷惠，逝者如歸。公之所行，真菩薩行也。時輩熟公是 / 德，皆謂壽永身榮，不期纔過中年，奄歸長夜。感傷行路，哀變風雲，闔鎮 / 悲嗟，咸言痛惜。獨予告諸友人曰："竊覽内教，遺旨分明，若人脩持功備，即捨有 / 愛，身證無上果。郭府君堅心如是，曷以浮幻見哀，是知公殞此濁世，生彼 / 淨方矣。"遂於咸通六年九月十八日，終於私第，享年五十六。比以歲朔非便，未卜 / 歸期，是用八年八月十八日，窆葬於龍安鄉大塋之側，禮也。公先娶夫人韓 / 氏，早歲而終。次娶夫人趙氏，亦先公而歿。有男三人，並韓氏所産。長曰 / 周長，見充當鎮討擊副使。次曰周暢，見充同十將。小曰周穆，爲才職者 / 稱，崇道俟時。有女數人，皆及笄而事命有短折，悉盛年而亡。俯及 / 遠期，諸孤泣血哀號，請余爲誌。承休忝有中外，安敢固辭，力疾直書，粗 / 成銘曰：/

積善之禎，河嶽之靈。誕此賢良，迥脱邊庭。既彰茂德，方圖大名。忽從物化，遽隔幽冥。/ 睹此素儀，追彼風規。霄上新月，人中瑠璃。哀哉幻身，是生即滅。百年世塵，一點春雪。/ 形歸地，識歸天，修道之人誰不然。玄龜遏後，丹鳥居前。厥宅一安，永保萬年。/

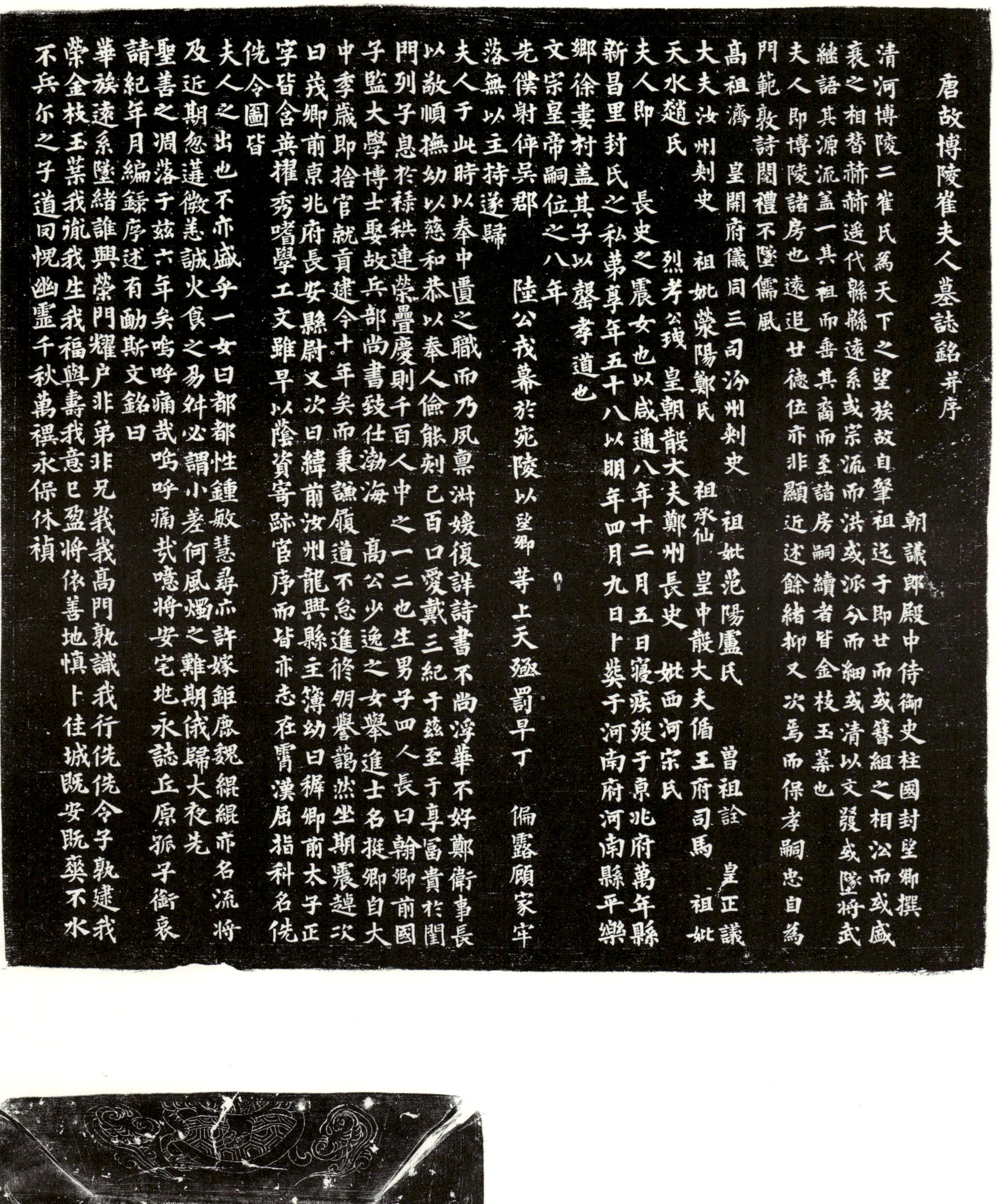

一〇六　封敀妻崔氏墓誌并蓋

唐故博陵崔夫人墓誌銘并序

朝議郎殿中侍御史柱國封望卿撰。

誌高六十二釐米，寬六十二釐米。誌文三十一行，滿行三十一字。

蓋文三行，九字。篆書：唐故博/陵崔夫/人墓誌/。

崔氏，唐咸通八年（八六七）十二月五日卒。年五十八歲。咸通九年（八六八）四月九日葬。

唐故博陵崔夫人墓誌銘并序 /

朝議郎殿中侍御史柱國封望卿撰。/

清河博陵二崔氏，爲天下之望族，故自肇祖，迄於即世，而或簪組之相沿，而或盛 / 衰之相替，赫赫遥代，綿綿遠系，或宗流而洪，或派分而細，或清以文發，或墜將武 / 繼。語其源流，蓋一其祖而垂其裔，而至諸房嗣續者，皆金枝玉葉也。/ 夫人即博陵諸房也。遠追世德，位亦非顯；近述餘緒，抑又次焉。而保孝嗣忠，自爲 / 門範，敦詩閲禮，不墜儒風。/ 高祖濟，皇開府儀同三司、汾州刺史，祖妣范陽盧氏。曾祖詮，皇正議 / 大夫、汝州刺史，祖妣滎陽鄭氏。祖承仙，皇中散大夫、循王府司馬，祖妣 / 天水趙氏。烈考公瑰，皇朝散大夫、鄭州長史，妣西河宋氏。/ 夫人即長史之震女也。以咸通八年十二月五日，寢疾歿於京兆府萬年縣 / 新昌里封氏之私第，享年五十八。以明年四月九日，卜葬於河南府河南縣平樂 / 鄉徐婁村。蓋其子以罄孝道也。/ 文宗皇帝嗣位之八年，/ 先僕射倅吴郡陸公戎幕於宛陵，以望卿等上天殛罰，早丁偏露，顧家牢 / 落，無以主持，遂歸 / 夫人于此時，以奉中匱之職。而乃夙禀淑媛，復詳詩書，不尚浮華，不好鄭衛。事長 / 以敬順，撫幼以慈和，恭以奉人，儉能刻己，百口愛戴，三紀于兹。至於享富貴於閨 / 門，列子息於禄秩，連榮疊慶，則千百人中之一二也。生男子四人，長曰翰卿，前國 / 子監大學博士，娶故兵部尚書致仕渤海高公少逸之女，舉進士，名挺卿，自大 / 中季歲，即捨官就貢，逮今十年矣，而秉謙履道，不怠進修，朋譽藹然，坐期震趠。次 / 曰茂卿，前京兆府長安縣尉。又次曰緯，前汝州龍興縣主簿。幼曰稺卿，前太子正 / 字。皆含英擢秀，嗜學工文，雖早以蔭資寄跡宦序，而皆亦志在霄漢，屈指科名。侁 / 侁令圖，皆 / 夫人之出也，不亦盛乎。一女曰都都，性鍾敏慧，尋亦許嫁鉅鹿魏緄，緄亦名流。將 / 及近期，忽遘微恙。誠火食之易舛，必謂小差；何風燭之難期，俄歸大夜。先 / 聖善之凋落，於兹六年矣。嗚呼痛哉，嗚呼痛哉！噫！將安宅兆，永誌丘原，孤子銜哀，/ 請紀年月，編録序述，有勔斯文。銘曰：/

華族遠系，墜緒誰興。榮門耀户，非弟非兄。峨峨高門，孰識我行。侁侁令子，孰逮我 / 榮。金枝玉葉，我胤我生。我福與壽，我意已盈。將依善地，慎卜佳城。既安既爽，不水 / 不兵。爾之子道，罔愧幽靈。千秋萬禩，永保休禎。/

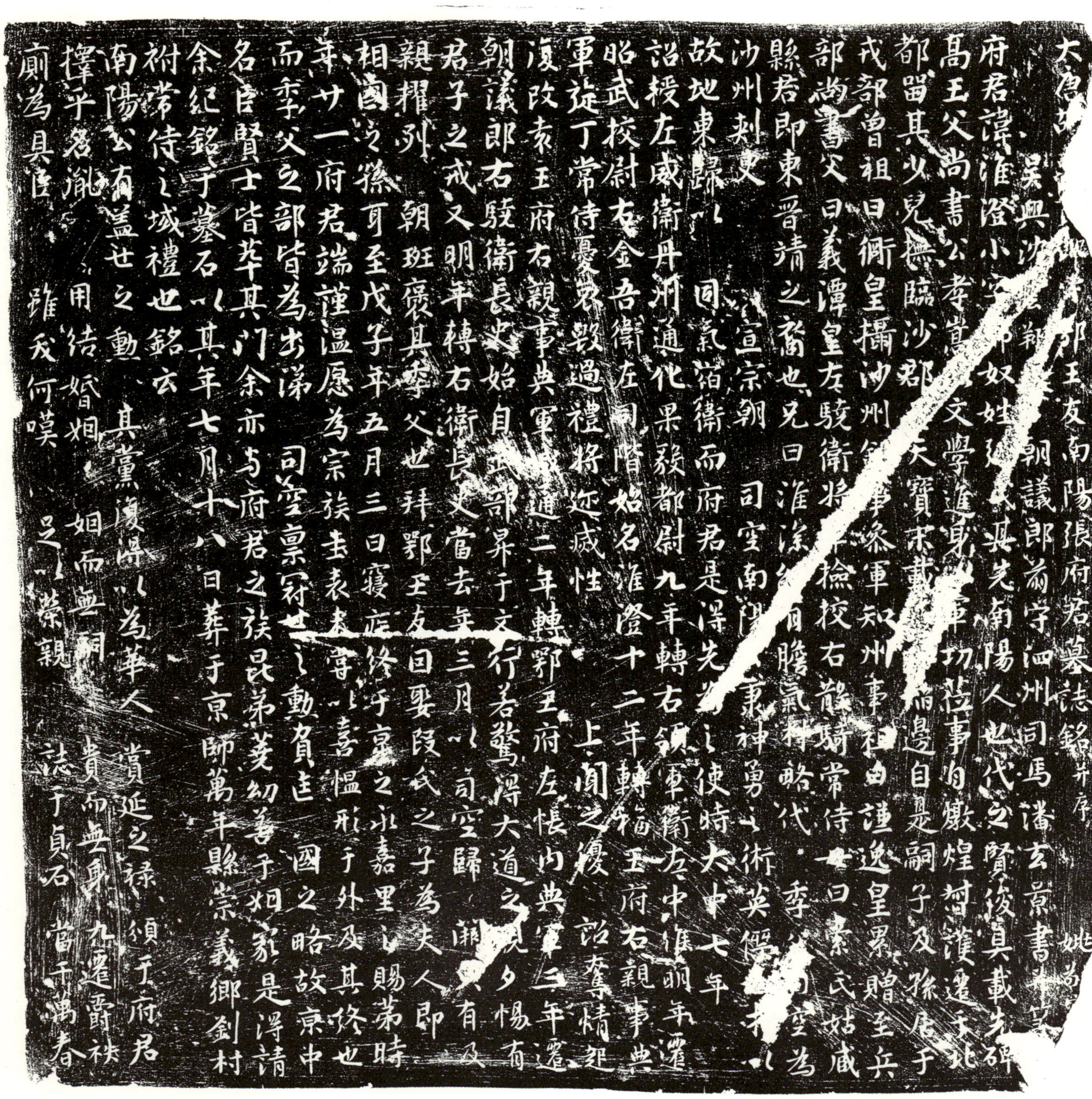

一〇七　張淮澄墓誌

大唐故朝議郎守鄂王友南陽張府君（淮澄）墓誌銘并序

姚敬□□。吴興沈雲翔撰。朝議郎前守泗州司馬潘玄景書并篆□。

誌高五十三釐米，寬五十二釐米。誌文二十六行，滿行二十六字。

張淮澄，唐咸通九年（八六八）五月三日卒。年二十一歲。同年七月十八日葬。

大唐故朝議郎守鄂王友南陽張府君墓誌銘并序

姚敬□□ / 吴興沈雲翔撰。/ 朝議郎前守泗州司馬潘玄景書并篆□。/

府君諱淮澄，小字佛奴，姓張氏，其先南陽人也。代之賢俊，具載先碑。/ 高王父尚書公孝嵩，以文學進身，以軍功莅事，自燉煌督護，遷於北 / 都，留其少兒，撫臨沙郡。至天寶末載，□□陷邊，自是嗣子及孫居於 / 戎部。曾祖曰衛，皇攝沙州録事参軍、知州事。祖曰謙逸，皇累贈至兵 / 部尚書。父曰義潭，皇左驍衛將軍、檢校右散騎常侍。母曰索氏，姑臧 / 縣君，即東晉靖之裔也。兄曰淮深，幼有膽氣材略，代季父司空爲 / 沙州刺史。宣宗朝，司空南陽公秉神勇之術，英傑之材，以 / 故地東歸。以同氣宿衛，而府君是得先爲之使，時大中七年，/ 詔授左威衛丹州通化果毅都尉。九年，轉右領軍衛左中候。明年，遷 / 昭武校尉、右金吾衛左司階，始名淮澄。十二年，轉福王府右親事典 / 軍。旋丁常侍憂，哀毁過禮，將邇滅性。上聞之，優詔奪情起 / 復，改袁王府右親事典軍。咸通二年，轉鄂王府左帳内典軍。三年，遷 / 朝議郎、右驍衛長史。始自武部，昇於文行。若驚得大道之規，夕惕有 / 君子之戒。又明年，轉右衛長史。當去年三月，以司空歸闕，典有及 / 親，擢列朝班，褒其季父也，拜鄂王友。因娶段氏之子爲夫人，即 / 相國之孫耳。至戊子年[一]五月三日，寢疾終於京之永嘉里之賜第，時 / 年廿一。府君端謹温願，爲宗族圭表，未嘗以喜愠形於外。及其終也，/ 而季父之部皆爲出涕。司空稟冠世之勳，負匡國之略，故京中 / 名臣賢士，皆萃其門。余亦與府君之族昆弟蕘，幼善於姻家，是得請 / 余紀銘於墓石。以其年七月十八日，葬於京師萬年縣崇義鄉劉村，/ 祔常侍之域，禮也。銘云：/

南陽公有蓋世之勳，其黨復得以爲華人。賞延之禄，頒於府君。/ 擇乎名胤，用結婚姻。姻而無嗣，貴而無身。九遷爵秩，/ 廁爲具臣。雖夭何歎，足以榮親。誌於貞石，當千萬春。/

[一] 咸通九年，歲次戊子。

一〇八　崔元直墓誌并蓋

唐故朝散大夫同州刺史博陵崔府君（元直）墓誌銘并序

銀青光禄大夫前同州刺史兼御史大夫上柱國滎陽縣開國公食邑一千五百户鄭路撰。外甥鄉貢進士韋任書。

誌高五十二釐米，寬五十二釐米。誌文三十二行，滿行三十二字。

蓋文四行，十六字。篆書：大唐故博/陵崔府君/隴西李夫/人墓誌銘/。

崔元直，唐咸通九年（八六八）二月十一日卒。年六十三歲。妻李氏，同年六月十日卒。年五十六歲。同年十一月十四日合葬。

唐故朝散大夫同州刺史博陵崔府君墓誌銘并序 /

銀青光禄大夫前同州刺史兼御史大夫上柱國滎陽縣開國公食邑一千五百户鄭路撰。/

博陵之先，與清河同源而派别。自漢興，封仲牟爲汶陽侯，徙涿郡，及改涿郡爲博陵，/ 子孫遂家焉。其後則有駰瑗之文學，鴻廓之冠冕，五王之忠烈，□□之王行，皆□□ / 奇詭，垂名無窮。可謂積善之家，永傳其餘慶者也。府君諱元直，字爲光，博陵安平 / 人也。曾祖獻，皇任鄭州長史，贈工部尚書。祖□，皇任工部尚書致仕，贈太子太 / 保。父衵，皇任兗海等州觀察處置等使，贈工部尚書。尚書尚順宗皇帝女 / 東陽公主，□生府君。府君雖自天派，長□紈綺，畋獵馳騁，雅不好尚。時□□ / 史遊於□□之間，元和初擢戚里子弟才行時稱者，制授府君越州參軍，轉□ / 州司功參軍，調補河南府河陰縣丞。兗州薨，□去官，服闋，授太子典膳郎，未幾，/ 東陽謝世，府君敦友□弟，撫育孤幼，服勤喪制，不失士君子之風，終喪，授□府□，/ 又轉尚□奉御，拜贊善大夫，除□陵少尹，恩加朝散大夫，□□□州刺史□□□ / 接蠻獠，俗尚剽悍，府君制以威信，撫以惠和，數月之間，政可觀矣。地瀕漲海，尤□ / 卑濕，土風之□，遂遘沉痼。莅郡□以咸通九年二月十一日終於郡齋，享年六十三。/ 夫人姑臧縣君李氏，隴西人也。父端，皇任嘉州□昌縣令。既笄而歸于府君，逾三 / 十載，婦道之順，□□□謹，肅雍成德，宗族共稱。遂與諸孤等泣血銜哀，營奉喪事，□ / 重海嶠，一□孤孀，弔□而號，行路嗟嘆，難窮□數，不仁者天，哀哀諸孤，荐□艱□，□ / 其年六月十日，終于鄂州旅次，享年五十六。有子五人。長曰恭，前任襄州樂鄉縣令。/ 次曰茂，前任商州司倉參軍。次曰道，□早卒。次曰融，次曰十誠。恭與誠皆别出焉。□ / 女適滎陽鄭瑫。嗚呼！萬里蠻區，再罹寒暑，一麾云亡，丹旐言旋。孤藐無依，家徒四壁，/ 則爲政之清，慎□光矣。以其年十一月十四日，合葬於京兆府萬年縣少陵原 / 先尚書之塋左，禮也。李夫人蓋余之甥□，襄事有日，諸孤銜哀，叩地請余□□ / 焉。余以先遠及期，不遑辭讓，含酸茹歎，援筆□之。銘曰：/

清濁分矣，生民之始。有德者昌，因封命氏。博陵磅礴，/ 鍾慶善地。賢良忠貞，世載才美。惟允蕃昌，禀受非常。/ 邦家領袖，廊廟棟梁。名聞金殿，聲降瑶房。殊庸貴位，/ 稠疊寵光。逮我邦君，率循訓式。恭謙信厚，簪組楷則。/ 翱翔龍闕，偃御熊軾。二豎與□，一方懷德。隴西令族，/ 象服來嬪。韻□□□，琴瑟□親。宜保壽福，以綏宗姻。/ 豈謂旬月，俱爲□□。終南之陰，素滻之□。相敬如賓，/ 兹焉是保。佳城鬱鬱，悲風浩浩。徒有令名，聞於不朽。/

外甥鄉貢進士韋任書。/

一〇九　李行素墓誌

唐故容管經略招討處置等使檢校右散騎常侍兼御史大夫上柱國隴西縣開國男食邑三百户贈工部尚書李公（行素）墓誌銘并序

嶺南東道節度觀察處置等使充諸道供軍糧料使中大夫檢校禮部尚書使持節都督廣州諸軍事兼廣州刺史御史大夫上柱國賜紫金魚袋鄭愚撰。親舅朝議郎守國子春秋博士柱國劉道貫書。

誌高五十六釐米，寬五十五釐米。誌文三十五行，滿行三十五字。

李行素，唐咸通十年（八六九）二月二日卒。年四十七歲。同年十二月一日葬。

唐故容管經略招討處置等使檢校右散騎常侍兼御史大夫上柱國隴西縣開國男食邑三百户贈工部尚書李公墓誌銘并序 /

嶺南東道節度觀察處置等使充諸道供軍糧料使中大夫檢校禮部尚書使持節都督廣州諸軍事兼廣州刺史御史大夫上柱國賜紫金魚袋鄭愚撰。/

大丈夫處世，根本於忠孝，約束以仁義，其取進也，必以當時所重。國朝文明照天下，事先 / 於詞科，始大於秀才，而盛於進士。其棟梁鼎鼐之選，多由於是。故今進士員不出三十，而馳 / 鶩京師，歲千有餘，其有得也，則公以爲是。故其徒老死甘心，而坎軻窮阨，不知自返。聖人所 / 稱，君子見機而作，不俟終日。又曰，文武之道未墜於地，夫子何常師之有？則負鼎、版築、屠釣、/ 飯牛、哀歌，而率能濟時利物。夫豈謂是老死甘心一志而不知變者哉！我則於故容帥 / 李公見之矣。公諱行素，字垂之，隴西人。北朝冠族，而大於申國公穆，國史有傳。襲其後支，皆 / 稱申公房。後其家世播遷南裔，而風範益高，嶺服敬之。五代祖玄璋，雲麾將軍、郴州刺史。高 / 祖重彛，殿中監。曾祖宿，以御史丞爲循州刺史。皇祖淮，以氣高不能下人，不仕。皇考匡符，舉 / 進士高第，命屈於時，官不及大，卒贈秘書省著作郎。夫人東平縣君劉氏，生公。公外 / 祖述古，進士及第，汝州刺史。汝州之弟遵古，俱登進士第，大理卿、金吾將軍、京兆尹、湖南觀 / 察、邠寧東川二節度，官鉅人偉，聞顯於時。公内外豪英，而材不世出，連舉進士，有 / 司失人。恐日月之不與，拂衣杖劍而遊，乘桴於海，安南奏知唐林州軍州事。後海賊裘甫，寇 / 制東而窺府城。公以偏師殄之，擒甫以獻，/ 恩授富州刺史。蓂未再落，又除藤州刺史。蠻蜒方撓，移公以備用故也。未幾，又 / 授瓊州，而招討儋耳、朱崖五郡事。哀牢益暴，又以公官御史丞，副邕州節度。寇 / 果圍朗寧，王師不振。公親擐甲開壘而出，首敢死之士，捐不貲之身，奮而走之，/ 褰斬無數。又上其功，加御史大夫。既罷，來朝，授太府少卿。未逾月，使西涼州，和 / 斷嗢末羌與張議潮，語議潮執笏入覲，奉使稱 / 旨，未及返也，除容州經略招討使。/ 延英奉辭，面加檢校右散騎常侍。到 / 任，大興利物之策，政用是成。不幸瘍生於面，以迄捐館。其西導交阯，南喉百越，立功立事，目 / 擊皆是。幽誌不書，以付外史。有男紹孫，前固安令。次曰裔孫，未仕。二女皆賢，配必嘉耦。/ 公之季弟，前右衛兵曹道謩，孝友惇節，以公之爲容州也，/ 褒詔溢美，乃余時爲中書舍人之詞也，熟公材德，今作鎮聯壤，方慟其變，且又老 / 於承學，以事見屬，乃言。公以咸通十年二月二日，薨於普寧官署，春秋卌七。用 / 其年十二月一日，葬于京兆府萬年縣龍首鄉南陳村，祔先塋，禮也。宜有誌云：/

李之世載，馬喙猿臂。今爲唐宗，姓無與貳。冠婚既大，德積人戴。是生申公，/ 明不可晦。揭揭雲麾，處士承之。皇考蓬丘，高第是宜。公生俊奇，君子知機。/ 服嶺鵲起，會稽虎威。獻俘象魏，富藤來刺。獵黎島夷，招討餘類。邕江毒波，/ 哀牢舞歌。副彼師帥，舂喉以戈。歸朝羈旅，貳乎長□。單車西涼，慄彼羌股。/ 繫羈侯王，式是循牆。鎮以普寧，犀甲沉槍。四稔之勤，事莫無臻。憂血不行，/ 瘍生浹辰。物數無遽，況乎有土。公薨之惜，實備文武。東寇紛紛，甲馬如雲。/ 九原可作，公胡不軍。他誄唯褒，我誌其實。陵谷之變，彰乎白日。/

親舅朝議郎守國子春秋博士柱國劉道貫書。/

一一〇　李啓墓誌

唐故澤潞觀察判官監察御史裹行趙郡李君（啓）墓誌并序

外兄計司巡官前京兆府萬年縣尉李穀撰。

誌高四十五釐米，寬四十五釐米。誌文二十七行，滿行二十七字。

李啓，唐咸通十一年（八七〇）六月二十四日卒。年三十五歲。咸通十二年（八七一）正月十四日葬。

唐故澤潞觀察判官監察御史裏行趙郡李君墓誌并序 /

外兄計司巡官前京兆府萬年縣尉李瑴撰。/

瑴外門甲族太原王氏。瑴生於長慶四年，爲嫡冢孫。始三歲，外祖諱傳 / 之，自膳部員外牧池州，中途棄養。祖母高陽縣君齊氏，太夫人挈 / 我姨舅未成立者八人，貧歸東京，炊不給日。瑴先公與先太夫人 / 悉力遺事，故諸姨四人皆由我有行。府君於瑴爲親姨弟，生即文 / 學相近，親即分逾諸家。同五年中，與瑴弟穀遞襲科第，爲一時之盛。今 / 已矣，書爲墓銘，其誰宜述。李氏，玄元皇帝之後，至周侍御史曇封趙 / 國，遂爲趙人。十五代祖晉理書侍御史楷，有三子，晃之後居宅巷南，爲 / 南祖；叡之後居巷北，爲北祖；勁之後居巷西，爲西祖。府君即勁十四代 / 孫。曾祖潤，皇商洛令，夫人盧氏楷女。祖叔度，皇右諫議，贈兵部侍郎，/ 夫人范陽盧氏。生烈考，諱行恭，皇尚書倉部員外，夫人太原王氏，/ 池州第二女也。大和九年景辰歲，生府君，諱啓，字昭晛。咸通十一年 / 庚寅六月廿四日卒，享年三十五。有子男承承，始十一歲，次三稚女。/ 昭晛聰敏，能屬文，通四六，博覽有大志。少孤，能奉先夫人姨氏，嫁二 / 妹於令族，事長兄太僕丞從初字謙光，熙熙然至今日。登第年，爲今 / 相國于公户部巡官，轉鹽鐵校書，名公争爲姻媾。晛爲謙娶博陵崔 / 氏女，不以身先。俄從首相曹公奏盩厔縣尉，直弘文館。戊子歲，范陽盧 / 公匡自天官昭義，明年表監察裏行、潞州觀察判官。將行，瑴問，足下昇 / 朝之期，不容旦夕，遽捨成命，奈何乎。晛僻嗜三命六壬之書，且言某 / 行年當不利於三二載間，是行也，冀有以沖融術數者。庸詎知訃來言，/ 晛勞證綿月，急召書吏金平語，決家事而歿。連帥悲慟莫測，命同舍襄 / 事而西。比承承護歸，罔有闕者。非公甚知，豈常人偃然一客喪之所致 / 耶。哀哉！謙弟誠孝，家道凋落，周禮之備，多給友人右司員外郎徐君 / 彦若，盡親懿之分。用其年正月十四日，祔長安縣神和原先塋。銘曰：/

劍伏地膏，珠潛驪眶。必有一日，爲龍爲光。昭晛才用，指期廟堂。/ 呑聲告謝，宜爲休祥。非一培土，能埋棟梁。/

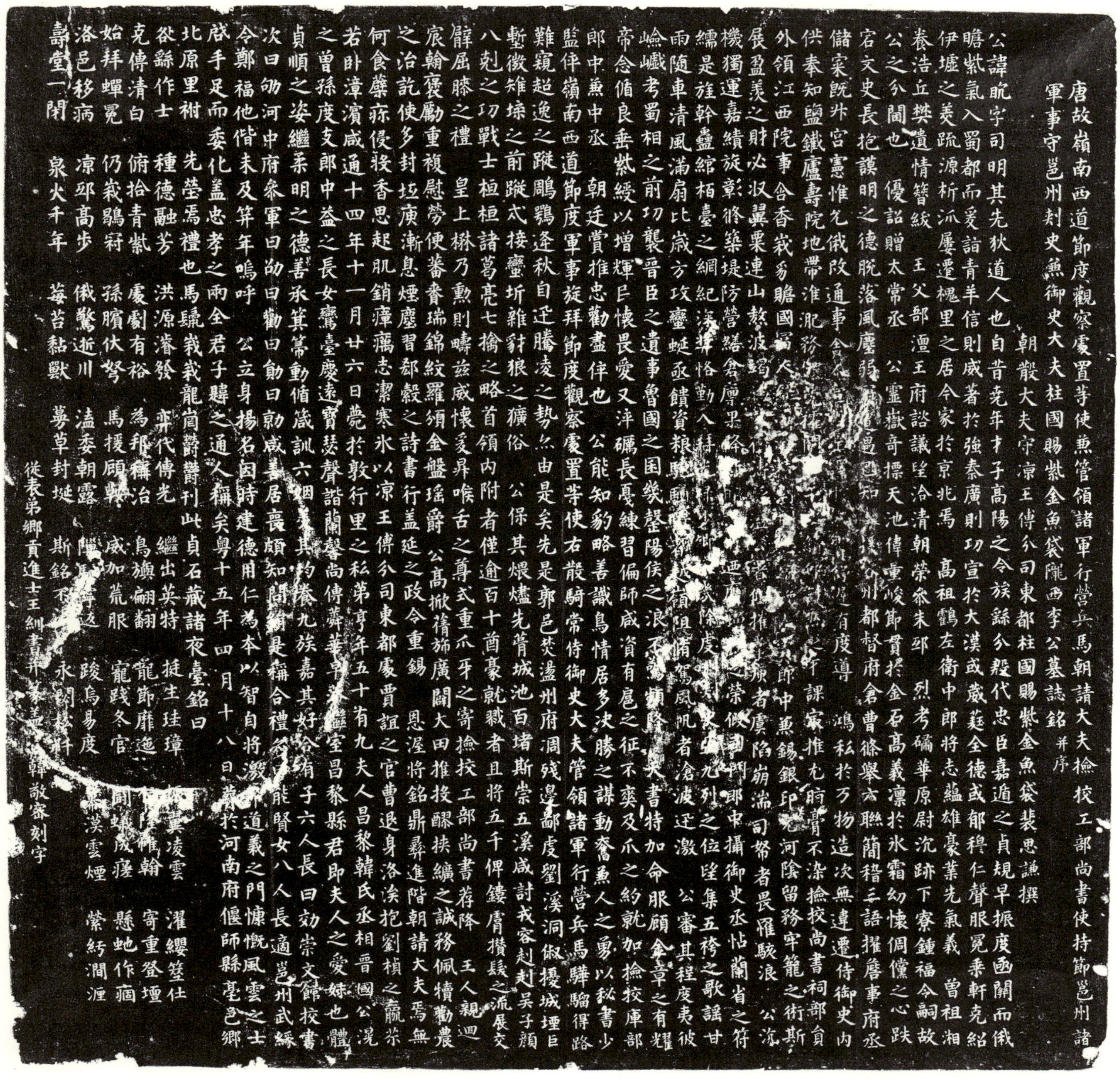

一一一　李眈墓誌

唐故嶺南西道節度觀察處置等使兼管領諸軍行營兵馬朝請大夫檢校工部尚書使持節邕州諸軍事守邕州刺史兼御史大夫柱國賜紫金魚袋隴西李公（眈）墓誌銘并序

朝散大夫守涼王傅分司東都柱國賜紫金魚袋裴思謙撰。從表弟鄉貢進士王紃書并篆蓋。韓敬密刻字。

誌高九十三釐米，寬九十三釐米。誌文四十行，滿行四十一字。

李眈，唐咸通十四年（八七三）十一月二十六日卒。年五十九歲。咸通十五年（八七四）四月十八日葬。

唐故嶺南西道節度觀察處置等使兼管領諸軍行營兵馬朝請大夫檢校工部尚書使持節邕州諸/軍事守邕州刺史兼御史大夫柱國賜紫金魚袋隴西李公墓誌銘并序/

朝散大夫守涼王傅分司東都柱國賜紫金魚袋裴思謙撰。/

公諱眈，字司明，其先狄道人也。自昔堯年才子，高陽之令族繇分；殷代忠臣，嘉遁之貞規早振。度函關而俄/瞻紫氣，入蜀都而爰詣青羊。信則威著於强秦，廣則功宣於大漢。或葳蕤全德，或郁穆仁聲。服冕乘軒，克紹/伊墟之美；疏源析派，屢遷槐里之居。今家於京兆焉。高祖鶴，左衛中郎將，志蘊雄豪，業先氣義。曾祖湘，/養浩丘樊，遺情簪紱。王父郜，澶王府諮議，望洽清朝，榮參朱邸。烈考礵，華原尉，沉跡下僚，鍾福令嗣，故/公之分闖也，優詔贈太常丞。公靈嶽奇標，天池偉量，峻節貫於金石，高義凛於冰霜。幼懷倜儻之心，跌/宕文史；長抱謨明之德，脱落風塵。弱冠□遇己知□□□州都督府倉曹，倏舉六聯，簡稽三語。擢詹事府丞，/儲寀既升，宫憲惟允。俄改通事舍人。宣皇□於九霄，舒遲有度；導鴻私於萬物，造次無違。遷侍御史内/供奉，知鹽鐵廬壽院，地帶淮淝，務□筦榷，門□□□績，□□然之才，課最推尤，脂膏不染。檢校尚書祠部員/外，領江西院事，含香峨豸贍國富人□□□□劃册□□□人□郎中，兼錫銀印，充河陰留務，牢籠之術斯/展，盈羡之財必收，翼粟連山敖，波竭□□，□濤泛溢，公署門榷，掌庾者虞陷崩湍，司帑者畏罹駭浪。公沉/機獨運，嘉績旋彰，修築堤防，營繕倉廩，果降□明□□迺膺，增□之榮，假司門郎中，攝御史丞。怙蘭省之符/繻，是旌幹蠱；綰柏臺之網紀，深奬恪勤。入拜光禄少卿，未幾，除虔州刺史。亞九列之位望，集五袴之歌謡，甘/雨隨車，清風滿扇。比歲方攻蠻蜒，亟饋資糧，馳馹驂者越嶺阻脩，駕風帆者滄波迅激。公審其程度，夷彼/嶮巇，考蜀相之前功，襲晉臣之遺事，魯國之困幾罄，陽侯之浪不驚。頻降天書，特加命服。顧金章之有耀，/帝念循良；垂紫綬以增輝，民懷畏愛。又淬礪長戛，練習偏師，咸資有亀之征，不爽及爪之約。就加檢校庫部/郎中兼中丞，朝廷賞推，忠勤盡倅也。公能知豹略，善識烏情，居多決勝之謀，動奮兼人之勇，以秘書少/監倅嶺南西道節度軍事，旋拜節度觀察處置等使、右散騎常侍、御史大夫，管領諸軍行營兵馬。驊騮得路，/難窺超逸之蹤；鵰鶚逢秋，自迅騰凌之勢。亦由是矣。先是郭邑焚盪，州府凋殘，邊鄙虔劉，溪洞俶擾。城堙巨/塹，微雉堞之前蹤；式接蠻圻，雜豺狼之獷俗。公保其煨燼，先葺城池，百堵斯崇，五溪咸討。戎容赳赳，吴子顔/八剋之功；戰士桓桓，諸葛亮七擒之略。首領内附者，僅逾百十；酋豪就戮者，且將五千。俾鏤膚攢髮之流，展交/臂屈膝之禮。皇上楙乃勳則，疇兹威懷，爰昇喉舌之尊，式重爪牙之寄，檢校工部尚書，荐降王人，親迴/宸翰，褒勵重複，慰勞便蕃，賫瑞錦紋羅，頒金盤瑶爵。公高掀旆旆，廣闢大田，推投醪挾纊之誠，務佩犢勸農/之治。訖使多封柢庾，漸息煙塵，習郄縠之詩書，行蓋延之政令，重錫恩渥，將銘鼎彝。進階朝請大夫焉。無/何，食蘗疹侵，投香思起，肌銷瘴癘，志潔寒冰。以涼王傅分司東都。處賈誼之官曹，退身洛涘；抱劉楨之羸茶，/若臥漳濱。咸通十四年十一月廿六日，薨於敦行里之私第，享年五十有九。夫人昌黎韓氏，丞相晉國公滉/之曾孫，度支郎中益之長女。鸞臺慶遠，寶瑟聲諧，蘭馨尚傳，蕣華早落。繼室昌黎縣君，即夫人之愛妹也。體/貞順之姿，繼柔明之德，善承箕箒，動循箴訓。六姻美其均養，九族嘉其好合。有子六人，長曰効，崇文館校書；/次曰劬，河中府參軍；曰劭；曰勸；曰勛；曰勍；咸善居喪，頗知問胥，是稱合禮，亦曰能賢。女八人，長適邕州武緣/令鄭福，他偕未及笄年。嗚呼！公立身揚名，因時建德，用仁爲本，以智自將，激□道義之門，慷慨風雲之士，/啓手足而委化，蓋忠孝之兩全，君子韙之，通人稱矣。粤十五年四月十八日，葬於河南府偃師縣亳邑鄉/北原里，祔先塋焉，禮也。馬鬣峨峨，龍崗鬱鬱，刊此貞石，藏諸夜臺。銘曰：/

咎繇作士，種德融芳。洪源濬發，弈代傳光。繼出英特，挺生珪璋。振翼凌雲，濯纓筮仕。/克傳清白，俯拾青紫。處劇有裕，爲邦稱治。鳥旟翩翻，龍節靡迤。位隆帷輸，寄重登壇。/始拜蟬冕，仍峨鷴冠。孫臏伏弩，馬援顧鞍。威加荒服，寵踐冬官。鬬蟻成痓，懸蛇作痾。/洛邑移病，涼邸高步。俄驚逝川，溘委朝露。隙駟寧返，踆烏易度。幕漠雲煙，縈紆澗瀍。/壽堂一閉，泉火千年。莓苔黏獸，蔓草封埏。斯銘不□，永閟松阡。/

從表弟鄉貢進士王紃書并篆蓋，韓敬密刻字。/

一一二　于德孫墓誌并蓋

唐故銀青光禄大夫檢校尚書右僕射兼太子少師致仕贈太子太師于府君（德孫）墓誌銘并序

將仕郎守殿中侍御史賜緋魚袋庾道謨撰。外甥兼子婿中山劉漪書。

誌高七十五釐米，寬七十六釐米。誌文三十六行，滿行三十四字。

蓋文四行，十二字。篆書：唐故贈/太子太/師于公/之墓銘/。

于德孫，唐乾符四年（八七七）十月七日卒。年六十九歲。同年十二月七日葬。

唐故銀青光禄大夫檢校尚書右僕射兼太子少師致仕贈太子太師于府君墓誌銘并序 /

將仕郎守殿中侍御史賜緋魚袋庾道蔼撰。/

公諱德孫，字啓之。靈波遠派，分注兩源，西京、河南，賢傑間出。族標前漢，門容駟馬車；名播 / 後周，位稱八柱國。繩繩相照，熏灼蟬聯，史氏紀其尤，家諜敘其美。公即河南人也。/ 曾王父諱抱誠，生應殊祥，出爲佳瑞，恬智交養，與世沉浮，不求榮顯，以二千石爲止足，/ 皇同谷郡太守，累贈工部尚書。曾妣高陽許氏，贈譙郡太夫人。王父諱邵，詞高 / 三代，道比八元，禮闈求賢，搜罄林野，皇任太子賓客，累贈司空。王妣范陽盧氏，封 / 漁陽郡太夫人。父諱人文，器宇出群，不墜堂構，自著節義，累剖郡符，爵位未酬，慶 / 鍾於後，皇任濠州刺史，兼御史中丞，累贈五教。妣滎陽鄭氏，贈本郡太夫人。自曾 / 王妣已降，咸推四德，並冠八族，令則播於閨闈，懿行傳於中外。公即濠州第叁子也。/ 業懷將相，天付誠明，尺度難量，甲於時彦。似孤峯之竦秀，比四瀆之發源。遠岫微波，不可 / 雜也，羽翰初整，一鳴驚人。重望弓旌，賢相禮辟，有若李景讓太保，柳仲郢尚書，相國牛公 / 僧孺，相國汝南周墀，當時翕然争置門下，類於隨珠和璧，光耀一時。自東川評事拜左拾 / 遺，歷太常博士，獻替章疏，損益禮儀，當官稱職。改侍御史、職方員外。柏臺居柱史之任，蘭 / 省著望郎之名，聲問難遏於人間，寵渥俾居於天上。入爲翰林學士，歷星郎，司綸誥，/ 朱紫正拜，鱗次逼身，時議憲臺，僉求稱望。除御史中丞。玉堂視草，則詞動星辰；石室持綱，/ 則威振朝野。兼刑部侍郎。慎邺凝審，僅比刑清，人望嵬峨，倚以爲相。偶與邠公杜悰驪唱 / 相逢，争於險易，我實道勝，邠公理負。俄拜鄂岳觀察使，兼御史大夫，洎至理所，安人和衆，/ 寤寐不忘，瑞草祥禽，棄如灰土，化傳上國，就加工部尚書。星霜四换，入爲天官侍郎。五年，/ 清通銓管，收接英才，科級升名，歲有十輩，憂勞心耗力，不之任，乞爲東都留守。習習暗激，/ 綿綿不瘳，卧疾八年，家唯四壁。八節遞换，千金未徵，漸無具藥之資，已有易衣之慮。公之 / 平生，能與季弟名品軿輝，聲價表裏，似入洛之二陸，同仕漢之兩馮。宗從之内，婚嫁自我 / 而成，喪葬由我而辦，飢寒待我而給，不忍己身先其飫暖。遇衆人也，泛愛形於顔，許與全 / 其分。以公行道，以公用心，宜享豐報，合至期頤。豈意天付全材，位不充量，大夜俄逼，景命 / 不延。嗚呼哀哉！以乾符四年歲次丁酉十月七日，棄世歸全於上都務本里之私第，享年 / 六十九。嗚呼哀哉！天子輟視朝一日，翌日，詔贈太子太師，哀榮畢備。是歲十二月七日，歸葬於京 / 兆府長安縣萬春鄉杜永村，祔於先塋，禮也。議者欲更歲月，以示踟躕，陰陽書云：十 / 旬之内，盡爲吉日良辰。加以多事之時，羿浞爲慮，遂乃憑其龜筮，稱家有無，冀合禮節。孀 / 妻髽首頮血，孤子于瑾，蘇而復號，觸地無容，請誌兆域。道蔼詞荒藝淺，名暗望輕，欲議紀 / 述，先懼塵涣，但以退讓斂袵，恐滯飾終之期，應用含毫貴，及藏事之日。銘曰：/

瑶源懿範，興於漢臣。弈世善繼，慶流彌新。猗歟府君，尺度無倫。/ 財惟市義，道不憂貧。有志輔世，宜乎稟鈞。天路茫昧，萎摧哲人。/ 懸車累年，端揆半禄。位不充量，歸全太速。猶子左事，羊生啓卜。/ 體魄拱侍，以虞陵谷。徽猷永閟於玄堂，親友共嗟於隧玉。/

外甥兼子婿中山劉漪書。/

一一三　王回墓誌

唐故銀青光禄大夫守左龍武軍大將軍兼御史中丞王公（回）墓誌銘并序

誌高四十七點五釐米，寬四十七釐米。誌文二十七行，行二十三至三十二字不等。

王回，唐廣明元年（八八〇）二月八日卒。年六十九歲。同年十月四日葬。

唐故銀青光禄大夫守左龍武軍大將軍兼御史中丞王公墓誌銘并序 /

公諱回，字潛之。其先太原祁人也。洎周克紂，綿保祧祊，迨乎王室藩昌，宗盟 / 胤裔，因功錫邑，其不一焉，而興廢推遷，分流别派，諒公族歷秦漢魏，不亦昭然。/ 皇祖諱景芬，試太常寺協律郎。皇考諱曇，贈太子洗馬。偕氣禀中和，天生正 / 直，臨財不動，見難無虞，德美隆時，誠明燭物，故使降鍾家慶，復誕我公。公即 / 洗馬之次子，生而俊異，弱有嵒稜。嘗閲武經，好從軍旅，敦詩書則潛咍郄縠，襲 / 騎射則下視灌嬰，不交遊於佞媚之流，常跨躡於英豪之首。因是策名上黨，/ 歷將中軍，戰勝無儔，瑰奇卓立。始授隰川太守，用奨鴻庸，非以獨擅勳功，尤 / 精理本，逮夫莅任，方信周才。静究公途，閑尋版籍，搜求利害，果獲欺違，鞭撻胥 / 徒，平蠲賦税，逆其議而則止，裨於時而必行。朝廷以公倜儻不群，昂藏獨步，/ 又轉邢州刺史。公奉生於上黨，長在龍崽，耆老揚言，喜公莅郡。則歸鄉衣繡，/ 張太守未是爲榮；革俗還珠，孟嘗君又何足數。上以訓齊擇德，環衛難人，/ 詔公俾佐親軍，用嚴禁旅，急徵赴闕，授右龍武將軍。諒以賞不失勞舉無 / 策，愈彰懿範。次年，又轉左龍武大將軍。上以盜聚江南，胡侵代北，搜羅俊乂，/ 控阨荆襄，詔公分帥王師以除寇孽。公實見危致命，勵節推忠，力疾奔馳，殆 / 無退免。星行及潞，始覺衰羸，而命良醫，莫能得理。迺知無常之數，信不可逃，吁 / 天不遣公静華夷，喪我英傑耳。以廣明元年二月八日，薨於上黨之私第，享 / 年六十有九。公始婚夫人韓氏，繼室夫人張氏，皆以早年夭壽。續婚夫人温氏，/ □復少終，而乃並著賢名，俱聞淑德，宜爲姻傅，可峻家風。有子六人。長曰皋，膽壯 / 三軍，聲揚七縱，以軍功授殿中侍御史，先公早世。次曰肇，列職藩維，累更任用，/ 授御史中丞。季曰邈，東平府主齊公辟在賓筵，奏授天平軍節度推官。又次 / 曰邃。又次曰小字和寶。亦次曰小字郭師。並禀天聰，必昌後嗣。有女七人，兩人先嫁俱 / 終，二女笄年並卒，次女早適孟氏，以次女將適扈氏，又次女新適孫氏。以其綦組多 / 能，柔和並美。嗣子肇等哀號過毁，至孝銷形，所患歲月相衝，禮踰古制，班荆集 / 議，卜擇從宜。以其年十月四日，權窆於潞府城西，伺其歲通，當就追祔。詞曰：/

山川孕靈，爰有間生。惟高時範，標表國禎。氣貫雲横，形嵒銷聳。定難輸忠，争 / 先賈勇。清能笑水，利亦齊□。後無其敵，前不可當。有盈有昃，□（下闕）/

一一四　郭保嗣墓誌并蓋

唐故朝請大夫檢校工部尚書守德王傅兼通事舍人御史中丞上柱國賜紫金魚袋太原郡郭公（保嗣）墓誌銘并序

銀青光禄大夫檢校工部尚書前使持節戎州諸軍事守戎州刺史兼御史大夫上柱國李湘撰。堂弟朝議郎前遂州蓬溪縣令柱國延範書。

誌高六十六釐米，寬六十五釐米。誌文三十三行，行十六至三十六字不等。

蓋文三行，九字。篆書：大唐故 / 郭府君 / 墓誌銘 /。

郭保嗣，唐乾寧二年（八九五）卒。年五十七歲。乾寧三年（八九六）四月二十一日葬。

唐故朝請大夫檢校工部尚書守德王傅兼通事舍人御史中丞上柱國賜紫金魚袋太原郡郭公墓誌銘并序 /

銀青光禄大夫檢校工部尚書前使持節戎州諸軍事守戎州刺史兼御史大夫上柱國李湘撰。/ 堂弟朝議郎前遂州蓬溪縣令柱國延範書。/

公諱保嗣，字昌期，太原人也。東漢太師有道，光生秦之近葉。自秦漢至于國朝，簪組不絶，閥閲相 / 承，弓裘不墜，内外通姻。累朝已來，顧謂盛派名族矣。公曾祖諱弼，皇任太子左庶子，贈秘書大監。/ 祖妣隴西李氏，贈隴西郡太君。祖盈，皇任京兆府櫟陽縣令，累贈太常卿。祖母范陽盧氏，贈范陽郡 / 太君。父濳，皇任同州澄城縣丞，累贈太府卿。妣馮翊雷氏，累贈燕國夫人。公早承嚴訓，幼即 / 苦心讀學，窮究經史，欲以學科取第，顯歷清華。知行藏者滿於中朝，慕德義者傳於外間。尋 / 以薦稱所逼，須棄名科。將就禄於初銜，久沉吟於大志。天風遘逆，海浪俄驚。遂迴鼓翼之程，抑退登龍 / 之勢。釋褐，乃授左武衛兵曹參軍。旋遇天朝選士，禮館求賢，爰兼謁者之銜，聿就贊楊之職。次任司農 / □□□緋魚袋，職兼宣贊，袟尚貞廉，衣朱紱以履明庭，歷清資而直詞館。旋加五品階，遷殿中丞，兼 / □□。□□美譽，大播周行，館百懷異禮之知，相府益非常之遇。尋拜光禄亞卿，繼孫湛之清風，新邵春之 / 仁政。□□未久，吏有愛思，朝庭切於奬善，迴文不奪人欲，遂再命公舊官，兼錫金紫，依前充職。秩崇 / 位顯，呈雅範於朝端；望著名高，作彩儀於群列。後轉太府少卿，職司天府，位次月卿，總五庫之劇繁，掌 / 四方之宣捧。清音宛暢，軌度昭彰。爰自卿曹，寵昇儲傅。仍怙右掖貂蟬，師友皇子。贊道丹墀，/ 夕通朱邸，譚經曉侍，彤庭贊謁，道光鶴鼙，位重貂冠。至乾寧甲寅歲，皇帝以嫡子五人繼封郡王，皆命有 / 司建府，仍降明敕，委中書門下於班列之中，揀擇賢彦洪儒寔學者，傅道五王。此際，公首膺慎選，雅副 / 僉諧，遂命公自吉王傅，加朝請大夫，檢校冬官尚書，充德王傅，依前充職。公乃三列亞卿，兩居儲傅，孤標日下，屹立 / 天庭。修禮樂以冠群英，秉剛廉而□百辟。進退合度，俯仰皆儀。沖襟懷君子之風，正直持古人之道。於家盡孝，於國罄忠，/ 以□義成于德門，以惠信澄于佳望。喧喧時論，欝欝人情，舉仰宏才，期當大用。不幸者屬以四郊多壘兵，革薦興，列岳 / 名□，皆爲土册。天子雖早知其才器，未申委任之恩，是以終帶□鋋，久韜利刃。殊能未展，妙略空緘，常慷慨於 / 風前，嘆徊□於闕下。至乾寧乙卯歲[一]孟秋之始，近藉不軌，并帥驅兵，旋渡淇河，俄衝近輔。聖上以驚於傳送，奏巡幸 / 石門，以七月五日，大駕出於宫闈，萬姓奔逃山谷，衣冠遍遭掠劫，黎庶半被損傷。方當烈日流光，長河絶溜，黄塵翳 / 野，殺氣横空。渴殆者塞路連衢，乏斃者横蹤繼首。此際隨行，驚竄恐懾，徒行不遠都門，乃至乏憊。未逾須□，遽夭荒郊。/ 是時妻孥相失，僕役生分，直至鑾輅歸還，方還於城南權卜。公少婚安定梁氏，乃是山北名家，脩短無常，不遂 / 偕老。後娶河南葛氏，有女一，名曰婢婢。公之愛念，愈倍常情，寢食朝夕，不捨懷抱。悲哉！人皆有往，公往 / 何冤。無微恙於枕席之間，驟驚亡於郊郛之外。嗚呼！前緣是定，知復奚言。公終年五十有七，無滴子 / □□喪，有孀妻而泣血，孤門唯一雉女而已。所成孝道者，公有二弟，仲曰延範，前遂州蓬溪縣令；季曰紹，前威王 / □□□仁孝恭順，盡禮盡哀，竭膽傾肝，營辦殯遷之禮。以乾寧丙辰年[二]四月廿一日壬申遷祔先塋，葬於萬年縣洪 / □□□□□村之原，禮也。余早同班列，久熟馨香，方增感悼之悲，莫展吊思之禮。忽奉二難，見命敘述。/ □□□□□力副其請，略言懿行，用誌玄扃，發思酸辛，不能執管，直言其事，但愧荒蕪。其銘曰：/

□□深烈，人有間賢。忩明夙悟，伎藝生全。機鈐神授，仁孝家傳。磨而不磷，琢而彌堅。/ □□□旨，仕族之先。胡爲不淑，沉於夜泉。/

[一] 乾寧二年，歲次乙卯。

[二] 乾寧三年，歲次丙辰。

一一五　雷景從墓誌并蓋

梁贈太傅馮翊雷公（景從）墓誌銘并序

朝議郎前吉州司馬柱國吴澄撰并書兼篆蓋。

誌高八十六釐米，寬八十六釐米。誌文四十五行，滿行四十五字。

蓋文三行，九字。篆書：梁贈太/傅雷公/墓誌銘/。

雷景從，後梁龍德元年（九二一）七月十五日卒。年六十五歲。同年十一月二十一日葬。

梁贈太傅馮翊雷公墓誌銘并序

朝議郎前吉州司馬柱國吳澄撰并書兼篆蓋。/

洎乎軒轅，錫姓分派，雷氏之族，遞于六國。魏朝上台掌武誅爲元祖，後嗣延及六代孫，爲唐初武德六十二功臣中封/建國功臣球，爲上祖。自誅皆封馮翊郡公，同州宗黨，至今不絶。球祖因襲逐番部，出静塞垣，於彼創永安鎮，任之主首，/留禦邊陲，官任左監門衛大將軍。球有的子鍠，紹父勳績，官任峡州牧，兼亞相，遷至潁上，薨。胤及五世孫，皆榮門棨戟，/位列朝班。頃因世祖驅戎，公乃生於振武，公即誅相太尉真苗裔焉。公諱景從，字歸禮。曾祖韜，皇不仕。/祖勍，皇不仕。父文，素列職官，在振武列位之中，衆禀規儀，人欽英彦。時有昌黎韓公常所嚮重，願娉愛女，敘結姻交，/叶契懇心，縻延東埸，故韓氏太夫人乃公之慈母也。内顯三遵之美，外彰四德之風，温克柔和，敏明慈惠，高堂並/雅，玉潤冰清。公因隔越鄉關，不通音問，抱憂國致忘孝敬，堅忠赤而棄因心。故太夫人而生六子：長曰敬安；/公居第二；第三、第四子敬存、敬崇，皆云亡殁；第五子敬暉，官兼八座，覲公侍側；第六子敬全，與長兄同處玄塞。今者/□遵嚴誡，獲奉英裁，搦管敘公令名，濡毫述公勳業，寔愧荒拙，容易究尋。公發跡起自塞垣，重望光揚中夏，來/向不祈於筮仕，求己未輒以尤人，持冰蘗以居懷，執堅剛而趍進，北離朔漠，南詣河橋，依投諸葛。大王一見，喜同神助，/登榮受寵，委重付權，諸葛云薨，果陳盡瘁。正值蔡賊充斥，方當逼遶牆池。公獨戮力遮攔，横身固護，諸葛舉家長少，/悉免悮陷兇狂。後緣唐主禧宗省方巡狩，命袟官參八座，忠節聞達九霄，使之董衆訓齊，自此威聲遠布。/太祖收復汶上，戈革所在，亂興牆壘，既已變更，公且向詣無所，權宜取便，奔過維陽，兵或隱跡淮南，玄穹示其歸計。/遇龐司徒屯軍清口，聞葛太師駐騎安豐，必知兩失隄防，的恐中於奸計。公乃私心惻慮，握腕思謀，輕騎過淮，潛告/首帥。葛太師然始抽退，已被粘逼奔逐，兵將伴鬬伴行，大軍方得解免。公因決意一志，歸投主上，潛龍迥加採/録，念兹順化，委用不疑，繼綰外軍，累權親騎，隨征旆岐隴。迎駕抽迴，赴夏鄂解圍，陸路則趁煞淮軍，乘舟則扣江/血戰。戈甲把截阻塞，兵士不通運糧。公與將領平章，收族勇義三千餘衆，迆邐前進。得及巴陵，求請舟舡，並不供應。/還梁無便，遂詣湖南。初被縻留，猶貴通音之界，長沙帥□情旨殷勤，將遺優恩，兵遭分配，署公爲柳州刺史，錫/公以妻妾第宅。公即向主之志不迴，勤王之懇彌切，獻送□梁，駿馹歸納，妻妾頒沾，抽罷柳州，責配桂府。悽悽/旅舍，悶悶遐陬，秖是仰告昊蒼，禱祝願通靈鑒，冀契忠烈，克應祈求。主上一舉戈矛，荆襄兩皆順化，長沙聞之測/隱，豈敢更有縻留。公之舊管甲兵，晝時便令交割，登舟躡陸，旋遂迴還，拜彤庭而始認生全，睹君親而淚盈/兩目。主上解腰間金帶，脱著體錦衣，激諭三軍，迥加遷奬，臨軒撫背，轉切荷恩。最初授任洺州相，次付之七郡，/皆留惠愛，悉著清通。亦赴平陽，主留大□，嘉聲美譽。纔施善政，又奉急徵。明君敘霸主興王，/聖上念輸忠竭節，舉其往效，重賞前功，委之以翊衛皇居，囑之以鎬京警察。拘心昏曉，益在防微。無何，左廂捉生，忽/恣群狂勃亂，縱火焚爇，坊市連叫，衝突水門，驚動宸嚴，敚攘士庶。公於是夜，不待宣文，秖部領左右天武兩/軍，一指揮龍驤鐵騎，煞戮兇叛，勦絶頑妖，未盡三更，令聲五鼓，得不觸突宫禁，實因公布良籌。次日躬領甲兵，掃/蕩夜來餘孽，静亂之功名永固，康邦之勳業愈隆。朝廷擬仗鉞藩宣，公秖望汝州防禦，葺綏凋瘵，就便求安，在任/三年，人歡俗阜。主聖又念洛京繁總，頗思共理之臣，命公充左龍虎統軍，兼西京内外馬步都指揮使。赴任未/踰於星律，留守元帥令公專討不庭。西去東來，驍雄往迴，無時暫歇；水南水北，巡警直是，忘寐忘餐。刑政令嚴，萬/户如一，施勤展效，涉歷四年。驅矻朝晡，不覺沾恙，瘡癤爲患，猶强扶持。日漸困危，名公治而不差，筋羸力劣，悲身勢必/榭於明時。猶懷傾懇瞻天，遺疏尚陳戀主。表達聖聽，進止輟朝，中外聞言，無不悲嘆。公即以龍德元年/七月十五日，傾薨於洛都河南府河南縣永泰里之私第，疾臥而善終焉，享年六十有五。禍罹哀迫，摧咽號冤，禮庭而/遽變凶庭，華室而俄爲苫室。十五敬暉恭弟，問安化作奔喪，痛苦難勝，聲悀氣咽，情無所賴，但叫何依。有子守節郎君，/躃踴時或殭卜。夫人武功郡君蘇氏，堅持節義，情實賢和，有敬有恭，藴慈藴惠。鍾斯哀悼，禮過毀傷，追薦齋筵，規儀/罔失。公有長子名曰公留，久陷維陽，莫知所止。公於殁世，寵澤仍頒，先宣賻贈布帛，追褒贈官太傅，銜/命馹騎，繼在道途，遺貢謝恩，次第進發。公雖薨變，臣節不虧，顯自郡君夫人，廣布始終之道。公之生前留/旨巨細，郡君遵依，唯願冥靈，盡垂鑒宥，卜用其年十一月二十一日興諸典制，並合式儀，備禮葬於洛都/北邙山金谷鄉尹村，用金錢買百姓楊環地壹拾畝，修建公塋域焉。嗚呼！天殞將星，禍鍾英彦，生榮而至尊至/貴，殁世而思德思仁，遷奉之禮既豐，刊石誌文宜備。銘曰：/

軒轅錫姓，圖譜明傳。六國魏朝，誅相一源。唐初武德，建國功宣。遞於有梁，氏不厥焉。公自幼歲，/智性迥然。舉止進修，皆敦其先。尊奬王室，忠力居前。行古人行，譚君子言。生無二過，怒不再遷。/八郡爲政，無黨無偏。忘家爲國，不飲不眠。六十有五，危恙所牽。不起沉痾，神歸逝川。君父義重，/命使臨軒。追崇褒贈，禮典周旋。焚黄告弟，顯布靈筵。紹子胤孫，保固千年。哀歌向動，輀車登阡。/□□北邙，金谷肩泉。刊於貞石，毫翰紀編。來静梁朝之禍亂，去爲方外之遊仙。/

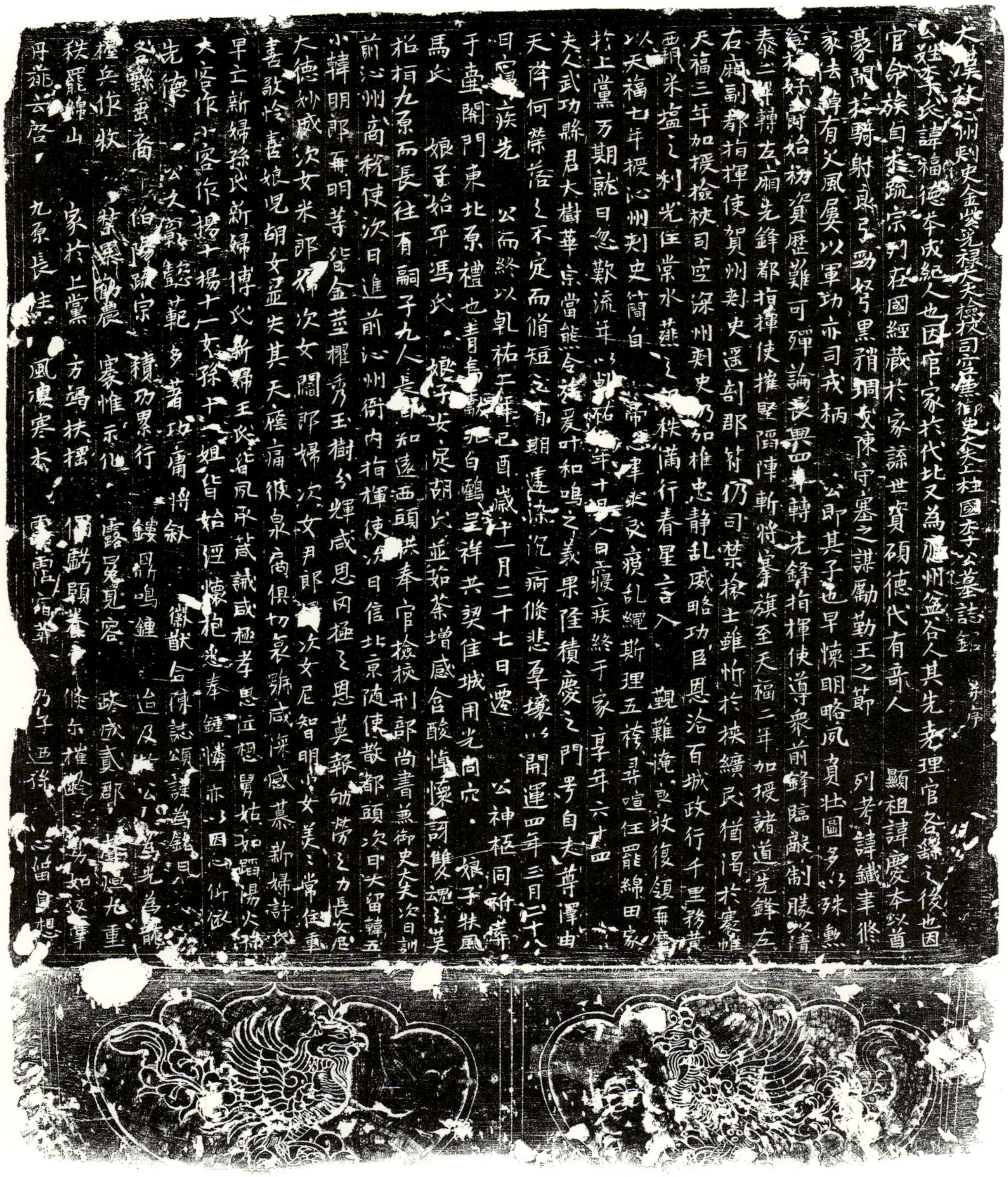

一一六　李福德墓誌并蓋

大漢故沁州刺史金紫光禄大夫檢校司空兼御史大夫上柱國李公（福德）墓誌銘并序

誌高五十三釐米，寬五十三釐米。誌文二十九行，行二十四至三十六字不等。

蓋文三行，九字。篆書雙鉤：大漢故/李府君/夫人銘/。蓋邊環刻七言詩四句二十八字，正書：愁雲慘兮風切切，/兒女悲啼淚成血。/白楊樹下少人行，/孤墳惟對長空月。/蓋側四周刻星相圖二十八宿。

李福德，後漢乾祐□年十月八日卒。年六十四歲。妻後晉開運四年（九四五）三月二十八日卒。後漢乾祐二年（九四九）十一月二十七日祔葬。

大漢故沁州刺史金紫光禄大夫檢校司空兼御史大夫上柱國李公墓誌銘并序 /

公姓李氏，諱福德。本成紀人也，因官家於代北，又爲應州盆谷人。其先堯理官咎繇之後也，因 / 官命族，自木疏宗，列在國經，藏於家諜，世資碩德，代有奇人。顯祖諱慶，本以酋 / 豪，閑於騎射，良弓勁弩，黑稍琱戈，陳守塞之謀，勵勤王之節。列考諱鐵，聿修 / 家法，卓有父風，屢以軍功，亦司戎柄。公即其子也。早懷明略，夙負壯圖，多以殊勳，/ 登於好爵。始初資歷，難可殫論。長興四年，轉先鋒指揮使，導衆前鋒，臨敵制勝。以清 / 泰二年，轉左廂先鋒都指揮使。摧堅陷陣，斬將搴旗。至天福二年，加授諸道先鋒、左 / 右廂副都指揮使、賀州刺史。遥剖郡符，仍司禁旅。士雖忻於挾纊，民猶渴於褰帷。/ 天福三年，加授檢校司空、深州刺史，乃加推忠静亂威略功臣，恩洽百城，政行千里，務黄 / 霸米鹽之利，光任棠水薤之規。秩滿行期，星言入覲，難淹良牧，復領再麾，/ 以天福七年，授沁州刺史。簡自帝心，聿求民瘼，亂繩斯理，五袴尋喧。任罷綿田，家 / 於上黨。方期就日，忽歎流年。以乾祐□年十月八日，寢疾終於家，享年六十四。/ 夫人武功縣君，大樹華宗，當熊令族，爰叶和鳴之義，果隆積慶之門，號自夫尊，澤由 / 天降。何榮落之不定，而脩短之有期，遽染沉痾，倏悲厚壤，以開運四年三月二十八 / 日寢疾，先公而終。以乾祐二年己酉歲十一月二十七日，遷公神柩，同祔葬 / 於壺關門東北原，禮也。青鳥獻兆，白鶴呈祥，共契佳城，用光同穴。娘子扶風 / 馬氏、娘子始平馮氏、娘子安定胡氏，並茹荼增感，含酸悼懷，訝雙魂之莫 / 招，指九原而長往。有嗣子九人。長曰知遠，西頭供奉官、檢校刑部尚書兼御史大夫。次曰訓，/ 前沁州商税使。次曰進，前沁州衙内指揮使。次曰信，北京隨使散都頭。次曰大留、韓五、/ 小韓、明郎、再明等，皆金莖擢秀，玉樹分輝，咸思罔極之恩，莫報劬勞之力。長女尼 / 大德妙威，次女米郎婦，次女閻郎婦，次女尹郎婦，次女尼智明，小女美美、常住、重 / 喜、敬憐、喜娘兒、胡女，並失其天廕，痛彼泉扃，俱切哀號，咸深感慕。新婦許氏 / 早亡，新婦孫氏、新婦傅氏、新婦王氏，皆夙承箴誡，咸極孝思，泣想舅姑，如蹈湯火。孫 / 大客作、小客作、楊十、楊十一，女孫十一姐，皆始經懷抱，悉奉鍾憐，亦以因心，仰依 / 先德。公久彰懿範，多著功庸，將敘徽猷，合陳誌頌。謹爲銘曰：/

咎繇垂裔，伯陽疏宗。積功累行，鏤鼎鳴鍾。迨及於公，爲光爲龍。/ 握兵作牧，禁暴勸農。褰帷示化，露冕見容。政成貳郡，聲烜九重。/ 秩罷綿山，家於上黨。方竭扶摇，偶虧顧養。倏爾摧齡，勢如返掌。/ 丹旐云啓，九原長往。風淒寒木，露霑宿莽。乃子迺孫，心留目想。/

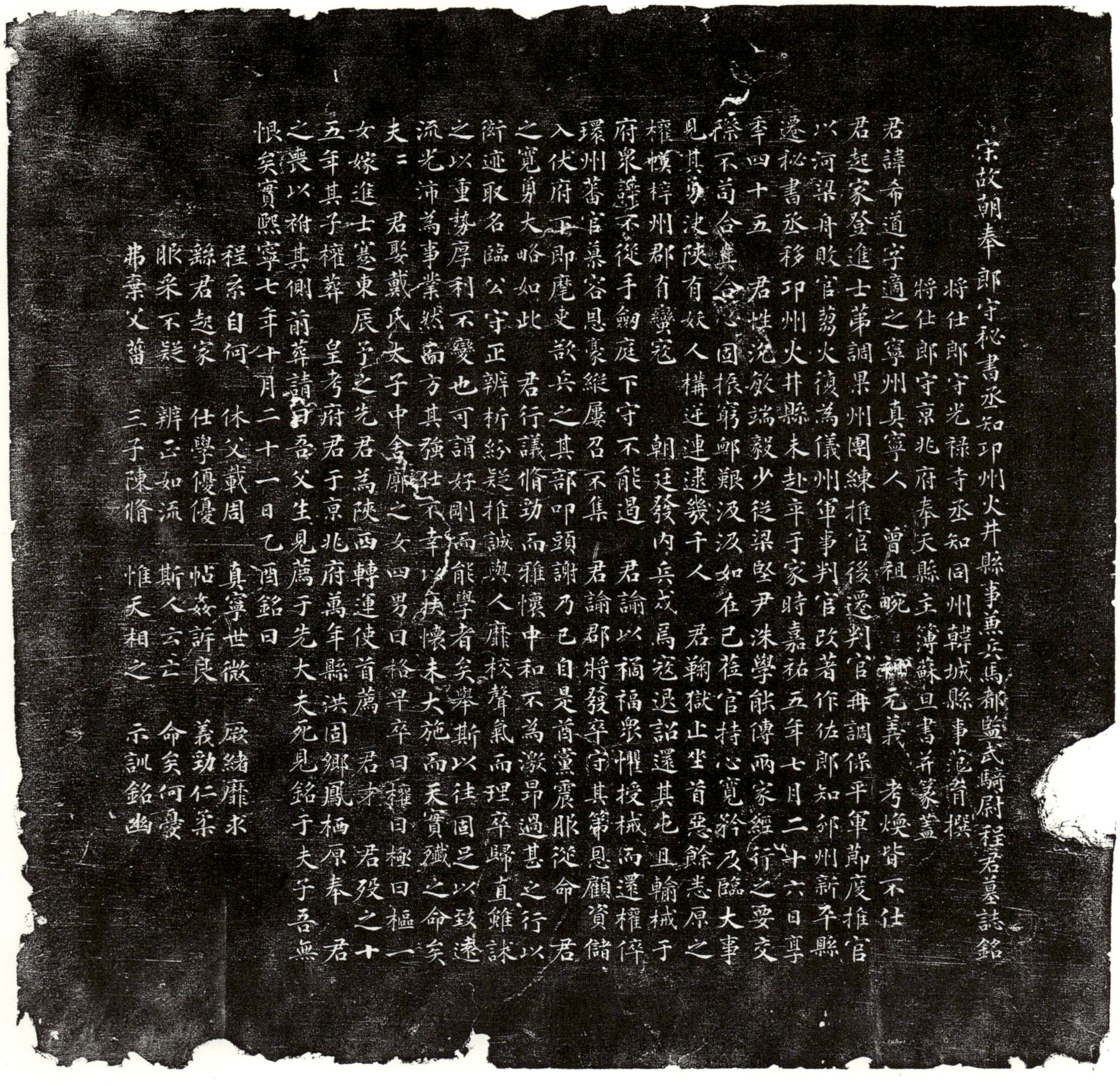

一一七　程希道墓誌

宋故朝奉郎守秘書丞知邛州火井縣事兼兵馬都監武騎尉程君（希道）墓誌銘

將仕郎守光禄寺丞知同州韓城縣事范育撰。將仕郎守京兆府奉天縣主簿蘇旦書并篆蓋。

誌高六十一點五釐米，寬六十一釐米。誌文二十七行，滿行二十七字。

程希道，北宋嘉祐五年（一〇六〇）七月二十六日卒。年四十五歲。熙寧七年（一〇七四）十月二十一日葬。

宋故朝奉郎守秘書丞知邛州火井縣事兼兵馬都監武騎尉程君墓誌銘 /

將仕郎守光禄寺丞知同州韓城縣事范育撰。/ 將仕郎守京兆府奉天縣主簿蘇旦書并篆蓋。/

君諱希道，字適之，寧州真寧人。曾祖畹，祖元義，考焕，皆不仕。/ 君起家登進士第，調果州團練推官，後遷判官，再調保平軍節度推官，/ 以河梁舟敗官蒭火，復爲儀州軍事判官，改著作佐郎，知邠州新平縣，/ 遷秘書丞，移邛州火井縣，未赴，卒于家，時嘉祐五年七月二十六日，享 / 年四十五。君性沉敏端毅，少從梁堅、尹洙學，能傳兩家經行之要，交 / 際不苟合，其合必固，振窮恤艱，汲汲如在己，莅官持心寬矜，及臨大事，/ 見其勇决。陝有妖人，構逆連逮幾千人，君鞫獄，止坐首惡，餘悉原之。/ 權幙梓州，郡有蠻寇，朝廷發内兵戎焉，寇退，詔還其屯，且輸械于 / 府，衆譁不從，手劍庭下，守不能遏，君諭以禍福，衆懼，受械而還。權倅 / 環州，蕃官慕容恩豪縱，屢召不集，君諭郡將發卒守其第，恩顧資儲，/ 入伏府下，即麾吏欲兵之，其部叩頭謝，乃已，自是酋黨震服從命。君 / 之寬勇，大略如此。君行議脩勁，而雅懷中和，不爲激昂過甚之行，以 / 衒迹取名，臨公守正，辨析紛疑，推誠與人，靡校聲氣，而理卒歸直，雖訹 / 之以重勢厚利不變也，可謂好剛而能學者矣。舉斯以往，固足以致遠 / 流光，沛爲事業。然而方其强仕，不幸以疾，懷未大施，而天實殲之，命矣 / 夫。夫君娶戴氏，太子中舍廓之女。四男：曰格，早卒；曰權；曰極；曰樞。一 / 女，嫁進士蹇東辰。予之先君，爲陝西轉運使，首薦君才，君歿之十 / 五年，其子權葬皇考府君於京兆府萬年縣洪固鄉鳳棲原，奉君 / 之喪，以祔其側。前葬，請曰："吾父生見薦于先大夫，死見銘于夫子，吾無 / 恨矣。"實熙寧七年十月二十一日乙酉，銘曰：/

程系自何，休父載周。真寧世微，厥緒靡求。/ 繇君起家，仕學優優。帖姦訴良，義勁仁柔。/ 服采不疑，辨正如流。斯人云亡，命矣何憂。/ 弗棄父菑，三子陳脩。惟天相之，示訓銘幽。/

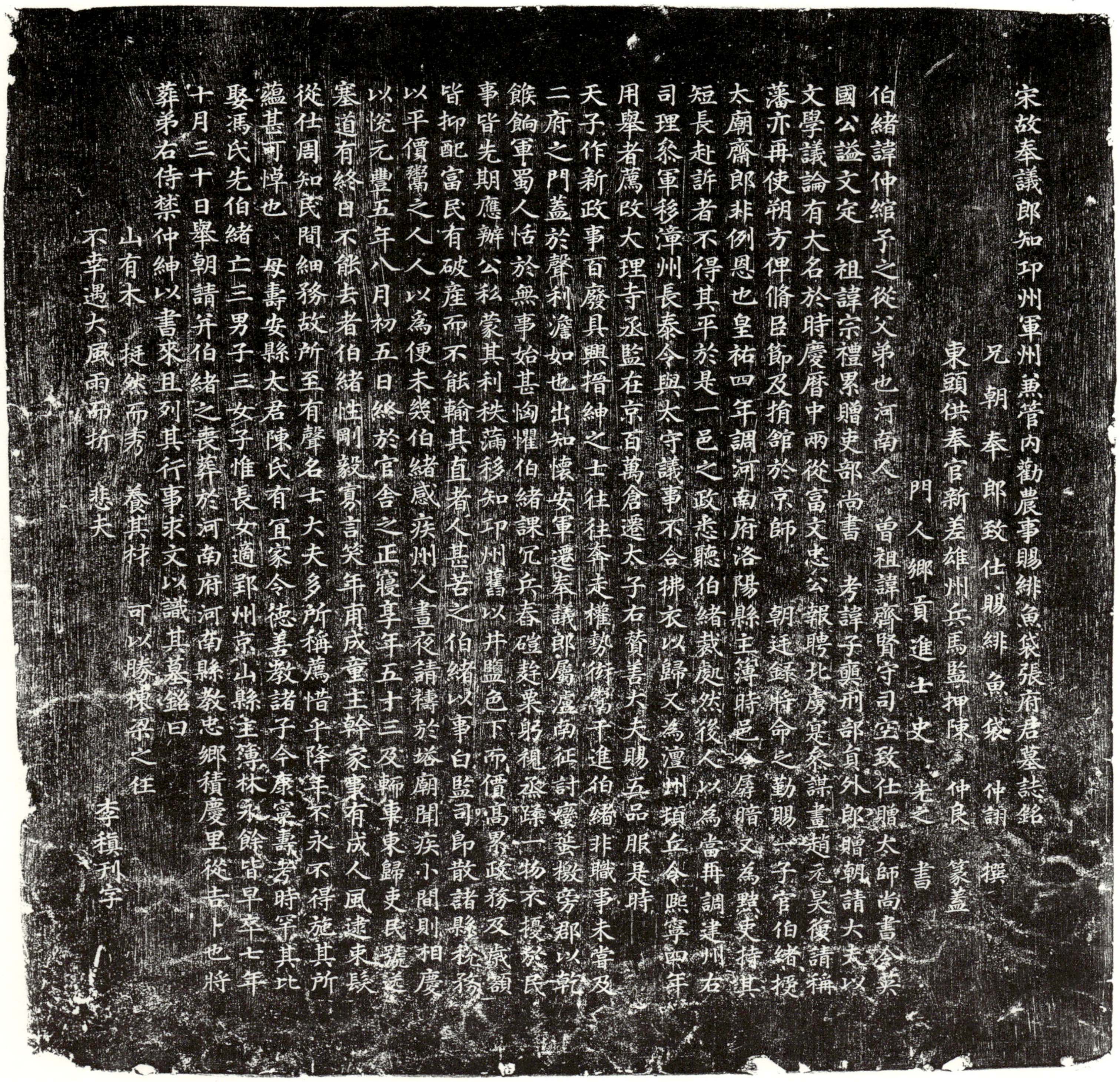

一一八　張仲縮墓誌

宋故奉議郎知邛州軍州兼管內勸農事賜緋魚袋張府君（仲縮）墓誌銘

兄朝奉郎致仕賜緋魚袋仲詡撰。東頭供奉官新差雄州兵馬監押陳仲良篆蓋。門人鄉貢進士史先之書。李稹刊字。

誌高六十八釐米，寬六十八釐米。誌文二十七行，滿行三十二字。

張仲縮，北宋元豐五年（一〇八二）八月初五日卒。年五十三歲。元豐七年（一〇八四）十月三十日葬。

宋故奉議郎知邛州軍州兼管內勸農事賜緋魚袋張府君墓誌銘 /

兄朝奉郎致仕賜緋魚袋仲詡撰。/ 東頭供奉官新差雄州兵馬監押陳仲良篆蓋。/ 門人鄉貢進士史先之書。/

伯緒，諱仲縮，予之從父弟也。河南人。曾祖諱齊賢，守司空致仕，贈太師、尚書令、英 / 國公，謚文定。祖諱宗禮，累贈吏部尚書。考諱子奭，刑部員外郎，贈朝請大夫，以 / 文學議論有大名於時。慶曆中，兩從富文忠公報聘北虜，寔參謀畫。趙元昊復請稱 / 藩，亦再使朔方，俾脩臣節。及捐館於京師，朝廷録將命之勤，賜一子官，伯緒授 / 太廟齋郎，非例恩也。皇祐四年，調河南府洛陽縣主簿，時邑令孱暗，又爲黠吏持其 / 短長，赴訴者不得其平，於是一邑之政，悉聽伯緒裁處，然後人以爲當。再調建州右 / 司理參軍，移漳州長泰令，與太守議事不合，拂衣以歸，又爲澶州頓丘令。熙寧四年，/ 用舉者薦，改大理寺丞監在京百萬倉，遷太子右贊善大夫，賜五品服。是時 / 天子作新政，事百廢具興，搢紳之士往往奔走權勢，衒鬻干進，伯緒非職事未嘗及 / 二府之門，蓋於聲利澹如也。出知懷安軍，遷奉議郎。屬瀘南征討蠻蜑，檄旁郡以乾 / 餱餉軍，蜀人恬於無事，始甚恟懼，伯緒課冗兵，舂磑粰粟，躬視烝蹂，一物不擾於民，/ 事皆先期應辦，公私蒙其利。秩滿，移知邛州，舊以井鹽色下而價高累，政務及歲額，/ 皆抑配富民，有破産而不能輸其直者，人甚苦之，伯緒以事白監司，即散諸縣税務，/ 以平價鬻之人，人以爲便。未幾，伯緒感疾，州人晝夜請禱於塔廟，聞疾小間則相慶 / 以悦。元豐五年八月初五日，終於官舍之正寢，享年五十三。及輀車東歸，吏民號送 / 塞道，有終日不能去者。伯緒性剛毅，寡言笑，年甫成童，主幹家事，有成人風。逮束髮 / 從仕，周知民間細務，故所至有聲名，士大夫多所稱薦。惜乎降年不永，不得施其所 / 蘊，甚可悼也。母壽安縣太君陳氏，有宜家令德，善教諸子，今康寧壽考，時罕其比。/ 娶馮氏，先伯緒亡。三男子，三女子，惟長女適郢州京山縣主簿林永，餘皆早卒。七年 / 十月三十日，舉朝請并伯緒之喪，葬於河南府河南縣教忠鄉積慶里，從吉卜也。將 / 葬，弟右侍禁仲紳以書來，且列其行事，求文以識其墓。銘曰：/

山有木，挺然而秀。養其材，可以勝棟梁之任。/ 不幸遇大風雨而折，悲夫！

李積刊字。/

一一九　張延遘墓誌

宋故清河張公（延遘）慶之墓記

貢士雷早撰。貢士張擇書。李知本刊。

誌高五十九釐米，寬四十五釐米。誌文二十八行，滿行三十五字。

張延遘，北宋宣和元年（一一一九）八月十三日卒。年七十歲。同年十月十二日葬。

宋/故/張/慶/之/墓/記/

宋故清河張公慶之墓記。/貢士雷早撰。/貢士張擇書。/

宣和元年八月十三日，清河張慶之以疾終於家，其孤卜以是年十月十二日乙酉，葬於萬/年縣洪固鄉仵村之新塋，求予銘其墓。予於公親且舊也，知公之德稔矣，義可得而辭乎？公/諱延遘，慶之其字也，京兆長安人。其先世寔居開封，在建隆初，以文行稱于時，/太祖知其名，召見錫官，終尚書度支員外郎、贈光禄少卿諱炳者，公之遠祖也。内殿承制、閤/門祗候、河東路提點刑獄諱利用者，公之曾祖也。東頭供奉官、贈太子右衛率府率諱世安/者，公之祖也。在康定間，以元昊叛命，後詔天下豪俊曉兵策者將禄之，是時首以良畫應/詔授官，將大用而終於内殿承制、河中府同州都巡檢諱宗古者，公之考也。公即承制之長/子。自幼慷慨，挺然有成人志，元豐初，承制公官於蒲，屬疾欲致政，延禄當及公，公執之曰："幸/疾蚤愈，當期功名以取穹顯，奈何顧一子禄，欲自棄耶？"承制公賢其言而從之，未幾，竟卒於/蒲。公徒跣護喪，哀動道路，既歸而葬，仰事孀母，俯育群幼，聚族踰五十口，而公獨任家事，用/度豐約，悉有條次，上下均足，毫髮無所私。母李氏，因視親奉天，感疾遂卒。公聞訃之日，帶星/奔馳，哀毁殆盡。既終喪制，諸季間有欲異産者，公泣告之曰："吾家别業不厚，第恐一旦離析，/不能給贍，若假我數年，增埤稍豐，不亦可乎？"訓誨弗從，不得已而析之，然良田膏資，悉先諸/弟，宗族義之。公有姊從李氏，貧無所依，乃迎之家，供贍無怠，及其夫之卒也，又從而斂葬之。/始終周至，有如此者。公禀性剛直，不好阿徇，亦不爲崖異行。其奉己約，待人周，以誠自居，故/與之交游者，久而益親。教子有方，治生有法，鄉里後進，喜爲訓導，俾之就善，故多爲人之景/慕焉。公之晚年也，二子成立，文行有稱，可爲門户託，廼退居南山别墅，幅巾杖屨，嘯傲林泉，/南鄰北里，父老之賢者，相與往來，黄雞白酒，以娱歲月。嗚呼！所得亦多矣，頃年尤見清修，不/喜葷茹，及得疾臨終，泰然不撓，經措後事，一一中法，其達死生之分者歟！捐館之日，鄉曲無/遠近、無賢愚，舉歎惜之。享年七十。娶雷氏，内殿承制祐之女。有子六人，四男：曰昌叔，蚤預掄/薦；曰永叔、正叔、和叔，咸富儒業。二女，長適進士安千之，次適永節郎王忱。昌叔、正叔及二女/皆先公而卒。孫五人，一男尚幼，四女，長適鄉人員邦智，餘在室。銘曰：/

所守有義，所施有才。惜不見用，自晦草萊。奚其爲政，孝友爲上。/稱於宗族，信於鄉黨。門户有託，浩然林泉。優游逸豫，以終天年。/鬱鬱佳城，山高水清。既安既固，以保後生。

李知本刊。/

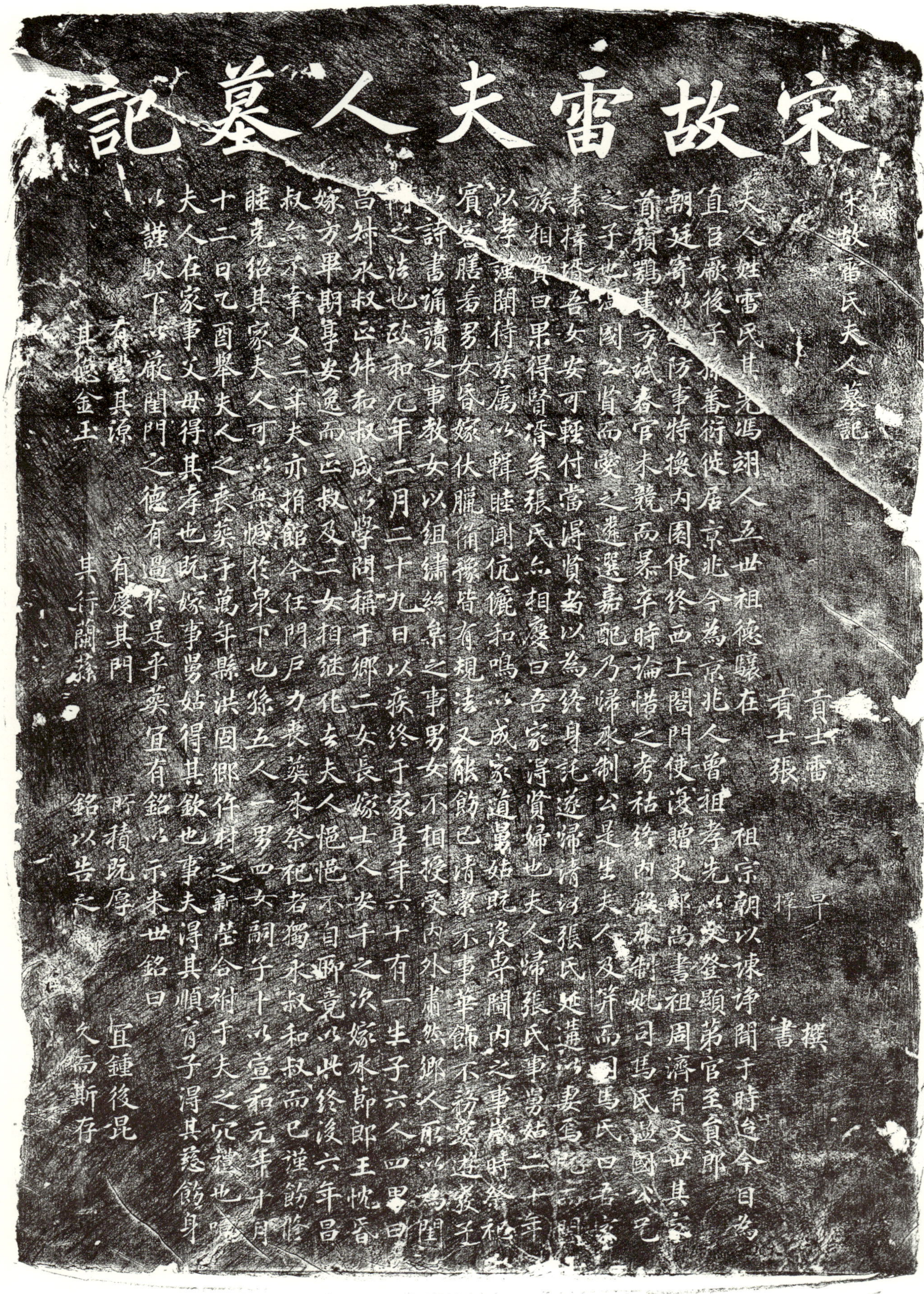

一二〇　張延遘妻雷氏墓誌

宋故雷氏夫人墓記

貢士雷早撰。貢士張擇書。

誌高六十四釐米，寬四十五釐米。誌文二十三行，滿行三十二字。

雷氏，北宋政和元年（一一一一）二月二十九日卒。年六十一歲。宣和元年（一一一九）十月十二日合祔。

宋／故／雷／夫／人／墓／記／

宋故雷氏夫人墓記。／貢士雷早撰。／貢士張擇書。／

夫人姓雷氏，其先馮翊人。五世祖德驤，在祖宗朝以諫諍聞于時，迨今目爲／直臣。厥後子孫蕃衍，徙居京兆，今爲京兆人。曾祖孝先，以文登顯第，官至員郎，／朝廷寄以邊防事，特换内園使，終西上閤門使，復贈吏部尚書。祖周濟，有文世，其家／首預鶚書，方試春官，未競而暴卒，時論惜之。考祐，終内殿承制。妣司馬氏，温國公兄／之子也。温國公賢而愛之，遴選嘉配，乃歸承制公，是生夫人。及笄，而司馬氏曰："吾家／素擇壻，吾女安可輕付，當得賢者，以爲終身託。"遂歸清河張氏延遘以妻焉。既而闔／族相賀曰："果得賢壻矣。"張氏亦相慶曰："吾家得賢婦也。"夫人歸張氏，事舅姑二十年，／以孝謹聞，待族屬以輯睦聞，伉儷和鳴，以成家道。舅姑既没，專閫内之事，歲時祭祀，／賓客膳羞，男女昏嫁，伏臘備豫，皆有規法。又能飭己清潔，不事華飾，不務宴遊。教子／以詩書誦讀之事，教女以組繡絲枲之事，男女不相授受，内外肅然，鄉人所以爲閨／門之法也。政和元年二月二十九日，以疾終於家，享年六十有一。生子六人，四男，曰／昌叔、永叔、正叔、和叔，咸以學問稱于鄉。二女，長嫁士人安千之，次嫁承節郎王忱。昏／嫁方畢，期享安逸，而正叔及二女相繼化去。夫人悒悒不自聊，竟以此終。後六年，昌／叔亦不幸。又三年，夫亦捐館。今任門户、力喪葬、承祭祀者，獨永叔、和叔而已。謹飭修／睦，克紹其家，夫人可以無憾於泉下也。孫五人，一男四女。嗣子卜以宣和元年十月／十二日乙酉，舉夫人之喪葬於萬年縣洪固鄉仵村之新塋，合祔於夫之穴，禮也。噫！／夫人在家事父母，得其孝也；既嫁事舅姑，得其欽也。事夫得其順，育子得其慈，飭身／以謹，馭下以嚴。閨門之德，有過於是乎？葬宜有銘，以示來世。銘曰：／

有豐其源，有慶其門。所積既厚，宜鍾後昆。／其德金玉，其行蘭蓀。銘以告之，久而斯存。／

人名四角號碼索引

一、本索引收録本書誌主、撰者、書者、刻工姓名，凡誌主標以“*”號。

二、凡有姓名之婦女，以姓名立目；從屬關係列爲參見條目；凡衹有姓氏的婦女，以從屬關係立目。

例如：宇文潤（高獻妻），以“宇文潤”立目，“高獻妻”爲參見條目。韓休妻柳氏，因柳氏不知其名，以“韓休妻柳氏”立目。

三、姓名前的數字爲墓誌編號，後面數字爲頁碼。例如：七五*　韓休　163，表示韓休見墓誌編號七五，見書中釋文163頁。

四、索引以四角號碼排列，後附字頭筆畫與四角號碼對照表，以便用不同方法查索。

筆畫與四角號碼對照表

三畫

于 1040_0

四畫

王 1010_4
元 1021_1

五畫

石 1060_0
永 3023_2
左 4001_1
史 5000_0
田 6040_0

六畫

仲 2520_0
宇 3040_1
安 3040_4
成 5320_0
戎 5340_0
米 9090_0

七畫

辛 0040_1
宋 3090_4
沈 3411_2
李 4040_7
杜 4491_0
吳 6043_0

八畫

武 1314_0
房 3022_7
林 4499_0
拓 5106_0
阿 7122_0
長 7173_2
周 7722_0
姜 8040_4

九畫

柴 2190_4
皇 2610_4
侯 2723_4
韋 4050_6
姚 4241_3
封 4410_0
范 4411_2
苑 4421_2
柏 4690_0
柳 4792_0
契 5743_0

十畫

高 0022_7
席 0022_7
哥 1062_1
耿 1918_0
徐 2829_4
袁 4073_2

十一畫

郭 0742_7
許 0864_0
張 1123_2
崔 2221_4
梁 3390_4
曹 5560_6
啖 6908_9
陳 7529_6

十二畫

瘐 0023_7
焦 2033_1
傅 2324_2
程 2691_4
華 4450_4
黄 4480_6
普 8060_1

十三畫

雷 1060_3
源 3119_6
萬 4442_7
楊 4692_7

十四畫

裴 1173_2
綦 4490_3
趙 4980_2

十五畫

潘 3216_9
劉 7210_0
歐 7778_2
鄭 8742_2

十六畫

盧 2121_7
蕭 4422_7
獨 4622_7
閻 7777_7
興 7780_1

十七畫

戴 4385_0
韓 4445_6
薛 4474_1
熾 9385_0

十八畫

魏 2641_3

十九畫

邊 3630_2

二十畫

蘇 4439_4